Jalta

Positionen zur
jüdischen Gegenwart

GEGENWARTSBEWÄLTIGUNG

AUSGABE N° 04
2/2018 — 1/5779

Jalta

Positionen zur jüdischen Gegenwart

GEGENWARTS-BEWÄLTIGUNG

HERAUSGEGEBEN VON

Micha Brumlik / Marina Chernivsky / Max Czollek / Hannah Peaceman
Anna Schapiro / Lea Wohl von Haselberg

AUSGABE N° 04

2/2018 — 1/5779

VERGEGENWÄRTIGUNGEN

*Liebe Leser*innen, liebe Verbündete,*

in Ihren Händen halten Sie die nunmehr vierte Ausgabe der Zeitschrift *Jalta – Positionen zur jüdischen Gegenwart*. Nachdem wir im letzten Heft Allianzen zwischen Jüd*innen, Migrant*innen und allen solidarischen Menschen erkundet haben, widmen wir uns in dieser Ausgabe dem Verhältnis von ‚deutscher' Vergangenheit und jüdisch-postmigrantischer Gegenwart.

Deutschland gilt als ‚Weltmeister der Vergangenheitsbewältigung' und hat scheinbar das ‚dunkle Kapitel' seiner Geschichte, nach einer langen Phase der Verdrängung, erfolgreich in das Masternarrativ einer bundesrepublikanischen Identität integriert. Dabei wird die etablierte Erinnerungskultur als das Happy End einer schlimmen Geschichte betrachtet. Nachdem die Vergangenheit nun so vermeintlich erfolgreich ‚bewältigt' wurde, stehen wir vor der Aufgabe, mit einer Gegenwart umzugehen, in der die Erinnerung an die Shoah zwar Staatsräson ist, aber dennoch als eine selbstbestimmte immer wieder erkämpft werden muss, in der die Rufe nach einem Schlussstrich wieder lauter werden, die Erinnerung an die Shoah instrumentalisiert wird und Relativierungen an der Tagesordnung sind. Trotz oder auch wegen der ritualisierten Erinnerungspolitik gestaltet sich die Erinnerungspraxis in einer bemerkenswerten Distanz zu den Opfern des NS. In der Gegenwartsgesellschaft gibt es immer noch Opfergruppen, die weitgehend vergessen und trotz ihrer einstigen Verfolgung systematisch diskriminiert werden. Und selbst dieser erinnerungskulturelle Konsens, den wir hier kritisieren, erodiert und ist weitaus brüchiger, als dies noch vor Kurzem möglich schien.

Die vielfach geleugnete Kontinuität rechter und antisemitischer Gewalt zeigt, dass der sogenannte Rechtsruck und die Radikalisierung der Gesellschaft mit dem Bedürfnis einhergehen, sich des ‚negativen' Gedächtnisses zu entledigen.

Die emotionale Distanz der Dominanzgesellschaft zum Thema ist ein Teil dieser ‚Vergangenheitsbewältigung' – ebenso wie die vielfache Einfühlungsverweigerung den Opfern und Angehörigen gegenüber. Das macht sich auch in der öffentlichen Debatte über Antisemitismus bemerkbar, die häufig geführt wird, als passierte er im luftleeren Raum und würde niemanden betreffen. Die Einfühlungsverweigerung ist vielleicht die Kehrseite der lautstarken Empörung und Skandalisierung, die oft mit Externalisierungsstrategien einhergeht. Das Antisemitismusproblem haben doch meist die ‚Anderen'.

Wir leben in einer Gegenwart, in der wir als Jüdinnen und Juden immer wieder mit den Erwartungen der nicht-jüdischen Dominanzgesellschaft konfrontiert sind, die uns spezifische Rollen und Identitäten in diesem Umgang mit der nationalsozialistischen Geschichte zuschreiben – als Teilnehmer*innen von Gedenkveranstaltungen, als jüdische Kronzeug*innen einer geläuterten Gegenwart, als Lieferant*innen von Opfergeschichten. Abweichungen von diesen Rollenangeboten werden durch Ausgrenzung, Veranderung und Delegitimierung sanktioniert. Widersprüche sollen nicht thematisiert werden, Kontinuitäten unbenannt bleiben.

Deshalb fragen wir in diesem Heft: Wie leben wir mit dieser Erinnerungskultur und wie wirkt die Vergangenheit in die *Gegenwart* hinein? Welche Interventionen gibt es bereits und welche müssten noch entwickelt werden? Wer erinnert sich (nicht) und wer oder was wird (nicht) erinnert? Aus welcher Perspektive und Sprecher*innenposition wird erinnert und wieviel Raum haben die unterschiedlichen Opfergruppen für ihre eigenen Narrative und Erinnerungswege? Welche Widersprüche produziert der ‚deutsche Umgang' mit der NS-Vergangenheit? Auf welche Weise liegt in der postmigrantischen Gesellschaft eine Chance für einen Aufbruch? Was sind gemeinsame politische Ziele, die die Gegenwart bewältigbar und die politische Zukunft besser machen?

Im Themenschwerpunkt finden sich zwölf Beiträge von jüdischen und nichtjüdischen Autor*innen. Astrid Messerschmidt eröffnet die Rubrik mit ihrem Beitrag zu Selbstbildern in der postnationalsozialistischen Gesellschaft. Der Begriff „postnationalsozialistisch" war ein wichtiger Denkanstoß für die Entstehung dieses Heftes. Um die Bedeutung von Heimat in Zeiten von Wandel, Umbrüchen und Migration geht es in Kübra Gümüşays Text, die die Geschichte einer Wohnungssuche, von verweigerter und erfolgreicher Zugehörigkeit erzählt. Ein Dank an die Moderne kommt von Frederek Musall, der eine Kritik an der Instrumentalisierung des jüdischen Benjamins für eben jene formuliert. Rechte und neonazistische Gewalt sind Gegenwart und Vergangenheit. Tanja Thomas und Fabian Virchow thematisieren in ihrem Aufsatz die Kontinuität von (verweigertem) Erinnern an Opfer rassistischer und rechter Gewalt. Sie untersuchen ein *Doing Memory*, Erinnern und Vergessen, als Praxis und Ausgangspunkt für postmigrantisches Zusammenleben. Deniz Utlus Essay zeigt auf, wie Gegenwartsbewältigung und Emanzipation zusammenhängen. Er plädiert, die Fußball-WM als Ausgang seiner Überlegungen nehmend, für eine empathische und nicht nur strategische Solidarität. Wie politisch-künstlerischer Aktivismus als Intervention im deutschen Theater funktionieren kann und auf welche Ablehnungsstrategien er trifft, beschreibt Azadeh Sharifi in ihrem Beitrag. Susanna Harms und Tanja Kinzel machen familienbiografische Bildungsarbeit. In einem Chatgespräch reflektieren sie ihre Beobachtungen und geben uns Einblick in ihre Erfahrungen im Umgang mit der Vergangenheit in Familien der Nachfahren von Opfern und Täter*innen. Dabei fragen sie sich aber auch, wie ihre eigenen Familiengeschichten ihre Arbeit beeinflussen. Tal Schwartz' Fotografien beschäftigen sich mit den Puppen der nach Majdanek deportierten und dort ermordeten Kinder; sie zeigen ihren heutigen Zustand. Micha Brumlik erzählt von seiner Biografie und seinem Verhältnis zu Erinnerung – „Vom Zionismus zur großen Gereiztheit." Elke Gryglewski betrachtet in ihrem Beitrag die Entwicklungsgeschichte historischer Bildung zum Nationalsozialismus und zur Shoah; sie fragt nach Herausforderungen und Chancen historischen Lernens. Kaum berücksichtigt werden in der derzeitigen Bildungsarbeit zu Antisemitismus die Folgewirkungen des NS nach 1945 – die familienbiografischen und vor allem affektiven Verstrickungen, so lautet die These von Marina Chernivskys Beitrag. Sie stellt die Frage, welchen Einfluss diese Aspekte auf die Bildungsprozesse haben und was das für die Ausgestaltung der Pädagogik gegen Antisemitismus bedeutet. Wie kann Gedenken im Kontext transgenerationaler Weitergabe von Narrationen und Emotionen bei den Nachfahren der Täter*innen aussehen? Wo wird die Verstrickung und Verweigerung der Erinnerung und Aufarbeitung sichtbar? Solchen Fragen nach (un)geliebten Erbschaften geht Tom David Uhlig nach.

Die erste Rubrik „(Nach) Jalta" eröffnet Christina Pareigis mit einem Beitrag anlässlich des 90. Geburtstags von Susan Taubes. Ruhama Weiss präsentiert einen Einblick in ihren Talmudischen Roman, der von Jalta, der Namensgeberin unserer Zeitschrift, handelt. Ruby Kelev berichtet von ihren Erfahrungen im persönlichen Umfeld, wenn sie unsere Zeitschrift kauft und verschenkt. „Verstecke von gestern sind die Bühnen von morgen" – Ina Rosenthal plädiert für mehr Sichtbarkeit und erzählt von jüdischen Frauen im Versteck.

In der Rubrik „Juden* und ..." finden sich drei Beiträge: Welche Geschichten können eigentlich jüdische und nicht-jüdische Puppen, die in Deutschland herumreisen, erzählen? Davon handelt Shlomit Tulgans Text. Juden und Sex – was alles beachtet werden muss, weiß Barbara Steiner zu erklären.

Darja Klingenberg fordert in ihrem Beitrag zu Juden* und Humor eine emanzipatorische Diskussion darüber, wie ernsthaft über Scherzkulturen der Migrationsgesellschaft gestritten werden kann.

Wer kennt eigentlich Jeanette Wolff, die erste jüdische Bundestagsabgeordnete nach der Shoah? Micha Brumlik erinnert in einem Portrait an sie und eröffnet damit die Rubrik „Vergessen, Übersehen, Verdrängt". Asya Gefter sucht in ihrem Beitrag nach vergessenen Orten, erkundet ihre Beziehung zu der Vergangenheit ihrer Familie, visualisiert die Leerstellen und macht durch die *Fragments of Memory* auf die Bedeutung des Erinnerns in einer postsowjetischen Welt aufmerksam, die Jahrzehnte geschwiegen hat. Sharon Adler rezensiert Igal Avidans Buch, das zeigt, dass jüdisch-muslimische Allianzen nicht nur Gegenwart und Zukunft sind, sondern auch in der Vergangenheit Praxis waren.

Zur jüdischen Tradition des Streitens ‚um des Himmels Willen' sollen zwei Beiträge in der letzten Rubrik anregen. Jonas Fegert fordert eine Bekämpfung von Abhängigkeitsstrukturen innerhalb der jüdischen Gemeinschaften in Deutschland, die als begünstigende Faktoren für sexuelle Ausbeutung und sexuellen Missbrauch wirken. Michal Schwartze ist jüdische Lehrerin und Expertin für anti-antisemitische Bildungsarbeit. Im Interview mit Hannah Peaceman spricht sie darüber, welche strukturellen Veränderungen im Unterricht und in der Lehrerbildung nötig wären, um Antisemitismus wirksam zu bekämpfen.

Wir wünschen eine anregende Lektüre!

LEA WOHL VON HASELBERG / MARINA CHERNIVSKY / HANNAH PEACEMAN
(Heftverantwortliche für *Jalta* N° 04)

Inhaltsverzeichnis

1 — א
(NACH) JALTA

2 — ב
GEGENWARTSBEWÄLTIGUNG

3 — ג
JUDEN* UND …

4 — ד
VERGESSEN, ÜBERSEHEN, VERDRÄNGT

5 — ה
STREITBARES

1 — א

(NACH) JALTA

SALOME UND DER KOPF DES PROPHETEN

Zum 90. Geburtstag von Susan Taubes

CHRISTINA PAREIGIS

Herbst 1969. Wenige Tage vor ihrem Tod erschien Susan Taubes' einziger zu Lebzeiten veröffentlichter Roman *Divorcing* (dt. *Scheiden tut weh*). Er war zugleich ein Autobiographie-Projekt. Das komplex angelegte Vexierspiel mit Perspektiven und Schauplätzen lässt die Grenzen zwischen Literatur und Leben verschwimmen. Permanent wird die Unmöglichkeit biographischer Gewissheit reflektiert – schon damit, dass aus der Perspektive einer Verstorbenen erzählt wird, und zwar vom Leben der Schriftstellerin Sophie Blind, geborene Landsmann. Dabei weisen Protagonistin und Romangeschehen deutliche Ähnlichkeiten zur Autorin und ihrer Biographie auf. Dies zumindest gilt für das letzte der drei großen Kapitel; darin werden Sophies Erinnerungen an eine Kindheit im Budapest der 1930er Jahre und die Emigration als Elfjährige kurz vor Beginn des Zweiten Weltkrieges nach Amerika entfaltet.

Am Anfang wird Sophies Unfalltod geschildert, wenig später ihre Begegnung auf einem Literaturkongress mit dem Schriftsteller Johann Tobler. Dieser versucht der Kollegin ihr vermeintliches Dilemma zu erörtern, nämlich die Unfähigkeit, sich „zwischen Spinoza und einer Existenz als Playgirl in Acapulco zu entscheiden". Sie versichert ihm: „[I]ch habe Spinoza nie gelesen. Meine akademischen Titel und Publikationen – längst vergessene Vorvergangenheit." Schließlich vergisst Tobler unter dem Einfluss eines Joints ihren Namen:

> *„Nicht sagen, ich weiß ihn. Er wird mir gleich wieder einfallen. Sarah!"*
>
> *„Sehr interessant, ein paar Tage vor meinem Tod sagte mir jemand, daß ich so heißen müßte."*
>
> *„Ich hab' dir doch gesagt, dieses Hasch ist fantastisch. Laß mich noch mal raten. Ist doch lachhaft. Dein Mann heißt Blind – und den Namen willst du behalten?"*
>
> *„Als Souvenir", sagt sie achselzuckend und lächelt. „So wie Kriegsandenken. Ein Mißgeschick, aber immerhin fünfzehn Jahre meines Lebens."*
>
> *„Blind, Blind. Miriam. Ich hab's! Miriam, das ist es, stimmt's?"*

„Nein, so hieß die Hauptfigur in meinem ersten Roman."
„Einmal darf ich noch. Ja, natürlich: Sophie, Sophie Blind."
„Das ist aber komisch."
„Stimmt's?"
„Nein, aber haargenau der richtige Name für die Figur in meinem nächsten Roman."[1]

Das Ratespiel um den Namen der Autorin im Roman spinnt ein Netz an Verweisen auf Begegnungen und Ereignisse im Leben der Autorin Susan Taubes außerhalb des Romans. „Sarah" ist eine Anspielung auf die deutsche ‚Namensänderungsverordnung' von 1938 und erinnert an ein potenzielles Schicksal als Ermordete und daran, dass Taubes – ebenso wie die Romanfigur Sophie – mit der Flucht vor den Nationalsozialisten ihr Judentum in Begriffen gewaltsamer Zuschreibungen zu verstehen begann. Der Nachname *Blind* ist nicht allein das Pendant einer semantischen Neubildung zu *Taubes*, sondern auch eine Erinnerung an den Geburtsnamen der Mutter ihres früheren Ehemanns – des Religionsphilosophen Jacob Taubes –, Fanny Blind. Schließlich gibt Sophie neben dem Verweis auf die publizierten Zeugnisse einer abgeschlossenen „Vorvergangenheit" auch einen Hinweis auf die verborgene Hinterlassenschaft einer Vergangenheit, die immer noch lebendig ist: ihren ersten Roman. Es ist zugleich eine Anspielung auf den unveröffentlicht gebliebenen ersten Roman von Susan Taubes, *Downgoing*. Dessen Protagonistin trägt, genau wie die Hauptfigur in Sophies Buch, den Namen Miriam, der nach gängigen Etymologien *die Widerspenstige* oder *die Ungehorsame* bedeutet. *Downgoing* war der eigentliche Beginn von Taubes' literarischem Projekt. Als sie 1956 mit der Niederschrift begann, hatte sie gerade am Radcliffe College (Harvard) ihre Dissertation über den religiösen Atheismus bei Simone Weil abgeschlossen. Acht Jahre später – da lebte sie bereits getrennt von Jacob Taubes – schrieb sie im Bewerbungsschreiben für ein Literaturstipendium, Widerstände seitens der Familie hätten sie lange zum Schreiben im Verborgenen gezwungen, etwa die ablehnende Haltung ihres Mannes gegenüber der Literatur aus „religiösen Gründen". Auf einer beigelegten „List of completed works" beschreibt sie ihren Roman *Downgoing*:

> *A novel about a strange courtship. Beginning with the family saga of the hero and heroine, carrying them through Nazi persecution to the New World, the focus narrows to the two characters each caught in his own way in the fatal momentum of Jewish destiny.*[2]

Erzählt wird die Geschichte von Miriam Meyer und Joseph Vilna. Beide führt die Flucht vor Verfolgung nach Amerika. Joseph, verheißungsvoller Spross einer frommen Rabbinerfamilie, gelingt es dort, an einem theologischen Seminar seine Gelehrtenkarriere voranzutreiben. Auch Miriam stammt aus einer Familie von Rabbinern. Ihr Großvater Moses Meyer war das sagenumwobene Oberhaupt einer konservativen Gemeinde, doch seine zahlreichen Kinder hatten sich vom Judentum abgewandt, mit Ausnahme der Tochter Sarah, die einen Rabbiner heiratete und mit ihm eine Tochter, Eve, zeugte. Im Zuge eines verwickelten Abkommens wurden

1 Susan Taubes: *Scheiden tut weh*, aus d. Amerik. v. Nadine Miller. München: Matthes & Seitz 1995, S. 113–114.

2 Susan Taubes: List of completed works, 21.10.1964. Zentrum für Literatur- und Kulturforschung Berlin (ZfL), Nachlass Susan Taubes.

Eve und Joseph einander versprochen, lange bevor sie selbst davon wussten. Als Joseph von dem Arrangement erfuhr, war er bereits ein junger Mann und Eve mit ihrer Familie von den Nazis ermordet worden.

Eves Cousine Miriam dagegen hatte überlebt, da sie bereits als Mädchen in die „Neue Welt" gelangt war. Bald führte sie ein von jeder familiären Bindung und Tradition losgelöstes Leben als Schauspielerin an einem drittklassigen Off-Off-Broadway-Theater. Als Joseph sie dort eines Tages in der Rolle einer Prostituierten sieht, erkennt er in ihr die zweite Enkeltochter des Moses Meyer. Fortan betrachtet er es als vom Schicksal verfügt, sie nach der ‚Katastrophe' mit aller Macht zum Teil der jüdischen Gemeinschaft zu machen. Das Unternehmen erweist sich als hürdenreich, denn für Miriam bleibt der Zugang zur eigenen Herkunft verschüttet, überlagert von den Geschichten über die ermordeten Verwandten. So begegnet ihr im Traum Cousine Eve, die sie mit Gewalt in die dunkle, verlassene Wohnung der gemeinsamen Großeltern hineinziehen will. Dennoch kommt es am Ende zur Hochzeit. Konfrontiert mit Josephs Werben, wird Miriam sich ihrer Verlorenheit in vollem Umfang bewusst. Erstmals erscheint die Möglichkeit eines neuen Lebens am Horizont, in dem einen die Gespenster aus den Verbrennungsöfen nicht einholen können. Joseph indes arbeitet hartnäckig daran, Miriam ihrer Bestimmung zuzuführen.

Eine Schlüsselszene spielt in ihrer Untermietkammer. Dort deklamiert Miriams Angetrauter laut aus der biblischen Liebesgeschichte zwischen dem Propheten Hosea und der Prostituierten Gomer, traditionell gelesen als Allegorie auf die Beziehung zwischen Gott und dem abtrünnigen Volk Israel. Dieses „Sakrament" wiederholt Joseph Nacht für Nacht, bis für Miriam die Grenze zwischen biblischer Wirklichkeit und der Szene in ihrem Kabuff verschwimmt:

> *Night after night he invited her in that strange sacrament till she was gathered up in his words, became the exiled presence, assumed all the incarnations of the people of God in its wanderings and estrangements, was the Bride, was the Virgin in the Dust, was Gomer the whore, sold to the prophet for a lesson, ransomed of a token of redemption. And while he spoke she began to discern the shape of the fate she had dimly sought and evaded like one tossing and turning in sleep in the man standing before her.*[3]

Die legendenhaft anmutende Erzählweise kippt unversehens ins Parodistische. Etwa, wenn Josephs feierliche Miene in Miriams Abwesenheit plötzlich geschäftsmäßig wird, er wichtigen Terminen nachgeht oder sowohl Miriams Schweigen als auch ihre abtrünnigen Gedanken zur Tradition mit dramatischen Gesten als ein Mysterium tremendum zu ergründen sucht. Miriam hingegen scheint den Bühnenhabitus nie abzulegen und liefert sich dem Redestrom Josephs eher aus, als sich auf einen echten Dialog einzulassen.

Bevor sie heiraten, ringt er ihr das Versprechen ab, ihn später nach Jerusalem zu begleiten, wohin das Seminar ihn „entsendet"[4], und sich überdies nie wieder von einem Theaterpublikum ‚angaffen' zu lassen. Unter den Traubaldachin tritt sie dann in einem Kleid aus dem Kostümfundus.

---

3 Susan Taubes: Downgoing. Zfl, Nachlass Susan Taubes, ST 12b, S. 267–268.

4 Ebd., S. 182.

In der Geschichte von Miriam und Joseph erinnern viele Schauplätze an die erste Begegnung zwischen Susan und Jacob Taubes in New York, Ende der 1940er Jahre. Als Susan 1956 mit *Downgoing* begann, hatten sich die Differenzen in ihrer zu jenem Zeitpunkt siebenjährigen Ehe bereits als unüberbrückbar erwiesen. Immer wieder ging es dabei um gegensätzliche Haltungen zu religiösen Fragen. Diese berührten nicht allein die theoretischen Auseinandersetzungen des Paars, sondern hatten auch persönliche Auswirkungen. Auf die Trennung 1961 folgte sechs Jahre später die Scheidung. Im Winter 1948 war es jedoch gerade ihr jeweils ganz anderer Blick auf die Welt, der sie füreinander einnahm. Susan besuchte die New Yorker School of Dramatic Arts der Columbia University. In den Jahren davor hatte sie sich am Bryn Mawr College mit Philosophie, Religion und der Psychoanalyse beschäftigt. Sie studierte bei den Whitehead-Schülern Paul Weiss und Isabel Stearns, setzte sich mit Fragen des Individuums und seiner Beziehung zur Mannigfaltigkeit der Realität auseinander. Sie interessierte sich für das Verhältnis von frühem Christentum und antikem Judentum, stellte Überlegungen zu einem allgemeinen Religionshunger in Zeiten einer Unterminierung des Glaubens durch moderne Denkbewegungen an. Manches davon wies voraus auf ihre in den 1950ern an der Sorbonne sowie in Harvard entstandenen Arbeiten zur Tragödie, zu Martin Heidegger und Gnosis, zur negativen Theologie.

Im Sommer 1947 reiste Susan Taubes zum ersten Mal seit der Emigration 1939 für ein Studienjahr in Genf nach Europa. Dort gelang es ihr auch, die Mutter in Budapest zu besuchen; diese hatte dort als eine von wenigen aus der Familie den Holocaust überlebt. Noch in Genf und während eines anschließenden London-Aufenthalts entwickelte Taubes dann den Plan, Schauspielerin zu werden. Sie probte mit einer Exiltruppe, die noch kurz zuvor durch Schweizer Internierungslager getourt war. In London arrangierte Alec Guinness für sie ein Vorsprechen am Old Vic, der Regisseur David Lean las ihr Skript für eine Verfilmung von Dostojewskis *Brüder Karamasow*.

1948, wieder in New York, widmete sie sich ein Jahr lang nichts anderem als der Theorie und Praxis des Theaters. Rückblickend schrieb Taubes über sich selbst in dieser Zeit: „[P]erhaps she was happy only playing Salome on the stage.“[5] Auf der Bühne zu stehen, war ihr ganzes Glück. Nie fühlte sie sich begehrenswerter als mit einem Tablett in der Hand, auf dem der Kopf des Propheten lag.

Während Susan Theater spielte, widmete sich Jacob, ebenfalls vor Kurzem nach New York gekommen, am Jewish Theological Seminary (JTS) philosophischen und theologischen Fragestellungen, die er mit seiner 1947 in Zürich abgeschlossenen *Abendländische Eschatologie*[6] aufgeworfen hatte – eine Studie zur neuzeitlichen Geschichtsphilosophie als Fortsetzung der jüdischen Prophetie.

Ihre erste Begegnung fand 1948 in einem philosophischen Salon statt. Da bewegten sich beide in gänzlich unterschiedlichen Welten; gemeinsam war ihnen die Suche nach einer neuen Sprache, die einer in Trümmern liegenden Welt standhalten könnte: Jacob in der Philosophie und Religion, Susan in der Imagination und Poesie.

---

5 Susan Taubes: Stuff Related to Novel. Zfl, Nachlass Suan Taubes, ST 151.

6 Jacob Taubes: *Abendländische Eschatologie*. Bern: Franke 1947.

Obgleich beide aus Rabbinerfamilien kamen, konnten ihre Bindungen zum Judentum unterschiedlicher kaum sein. In der Familie Taubes reicht väterlicherseits die Genealogie von Rabbinern weit zurück. Jacobs Vater Zwi war seit 1936 Oberrabbiner der Israelitischen Cultusgemeinde Zürich. Die Mutter stammte aus einer chassidischen Familie und hatte das Wiener Hebräische Pädagogium absolviert. Kontinuierlich wurden in der Familie sowohl das Andenken an die mystische Bewegung des Chassidismus als auch die säkular ausgerichtete Gedankenwelt der Haskala weitergegeben; die Zugehörigkeit zur jüdischen Gemeinschaft war fest im Bewusstsein eines Jeden verankert. Auch Susan war mit den Erinnerungen an ihre frommen Vorfahren aus Galanta aufgewachsen. Der Großvater Moses Feldmann war Anfang des Jahrhunderts vor religiösen Konflikten aus der westslowakischen Provinz nach Budapest geflohen und am dortigen Rabbinerseminar zu einem angesehenen Rabbinatsassessor und Lehrer für jüdisches Recht geworden. Doch schon in der Generation seiner Kinder – darunter Susans Vater, der Psychoanalytiker Sandor S. Feldman – ereigneten sich Brüche und Distanzierungen, fast alle wandten sich von der Tradition ab. Für die Enkelin und Tochter wurden die Erinnerungen daran zu Geschichten von fernen Sitten und Gebräuchen; mit ihnen hatte Susan Taubes, auch wenn sie es sich manchmal anders gewünscht haben mochte, nichts zu tun. Erst die nationalsozialistische Verfolgungspolitik hatte die Tatsache, dass sie Jüdin war, bedeutsam gemacht.

So begegneten sich Susan und Jacob Taubes im spannungsreichen Feld zwischen Treue zur Tradition und Grenzen des Judentums. 1952 schrieb Jacob an den Philosophen Hugo Bergmann über ein Zusammentreffen von schwierigen Erfahrungen am JTS und der ersten Begegnung mit seiner jetzigen Frau: „In all den Wirrnissen traf ich Susan und viel in ihr verwirklicht, woran es mir lag – ausser der jüd. Existenz [...].“[7]

Das Rätsel der jeweils anderen „Existenz“ begründete anfangs eine gegenseitige Faszination. Dies bezeugt die Korrespondenz ihrer ersten Ehejahre. Von 1950 bis 1952 lebte das Paar räumlich weitgehend voneinander getrennt. Susan hatte im Anschluss an die Hochzeit ihr Philosophiestudium wieder aufgenommen. Es folgte ein gemeinsamer Aufenthalt an der Jerusalemer Hebrew University. Nach einigen Monaten setzte sie ihre Studien in den USA und Paris fort, Jacob blieb vorerst in Israel. Immer wieder beschworen sie den initialen Augenblick ihrer Beziehung. Im März 1952 schildert Jacob anlässlich des dritten Verlobungstags das Offenbarwerden ihrer Liebe wie einen magischen Moment: „jenes Ereignis am Ostersonntag 1949 in N.Y. wo plötzlich alles so ‚klar‘ war und wie ein Blitz die Nacht und alles Suchen erhellt wurde“.[8] Susan wiederum erinnerte sich im Oktober 1950 an ihr erstes Beisammensein und das Gefühl eines unermesslichen Vertrauens, das damit einherging. Sie schreibt: „I pray, neither the ‘wisdoms’ of logos nor of eros should ever confound this trust.“[9]

Sollte Susans Gebet erhört werden?

Dort, wo die religiösen und intellektuellen Übereinstimmungen endeten, setzte für Susan das Ideal einer vorbehaltlosen Überantwortung an den Anderen ein, das belegen die

7 Jacob Taubes an Hugo Bergmann, 25.03.1952. In: Susan Taubes: *Schriften*, hrsg. v. Sigrid Weigel, Bd. 1,2: Die Korrespondenz mit Jacob Taubes 1952, hrsg. v. Christina Pareigis. Paderborn: Fink 2014, S. 261.

8 Jacob Taubes an Susan Taubes, 21.03.1952. In: Ebd., S. 154.

9 Susan Taubes an Jacob Taubes, 04.11.1950. In: Ebd., Bd. 1,1: Die Korrespondenz mit Jacob Taubes 1950–1951, S. 80.

überlieferten Zeugnisse. Dazu gehört auch ihr Gedicht *Gomer and Hosea* aus der Perspektive Gomers, der Prostituierten, adressiert 1948 an ihren künftigen Ehemann. Wie in der Überlieferung unternimmt der Prophet Hosea in Susans Gedicht alles, um die ruhelose Gomer uneingeschränkt für sich zu gewinnen und sie von ihrer Promiskuität zu erlösen. Gomer aber entzieht sich seinem Willen, indem sie ihre verzauberten Wege – zur Sonne, zu den Sternen, in die verbotenen Wohnungen des Heiligtums – als endlose Vielgestalt beschreibt, die ihren Leib durchdringt: „There has blown through me the thousand exiled winds."[10] Sie spricht vom eigenen Unvermögen, lediglich einer Wahrheit zu vertrauen. Schließlich fragt sie, ob sich nicht gerade in diesem wunderbaren Chaos, das nichts und niemanden ausschließt, die Liebe des Schöpfers zu seinen Geschöpfen zeigt, und vertraut darauf, der Geliebte werde die Gemeinschaft mit ihr auf allen ihren Wegen suchen, den hellen und den finsteren.

Ein halbes Jahr nach der Entstehung dieses Gedichts, im Juni 1949, heirateten Susan und Jacob Taubes in einem Konferenzraum des JTS. Jacobs Umfeld begegnete der einundzwanzigjährigen Schauspielstudentin gelegentlich mit Skepsis. So war man in der Zürcher Rabbinerfamilie zuerst nicht besonders glücklich über die Verbindung mit der Tochter eines (geschiedenen) Psychoanalytikers, die ihr distanziertes Verhältnis zum Judentum nicht verbarg. Jacob war ebenfalls nicht frei von Ressentiments. Gegenüber einer Freundin, der Altphilologin Gerda Seligson, äußerte er Vorbehalte:

> *Susan ist als Arbeitspeitsche gut – und ich verdiene und brauche ja manchmal diese Peitsche. Freilich ist ihr die Gnade versagt sich zu freuen mit den jüdischen Weisen der Existenz und sie ist gezwungen sich in Abstracta zu flüchten. Ihre Ansichten sind haarsträubend, aber – ich lernte* [...] *sich um die metaphysischen Ansichten der Menschen gar wenig zu kümmern, sonst könnte ich ins Wasser springen.*[11]

Es war ihm keineswegs möglich, die „metaphysischen Ansichten" seiner Angetrauten zu ignorieren. Und so versuchte er kontinuierlich, Susan für ein jüdisches Leben zu gewinnen, das sie mit den eigenen spirituellen Bedürfnissen nicht in Einklang bringen konnte. Die Auseinandersetzungen provozierten in ihr eine schon früh geäußerte Kritik gegenüber den illusionären und reglementierenden Aspekten religiöser Institutionen, geschult durch die Schriften von Friedrich Nietzsche, Arthur Schopenhauer, Sigmund Freud und anderen. Fundamental blieb dabei, dass sie ihr Judentum niemals als ‚Gnade' erfahren hatte, sondern immer nur als Quell einer fortwährenden Entfremdung.

Jacob hingegen erschien die Verweigerung eines Lebens entlang der traditionellen Riten und Symbole als *tremendum* und *fascinosum* zugleich. Intellektuell fanden die beiden schließlich weniger zueinander durch die Texte der jüdischen Überlieferung als in einer gemeinsamen Lektüre der Vorsokratiker. Im Staunen und Befragen des Kosmos durch die antiken Philosophen suchten sie nach dem Beginn des ‚Sterbens der Götter'.

10 Susan Taubes: Gomer and Hosea, 1948. ZfL, Nachlass Susan Taubes, ST 14.

11 Jacob Taubes an Gerda Seligson, o. D. Leo Baeck Institute, New York, Nachlass Familie Seligsohn Kroner, AR 25128 8/27.

Für Susan erwiesen sich die Auseinandersetzungen in den kommenden Jahren auch als fruchtbar. Das zeigen ihre religionsphilosophischen Schriften, mit denen sie sich Mitte der 1950er in zeitgenössische Debatten einmischte, etwa über die Frage nach der Erfahrung eines ‚abwesenden Gottes' als neue Religion der Moderne. Dazu reagierte sie auf die Herausforderungen ihres Ehemanns mit der Erkundung ihrer eigenen Wege zur Religion.

In einem Brief an Jacob, aufgesetzt kurz nach der Hochzeit, jedoch nie abgeschickt, nimmt sie den Besuch zweier Synagogengottesdienste zum Anlass, die dort erlebte Praxis als sinnentleertes Ritual zu beschreiben. Dann benennt sie das Zentrum des Konflikts: „the nightmare of what men call religion." Es folgt die präzise Darstellung ihrer eigenen Position: abseits von den gewaltsamen Zuschreibungspraktiken einer umgebenden Mehrheitskultur und zugleich außerhalb der fremd gewordenen eigenen Tradition. Darin klingen bereits spätere theoretische Überlegungen zur „doppelten Entfremdung"[12] an; im Brief bezeichnet sie eine solche Situation als „truly death". Antwort auf die Frage, wie man angesichts dieses „Todes" dennoch leben könne, war für sie gerade nicht die von Jacob unterstellte Flucht in „Abstracta". Stattdessen äußert sie ihre Sehnsucht nach einem Ort frei von rituellen Zwängen: „I want to build my own altar."[13]

Als Jacob wiederum seiner Frau in einem Brief die Bedeutung der heiligen Hochzeit in der Kabbala erklärte, sprach er gleichzeitig über seine eigene Ehe: „I pray you should find in me anew your ways of union."[14] Sollte Jacobs Gebet erhört werden?

In Susans späteren Rückblicken erscheint die Hochzeit als ein Durchgangsort, ein Transformator. Mit der Verwandlung der Schauspielerin zur Ehefrau lenkte sie ihre kreativen und intellektuellen Energien in neue Bahnen. Für die Schriftstellerin Taubes war das Überschreiten der Schwelle, hinüber in das Schicksal als verheiratete Frau, wiederholt ein Quell literarischer Verarbeitungen. Ende 1961 begann sie mit der Novelle *Lament for Julia*. Thematisiert wird darin das Problem eines zerrissenen Selbst in höchst stilisierter Form. Das Erzähl-Ich ist aufgespalten in Ich und eine junge Frau namens Julia. Obsessiv ist es darum bemüht, Julias Leben zu gestalten. Es kultiviert sie, macht unter großen Mühen und Rückschlägen eine ansprechende junge Dame aus ihr. Pläne für Berufslaufbahnen – als Schriftstellerin, Schauspielerin oder Forscherin – können allerdings lediglich der Fantasie standhalten, denn das Ich fürchtet, Julia könne an Weiblichkeit einbüßen, wenn es die kühnen Vorhaben realisiere. Einzige Möglichkeit für ein Leben als Frau ist das Eheleben. Eine langwierige Bräutigamschau scheitert zunächst an Julias Capricen; erst im letzten Moment verheiratet der Erzähler sie mit einer guten Partie. Jedoch: Anstatt endlich in größtmöglicher Übereinstimmung mit Julia zu leben, löst der Übergang in die Ehe zwischen ihr und dem Ich eine größtmögliche Dissoziation aus. Die Heirat wird zum Sakrament, Geschäft und Theaterinszenierung in eins. Das Ich räsoniert:

12 Siehe Susan Taubes: The Riddle of Simone Weil. In: *Exodus* 1 (Frühjahr 1959), S. 55–71, hier S. 70.

13 Susan Taubes an Jacob Taubes, o. D. In: Taubes: *Schriften*, Bd. 1,1, S. 15.

14 Jacob Taubes an Susan Taubes, 21.02.1951. In: Ebd., S. 247.

Abb. 1
Susan Taubes,
ca. 1960.

> *Tatsächlich erreichte unsere Beziehung zu jener Zeit ihre maximale Distanz. Nie war Julia so undurchsichtig für mich gewesen. Ich machte den entscheidenden Schritt. In gewissem Sinne trat ich ehrenvoll ab. Ich beschränkte mein Reich auf das Imaginäre; der Rest war Gottes gute Welt. In jenen Gärten spazierte Julia.*[15]

Die „Gärten" spielen auf eine von Susan Taubes' Lieblingsstellen aus der Bibel an, einen Vers aus der Sündenfall-Erzählung. Nachdem Adam und Eva im Paradies die Früchte der Erkenntnis gegessen haben, entdecken sie ihre Nacktheit. Im nächsten Augenblick begegnen sie Gott: „Und sie hörten Gott den Herrn, wie er im Garten ging, als der Tag kühl geworden war."[16]

Das Bild vom Schöpfergott, der auf Erden wandelt und in der Abendkühle seine Geschöpfe anruft, taucht bis zuletzt in Taubes' Schriften auf. So zum Beispiel im Reisetagebuch vom Sommer 1956. Taubes hatte gerade ihre Studie über *The Absent God* abgeschlossen, jetzt reiste sie – ohne Jacob – durch Europa, unter anderem zu den Schwiegereltern nach Zürich. Inmitten von Überlegungen zur Konversion und Bedeutung eines Gottes, der zwar in der Vergangenheit mächtige Taten für sein Volk vollbrachte, aber zu ihr, die sich nirgendwo zugehörig fühlte, niemals sprach, findet

15 Susan Taubes: Klage um Julia. In: Dies.: *Schriften*, Bd. 3: Prosaschriften, hrsg. v. Christina Pareigis, aus d. Amerik. v. Werner Richter. Paderborn: Fink 2015, S. 113–231, hier S. 195.

16 1 Mose 3,8, zit. n. *Die Bibel nach Martin Luthers Übersetzung*. Stuttgart: Deutsche Bibelgesellschaft 2017.

sich die Beobachtung eines alten Mannes, der auf einem Grünstreifen an der geschäftigsten Zürcher Einkaufsstraße Tauben füttert:

God in the Garden

A green square on Bahnhofstrasse
a provident hand from a shabby sleeve
dispenses a shower of corn on the
pigeons; gnarled hand reaching into paper bag[17]

Die Philosophin auf ihrem Weg zur Schriftstellerin sollte in den kommenden Jahren in keiner der ‚vielen Wohnungen Gottes' ein Zuhause finden. Doch galt für sie dasselbe wie für die junge Studentin, die beim Aufbruch in ein neues Leben leidenschaftlich gegen alle Einwände ihre eigenen intellektuellen und spirituellen Wege behauptete: Für einen Gott, der weder unermesslich fern ist, noch sein Antlitz verbirgt, sondern umgekehrt auf Erden nach seinen Geschöpfen sucht, konnte sich Susan Taubes vorstellen, ihren Altar zu bauen.

17 ZfL, Nachlass Susan Taubes, ST 97.

YALTA: A TALMUDIC NOVEL

RUHAMA WEISS

Background

According to Talmudic legend, Yalta – whose name comes from the Hebrew word for mountain goat or Lilith – lived in Babylonia in the 3rd century CE. Yalta was a rich Babylonian woman of high social standing. Her father, Raba Bar Abuha, was the head of the Jewish community in Babylonia, and her husband, Rav Nahman, was a rabbinical judge in the Jewish community as well as a famous Jewish scholar. Some Talmudic traditions choose to describe her as a spoiled aristocrat – a sort of Jewish Babylonian Princess – but the Talmud also emphasizes her compassion and her kindness.

Yalta is one of the few women who is featured in the stories of the Talmud. The most famous story is a dramatic one: She smashes four hundred barrels of wine after being insulted by her husband's dinner guest. Almost all the legends about her feature the color red: the color of wine, of raw meat, of the blood that issues forth from a wound or from a menstruating woman. We can infer from various Talmudic accounts that she and her husband, Rabbi Nahman, had six children, two girls and four boys. The name of one of her daughters was Donag (or Denag). Her daughters were witches, a common female occupation in those days.

In her forties, Yalta experienced significant trauma. The Epistle of Rav Sherira Gaon, a 10th century history of the Talmud's composition, relates the following: "In the year of 570 [Era for Contracts, around 258 CE], Papa the son of Netzer, came and destroyed Nahardea. And our oldest, Raba Bar Abuha, went to Shchentziv, Shlhei and Mehoza." Papa Bar Natzer is the name that Jews gave to Odaenathus, King of Palmyra. According to this source, Yalta's city, Nehardea, was destroyed in that war, and her father, the exilarch – the leader of the Jewish community in Babylonia – became a refugee, along with many others from the community. This was presumably a major event in Yalta's life. My novel therefore focuses on the outcome of this traumatic war for her, for her family and for her community.

The historical novel – is it historical?

It is (almost) impossible to write a history of the Babylonian sages because:

a) for the most part, the only evidence we have of the Talmudic stories is the Talmud itself (with the rare exceptions of documents like Rav Sherira Gaon's letter); and
b) the Talmudic stories about the sages are laconic, fragmentary and often inconsistent with one another. Moreover, their purpose is not to provide historical information but to educate readers and listeners. The storytellers were therefore not concerned with historical accuracy.

So how did I write a 'historical' novel?

- I used all seven Talmudic traditions that mentioned Yalta.
- I collected around 100 sources mentioning or alluding to her husband.
- I collected all of the sources about her supposed children and father.
- I searched in particular for legends about women who might have been her friends.
- I used scholarly research about the material conditions of Yalta's time and location.
- To all these stories and descriptions, I added my imagination and longing, allowing me to create a tapestry of Yalta's life story.

I live In Israel and, at the time I wrote the novel, my son was still in high school, preparing to serve in the IDF. Now, as I write these words, he is already in the army. The idea of sending my child to the army tormented me from the day he was born. Time and again, I questioned all my decisions in life: from my decision to bring children into this world to my decision not to leave Israel for a peaceful place.

Yalta became my soulmate during this ongoing soul-searching. I imagined her first-born son, Hun, joining the Sasanian army in the war against the Palmyrans and meeting his death in that unsuccessful and unfortunate war. Aren't all wars the same? With Yalta, I was able to cry and to even think the unthinkable without being judged. Yalta also taught me that living in the diaspora is not a 'wonder drug' and that, as mothers, we will always have fears and second thoughts.

Sample from the novel's opening pages (translated by Ilana Kurshan):

"… Dinveh, if you've retained any traces of my story in your memory, you know that I merited that which very few people – and even fewer women – merit to receive. Rabbah bar Avuha was my beloved, wealthy and esteemed father. Nahman, my husband, commanded authority because of his brilliance and his breadth of knowledge; even if I don't always feel his love and attention, I am fortunate to be his wife and to be under his protective wing. Living among these two men offered me no small measure of freedom and quiet. I could not have asked for more.

There was no real place in my home for pain and longing. We almost never spoke of Nana, my mother may she rest in peace, who died in childbirth. But she accompanied me every day of my life, a shadow at once heavy and comforting. From the stories they told me I can hear her voice, weak but clear, instructing the midwives, "Kill me and let her live." The story of my birth is also the story of my sin and the start of my own revolving cycle of Din-Veh-Dayan, since my life robbed hers. Hama, my older brother, was tiny, and even he had to be pulled out by force from her womb. But I, a tall woman of generous proportions and ample flesh, took up too much space in the world from the moment I was born.

I had four pregnancies and five births. With each pregnancy I kept hoping for a difficult labor. Each birth was another failed attempt to repay my debt to my mother, since as luck would have it, I distressingly never had painful births. As befits my generous proportions, my womb is also wide, and even Donag and Oneg, my twin daughters and your childhood friends, were birthed speedily and healthily. After my births, as I busied myself with motherhood and with my tireless work on behalf of the community, I continued to feel my mother's shadow hovering over my shoulders, demanding a guilt offering.

But on my fortieth birthday, my regular routine came to an end. On the day that you were taken captive, my debt was paid off, and the apple of my eye was taken from me in battle. I never could have imagined the ruthless way in which Ahriman, the god of darkness, would collect his debt for all the goodness I was granted. With that, the cycle of Din-Veh-Dayan in my life came full circle: My mother died on the day I was born, and exactly forty years later, on my birthday, my son Hoon was torn away from me."

BEGEGNUNGEN MIT *JALTA* I–VII

RUBY KELEV

Erste Begegnung mit* Jalta*: Euphorie (April 2017)
Jalta! Ich bestelle das Heft in der Buchhandlung meines Vertrauens, endlich ist sie da. Manchmal finde ich es fast schon etwas unheimlich, dass die Angestellten in dieser Buchhandlung nach so vielen Jahren wahrscheinlich besser wissen als sonst jemand, was mich beschäftigt, berührt, mein Denken prägt. *Zeige mir was du liest und ich sage dir, wer du bist*. So heißt es doch. Es sind tiefste Einblicke in meinen Kopf, die ich mir ausmale. Einblicke in mein Innerstes. Das Verhältnis zu meiner Buchhandlung scheint mir plötzlich ganz schön intim. Und ich bin nicht sicher, was ich davon halte. Lieber nicht zu viel preisgeben, ist sonst die Strategie und Devise. Man weiß ja nie. Alles je Offenbarte kann blitzschnell, wie die Pfote einer Katze mit ausgefahrenen Krallen, im Gesicht landen. *Batz*.

Mich packt Euphorie. Denn dieses Mal ist es eine *Jalta*, die ich abholen möchte. Die Gelegenheit nutze ich sogleich für etwas Werbung:

Diese neue Zeitschrift, die müsst ihr unbedingt in euer Sortiment aufnehmen und auslegen. Es ist so großartig, dass es sie gibt! Passt sie nicht ganz wunderbar in eure Ecke der auserwählten Schmuckstücke zu *Politik und Gesellschaft*?

Doch der Buchhändler, Jan[1], scheint davon weniger überzeugt. Es gibt eine Sache, die interessiert ihn mehr:

J: Sag mal, Lea, aber der Unterschied zwischen dem Judentum und dem Christentum, der ist doch gar nicht so groß, oder? Eigentlich ist doch alles irgendwie christlich-jüdisch … Oder wie ist das so genau, also bei Euch so?

Ich bekomme den Absprung nicht rechtzeitig hin. [Warum tue ich das? Ich hasse es. Ich komme 15 Minuten zu spät zu meiner Verabredung. Nicht, dass ich das sonst nicht täte. *Aber*. Ich ärgere mich. Eigentlich wollte ich doch nur ein Buch abholen. Das Erlebte hinterlässt einen faden Beigeschmack, klebrige Spuren, die ich mich wegzuwischen bemühe. Mir ist klar, dass dies unbewusste, alltägliche Bemühungen sind. Sie erfolgen wie von allein. Ein Automatismus.]

1 Alle Personennamen sind in diesem Text geändert.

Zweite Begegnungen mit* Jalta*: ein neuer Versuch (Juni 2017)
Ein neuer Versuch. Bewusst oder unbewusst? Ich bestelle ein weiteres Heft bei der Buchhandlung meines mittlerweile fragilen Vertrauens. Eine neue Buchhändlerin, Anna, ist da. Nie zuvor sind wir uns begegnet. Dieses Mal soll es schnell gehen. Ich möchte die *Jalta* und nach Hause. Es war ein langer, anstrengender Tag. Der neue Antisemitismusbericht des Unabhängigen Expertenkreises (warum eigentlich nicht Expert_innen?) wurde vorgestellt. Ich betrete die Buchhandlung und frage nach meiner Bestellung. Gerade möchte ich das Heft in meine Tasche stecken, da schaut mich Anna an und fragt:

A: Hast du *damit* etwas zu tun?

L: Wie meinst du?

A: Na, ob du **damit** etwas zu tun hast?

L: Äh, also wie meinst du? Was soll „damit" sein?

A: (errötet und lächelt nervös) Na ob du jü-jü-jü-jü-äh-**JÜDISCH** bist!

L: [… !!????!?!?!? WTF !!!????]

A: Ah. Achso. Also ich bin ja noch nie einem begegnet.

L: Einem was?

A: (die Röte steigt ihr wieder ins Gesicht, und das nervöse Lächeln beginnt) Keinem ju-ju-ju-ju-ju-äh**JUDEN**!

L: ??

[kurze Stille]

A: Aber ist das Problem nicht eigentlich in den *Ländern*?

L: ??

A: Also sind nicht eigentlich nur *die Länder* das Problem?

L: Ich verstehe nicht, was du meinst.

(Mist! Muss ich jetzt intervenieren? Warum mache ich nur antisemitismuskritische Bildungsarbeit? Habe ich einen Auftrag? … ach scheiße. Ich bin erschöpft und will doch einfach nur nach Hause. *Stille*.)

A: (meine Gedanken unterbrechend) Also kommst du *so wirklich* aus einer *richtigen* jüdischen Familie?

L: (endlich schaltet sich mein Gehirn wieder ein) Was willst du eigentlich von mir? Was sollen alle diese Fragen? Wir begegnen uns gerade das erste Mal, und ich frage dich doch auch nicht mit dem ersten Satz, worauf du so beim Sex stehst!

[Anna kann nun nicht mehr schnell genug abkassieren, verhaspelt sich bei allem, was sie tut. Gefühlt schmeißt sie mich samt *Jalta* weit fort. So weit, dass einfach nichts passierte und alles wieder seine Ordnung hat. *Nichts* soll geschehen sein.]

Dritte Begegnungen mit* Jalta*:
nur ein Missverständnis (vier Monate später, Oktober)

[Nach der Begegnung im Juni überlege ich noch eine Weile, ob ich der Buchhandlung eine Mail schreiben soll. Ich entscheide mich dagegen. Sie würden eh nicht hören und verstehen wollen, was ich sage. Derartige Auseinandersetzungen rauben mir Kräfte, die ich –zumindest manchmal – lieber für Anderes nutze. Für den Versuch eines Ich-tu-mal-kurz-so-als-wäre-die-Welt-in-Ordnung zum Beispiel. Für die Initiierung einer Illusion: Antisemitismus? Homofeindlichkeit? Sexismus? Klassismus? Nie zu spüren bekommen. Ich weiß gar nicht, was all das bedeutet. *Lebe die Utopie.* Haha. Diese Utopie zu kreieren und einzufordern ist anstrengend. Aber ich kann mir nicht leisten, auf sie zu verzichten.

Es ist also meine sehr klare Entscheidung, dass ich nicht auch noch – ganz aufopferungsvoll – diese Buchhandlung zu meinem privaten Politische-Bildungs-Projekt mache. Schließlich werde ich dafür nicht bezahlt. Und bin ich nicht jüdisch?

Mein Handy klingelt. Auf dem Display erscheint der Name der Buchhandlung: Bisli und Bamba[2].

[In meinem Kopf entsteht ein neuer Songtext: Bisli und Bamba. Fickt euch ins Knie. Bisli und Bamba. Lebt Demokratie! Bisli und Bamba. Ihr versteht das nie ...]

L: Hallo?

S: Hallo Lea, hier ist Sophie von Bisli und Bamba. Meine Mitarbeiterin, Anna, hat mir erzählt, dass es einen Zwischenfall zwischen ihr und dir gab.

L: Wie meinst du?

S: Also etwas soll zwischen Euch vorgefallen sein.

L: Ja, ich kann mich an eine Situation erinnern. Aber das ist schon Monate her. Um was genau soll es denn gehen?

S: Also Anna kam auf mich zu und sagte, dass es ein Missverständnis zwischen Euch gab, das sie gerne klären würde.

L: Das war kein Missverständnis. Die Situation war folgende ...

S: Das tut mir leid. Manchmal passiert es, dass man sich einfach missversteht.

L: Ich habe Anna aber nicht missverstanden, darum geht es nicht. Sondern ...

S: Ja, manchmal haben die Deutschen aufgrund *der Geschichte* so ein Problem. Ich verstehe das auch nicht. Also ich wundere mich auch immer, wenn bei einem Buch dazu gesagt wird, dass es von einer jüdischen Autorin ist. Bei Christen macht man das ja auch nicht.

---

2 Bisli und Bamba sind Chips und Flips, die vor allem in Israel zum Alltag gehören wie in Deutschland belegte Brötchen. Nicht bereits einem Kleinstkind Bamba zu geben, gilt als verantwortungslos, da es eine Erdnussallergie entwickeln könnte.

L: Aha.

S: Ich wollte dich fragen, ob es ok ist, wenn ich Anna deine Nummer gebe, damit sie sich bei dir entschuldigen kann. Ich finde es immer besser, wenn die Leute das unter sich klären.

L: Nein, danke. Es ist schon ok so. Vergessen wir das Ganze.

S: Ich glaube, dass es Anna echt wichtig wäre, sich bei dir entschuldigen zu können.

L: Weißt du, die ganze Sache ist bereits Monate her. Ich habe damit abgeschlossen. Danke aber für deinen Anruf. [Bin ich nun zu einer Jüdin gemacht geworden, die sogar mit Großherzigkeit geizt?]

S: Aber ...

L: (Sophie ins Wort fallend) Bring Anna einfach bei, das Wort Jude auszusprechen. Dann sind wir einen Schritt weiter. Schalömchen!

Vierte Begegnungen mit* Jalta*:
Nie wieder! – (vier Monate und einen Tag später, Oktober 2017 + 1 Tag)

Eine Freundin, Julia, ist zu Besuch. Sie hat sich viel mit dem Nationalsozialismus und Jüdinnen_Juden beschäftigt und ist darin erprobt, das Existenzrecht Israels zu verteidigen. Darum geht es in diesem Moment nicht. Wir unterhalten uns. Irgendwann sagt sie:

J: Lea, ich muss dir noch etwas erzählen.

L: Was gibt's?

J: Also gestern bin ich bei deiner Buchhandlung vorbeigekommen. Da dachte ich: Das kann doch einfach nicht sein! Dann bin ich kurzerhand in den Laden und habe ihnen gesagt, dass sie mal darüber nachdenken sollten, wie sie mit ihrer jüdischen Kundschaft umgehen. Anonym natürlich. Aber irgendwie wussten sie sofort, dass es um dich geht. Jüdisch, queer ...

L: Das ist jetzt nicht dein Ernst, oder!?

J: Doch ...

L: Warum hast du das gemacht?

J: Ich hatte einen schlechten Tag, wusste nicht wohin mit meinem Frust. Und außerdem kann das nicht so stehen gelassen werden, ist doch meine Nachbar_innenschaft.

L: Du benutzt also meine Erfahrungen, um deinen Frust loszuwerden!? Ich kann's echt nicht fassen! Willst du mich eigentlich verarschen!?

[Langes, unangenehmes Schweigen. Ein verachtendes Gesicht schaut in ein bedrücktes.]

L: Ich will wissen, was deine Motivation war.

J: Ich wollte, dass sie nachdenken. Kann ja nicht sein, dass du dich für Israel rechtfertigen und politische Verhältnisse erklären musst.

L: Die Situation war anders.

J: Ja, äh ... Findest du es also nicht gut?

L: Ich finde es zum Kotzen. Total zum Kotzen. Ich habe mich sehr bewusst dafür entschieden, dass ich nichts zu der Situation sagen werde. Weil es anstrengend ist und ich damit nichts weiter zu tun haben möchte. Und jetzt bin *ich* diejenige, die deine Scheißaktion ausbügeln muss und dazu gezwungen ist, sich dazu zu verhalten. Die haben gestern bei mir angerufen und wollten sich entschuldigen.

Und weißt du, was mich außerdem ankotzt: Dass es alles für mich noch schlimmer macht. Ich muss zukünftig noch mehr darüber nachdenken, wann ich wo, wem und was erzähle. Ich muss mir *noch mehr* Gedanken machen und über mögliche Konsequenzen meiner Erzählungen nachdenken. Gleich dazusagen, dass ich aber keine unerbetenen Interventionen wünsche. Außerdem komme ich mir auch von der Buchhandlung verarscht vor. Ich ruf die jetzt an und sage ihnen, dass ich von der gesamten Aktion absolut gar nichts halte.

Jan geht ans Telefon. Ich frage nach Sophie, die jedoch nicht da ist. Dann schildere ich Jan meinen Unmut. Er findet das „jetzt echt ein bisschen kompliziert und über zu viele Ecken".

Fünfte Begegnung mit* Jalta*: Das Beste für alle (vier Monate, einen Tag und ein paar Stunden später (Oktober 2017 + 1 Tag + x Stunden)

SMS von Sophie:

Liebe Lea. Ich habe dir gestern gesagt, dass ich mit meiner Mitarbeiterin gesprochen hatte, und Dir verschwiegen, dass es einem Gespräch mit deiner Freundin zu verdanken war. Ich wollte sie nicht in Verlegenheit bringen. Anna hatte vorher intuitiv gespürt, dass sie einen Fehler gemacht hat, und es für sich behalten. Ob sie es mir erzählt hätte, kann ich nicht sagen. Dass sie falsch gehandelt hat, wusste sie, und ich kann nur ahnen, dass sie nach ein paar Monaten, ohne dich zu sehen, etwas unternommen hätte. Ich hätte es jedenfalls. Ruf an, wenn du magst. Viele Grüße, Sophie.

Ich antworte:

Liebe Sophie. Ich kann dir nur sagen, dass ich deinen Eindruck von der Mitarbeiterin nicht teile: Das Ereignis liegt schon vier Monate zurück. Viele Grüße und ein schönes Wochenende Lea.

Neue Nachricht von Sophie:

Das ist tatsächlich eine Weile her. Du weißt, was ich davon halte. Am liebsten würde ich, mit deiner Zustimmung, deine Nummer an Anna weitergeben. Ich kann mich nur im Namen von Bisli und Bamba [und in meinen Kopf wieder: Bisli und Bamba. Fickt Euch ins Knie ...] *entschuldigen und hoffen, dass Anna dich von ihrer Ungeschicktheit überzeugen kann. Ich denke, das ist das Beste für alle, wenn Ärgernisse und Entschuldigungen ausgesprochen werden. Viele liebe Grüße, Sophie.*

Sechste Begegnung mit Jalta: letzte Runde (November 2017)

Meine langjährige, enge Freundin Kim hat Geburtstag. Ich schenke ihr eine *Jalta* (übrigens in einer anderen Buchhandlung gekauft). Eine *Jalta* ist für mich etwas Persönliches. Sie zu verschenken, bedeutet, einen Teil von mir zu zeigen, den ich sonst oft in ebenso liebgewonnener wie verhasster Unsichtbarkeit verschwinden lasse.

Kim freut sich über das Geschenk.

Nach einer Weile erkundige ich mich, wie es mit dem neuen Mitbewohner aus Israel läuft.

K: Ganz gut. Aber weißt du!? *Dir* kann ich es ja sagen: Ein Klischee stimmt schon – er ist total reich.

[In meinen Kopf macht es *Peng*. Eine weitere Freundschaft ist zerplatzt. Dazu der Soundtrack: Bisli und Bamba. Fickt Euch ins Knie. Bisli und Bamba. Ihr versteht das nie ... Wie schnell das geht! Es ist ganz simpel. Und plötzlich gibt es viel Platz in meinem Leben. Platz, der mit Stille gefüllt ist.]

Siebte Begegnung mit Jalta: Zuhause (Dezember 2017)

Ich sitze mit meiner Schickse, Noa, bei uns am Küchentisch. Eine *Jalta* liegt darauf. Ich gucke sie an. Und frage Noa: Was schätzt du eigentlich, wie viele Antisemit_innen wir schon bei uns zuhause bekocht und beherbergt haben?

Noa atmet tief ein und seufzt. Sie versteht, was ich sage. Und schält noch ein paar Kartoffeln für die Latkes. Es soll ein schöner Abend mit Freund_innen werden. Schließlich ist Chanukka. Ich sehe unsere T-Rex-Chanukkia an, die mir mein Freund und Komplize Aaron aus den USA mitgebracht hat, bin plötzlich amüsiert und irgendwie zufrieden.

[Schon lange hatte ich mir diese Chanukkia gewünscht. Das Gold gefällt mir besonders. (Eine Freundin sagte mal über sie: Es ist das einzig Gute, das je von uns Juden erschaffen wurde!) Wenn ich den strahlend goldenen Dino heute anblicke, erinnere ich mich an schöne Momente: Ein warmes, volles Haus. Alle bringen ihre Liebsten mit. Die Tür ist offen. Gemeinsames Kerzenzünden, und niemand kennt die Segenssprüche so richtig. Etwas Patchwork-Brainstorming, dann leuchten sie, und auch die Brachot sind gesprochen. Es ist ein schöner Moment, er fühlt sich gut an. Uns ist bewusst, dass wir gerade sein können, wie wir halt so sind. Es ist egal. Hauptsache, wir haben uns.]

EIN PLÄDOYER FÜR DIE SICHTBARKEIT!

Oder die Verstecke von gestern sind die Bühnen von morgen

INA ROSENTHAL

Ich verdanke meinen Namen und letztendlich auch mein Leben einer jüdischen Frau, meiner Urgroßmutter, die in Potsdam in einem Versteck gelebt hat und für die es bis heute noch kein Grab gibt. Ihr Versteck – ihre Unsichtbarkeit – hat seine Funktion bis in den heutigen Tag aufrechterhalten. Kein Platz des Gedenkens für eine Frau, die die letzte Zeit ihres Lebens in einer Dachkuppel verbrachte und ihr Essen mit einem todgeweihten Säugling teilte, der sie überlebte – meine Mutter.

Dies soll jedoch keine ausschließliche Auseinandersetzung mit meiner Biografie werden, sondern vielmehr eine durch die eigene Familiengeschichte inspirierte Auseinandersetzung mit der jüdischen Tradition des Versteckens und seinen Auswirkungen auf Identitäten und Persönlichkeiten sowie auf unser gegenwärtiges Erleben als Jüd*in und/oder als Mensch unserer Zeit. Im historischen Kontext können wir neben der nahen Zeitgeschichte Erfahrungsräume erkennen, die aus jahrhundertealter Verfolgung und Fluchterfahrung stammen und über große Zeitspannen hinweg jüdisches Leben geprägt haben und heute noch prägen.

Es gibt zahlreiche jüdische Traditionen und Gebote, die sinnvoll sind im Kontext von Verfolgung, Flucht und Versteck. Hachnasat Orchim zum Beispiel ist eine der wichtigsten Mizwot und gehört zu den Geboten, die unser Vorfahre Awraham dem Judentum in die Wiege gelegt hat. In 1. Moses 18 ist zu lesen, dass Awraham kurz nach seiner Beschneidung, also unmittelbar nachdem der erste Jude sich bekannt hatte, trotz Schmerzen und großer Hitze vor dem Zelt saß, mit G"tt sprach und nach Gästen Ausschau hielt. In dem Augenblick, als er in der Ferne Menschen sah, unterbrach er sein Gebet, um die Fremden einzuladen. Im Midrasch wird diese Begebenheit so ausgelegt, dass es wichtiger ist,

> *das Gebot der Hachnasat Orchim zu erfüllen, als die Schechina, die Präsenz G"ttes, zu empfangen. Denn wie kann man G"tt mehr Liebe und Respekt erweisen als dadurch, dass man Seine Geschöpfe liebt und ehrt? Nicht die Worte beweisen die Liebe, sondern die Taten.*[1]

Und ist, ganz irdisch gedacht, Gastfreundschaft im weitesten Sinne nicht auch die Versicherung, dass man, selbst in Notlagen und bei Bedürftigkeit, Unterstützung erhält?

Kaum eine Bevölkerungsgruppe hat so umfassende historische Erfahrungen mit Flucht, Vertreibung und Verstecken gemacht wie die jüdische. Dies begann mit der babylonischen Eroberung des Reiches Juda im 587 v. u. Z. und erstreckte sich bis weit in die Neuzeit hinein. Und auch wer als Jüd*in in der Zeit von 1933–1945 in Deutschland überleben wollte, musste einen Weg finden, nicht sichtbar, nicht identifizierbar zu sein. Der Preis hierfür war die Angst. Angst vor dem Erkannt-Werden. Auffallen war gefährlich! Jedes Husten, jeder Atemzug konnte verräterisch sein. Die Überlebensstrategie der Flucht, die grundlegend Traumata mit sich bringt, ist eng verknüpft mit der Erfahrung, sich zu verstecken. Dieses Verstecken war zumeist damit verbunden, sich in einer feindlich gesinnten Umgebung bzw. Gesellschaft bis hin zur totalen Aufgabe der eigenen Identität zu assimilieren. Sally Perel schildert beispielhaft in seinem Buch *Ich war Hitlerjunge Salomon*[2] solch einen Lebensweg. Viele Überlebende, die sich als Kinder in Deutschland verstecken mussten, berichten von dem Spannungsfeld zwischen dem Wunsch, ‚gesehen zu werden', und der Angst vor Entdeckung. Dieses Gesehen-Werden drückt vor allem einen elementaren Wunsch aus, den alle Menschen haben, nämlich den nach der Anerkennung der eigenen Person:

> *Aber auch sich zugehörig fühlen, das Gefühl anerkannt zu werden, zu einer Gemeinschaft bzw. zu anderen Menschen dazu zu gehören, ist ein Grundbedürfnis von jedem Menschen – ebenso wie das Verlangen nach Unabhängigkeit.*[3]

Aber eben dieses Grundbedürfnis wurde den Jüd*innen während des Nationalsozialismus aberkannt und traf in seiner vollen Härte und Konsequenz auch die Kinder in den Verstecken.

Wie hoch muss der psychische Kraftaufwand gewesen sein, vor allem für Kinder, dieser permanenten Gefahr und der dadurch notwendigen Selbstkontrolle ausgesetzt zu sein? Jeder Mensch, der Kinder hat oder Kinder in seinem Umfeld

---

1 Avraham Radbil: Hachnasat Orchim. Religiöse Begriffe aus der Welt des Judentums. In: *Jüdische Allgemeine Online*, 21.01.2015. https://www.juedische-allgemeine.de/article/view/id/21184 (Zugriff am 05.06.2018).

2 Sally Perel: *Ich war Hitlerjunge Salomon*. Berlin: Nicolai 2002.

3 Robert Kegan: *Die Entwicklungsstufen des Selbst. Fortschritte und Krisen im menschlichen Leben*, hrsg. v. Detlef Garz. München: Kindt 1994, S. 149.

erlebt, weiß, wie schwierig es ist, die Affekthandlungen des Rufens, Schreiens, Kicherns, Hüpfens, der Trauer und Wut oder der Bewegung – besonders bei Kleinkindern – zu kontrollieren oder zu unterdrücken.

Bis heute lebt noch immer eine unbekannte Anzahl jüdischer Menschen, die sich als Kinder in einem Versteck verborgen halten mussten und überlebt haben. Die Auswirkungen ihrer Erfahrungen kann man in den psychologischen und soziologischen Auswertungen biografischer Arbeiten von Betroffenen lesen. Auffällig oft berichten sie davon, dass es ihnen schwerfällt, eigene Bedürfnisse zu artikulieren oder ernst zu nehmen. Auch fällt es ihnen im späteren Leben häufig schwer, anderen Menschen zu vertrauen, sie fühlen sich oft nicht dazugehörig und heimatlos. Eine altruistische Grundhaltung, die viele aufweisen, könnte man in diesem Kontext als konstruktive Kompetenzerweiterung einer tiefliegenden inneren Angst bezeichnen, sich selbst und seine Bedürfnisse der Welt gegenüber zum Ausdruck zu bringen. Die Menschen im Versteck befinden sich permanent in einem inneren Konkurrenzkampf mit ihrem Bedürfnis nach Anerkennung, dem Gesehen-Werden, und der Gefahr, die daraus hervorgeht. Dieses traumatische Erlebnis implementiert die innere Fragestellung: Wer bin ich, wenn ich nicht sein darf? Als Person nicht existent sein zu dürfen, hat das Leben der ‚Versteckten' nachhaltig geprägt und hatte maßgeblich Einfluss auf ihre Beziehungen, Familien, Berufe und ihre Gesundheit. In Interviews mit Betroffenen stößt man oft auf die daraus resultierende Sinnfrage: *Darf ich sein, wenn alle anderen sterben?* Diese ist Sinnbild für die Auswirkung des Versteckens und der Bedrohung, aber auch Ausdruck des eigenen Überlebenswillens, des Ringens um eine Persönlichkeit außerhalb der Negierung.

Wie groß und schwer die Überlebensleistung der Betroffenen war, können Sie leicht an einem banalen Gedankenspiel selbst überprüfen: Denken Sie jetzt einfach nicht an eine rote Tulpe. Nein, jetzt doch nicht. Denken Sie daran, dass Sie jetzt auf keinen Fall an eine rote Tulpe denken dürfen. Und ist es Ihnen gelungen? Wahrscheinlich nicht. Ehrlich gesagt, ist es unmöglich, *nicht* an eine Tulpe zu denken. Wir können nicht *nichts* denken und genauso wenig können wir *nicht-sein*, solange wir sind.

Das Verstecken der eigenen Identität gehört zu den schwierigsten Überlebensstrategien, die man sich vorstellen kann und ist doch leider oft erforderlich. Das Geheimnis der eigenen Identität zu bewahren, ist psychisch und physisch enorm kräftezehrend:

> *Je gefährlicher es ist* [die Umstände des Geheimnisses, I. R.], *desto größeren mentalen und emotionalen Aufwand muss man betreiben, um es zu bändigen. Es ist, als lebe man mit einem erwachsenen Raubtier in einer engen Wohnung.*[4]

4 Heiko Ernst: Muss alles raus. In: *Psychologie heute* 7 (2014), S. 3.

Eine Vielzahl von neuropsychologischen Untersuchungen haben bestätigt, dass Geheimnisse enorme Gehirnkapazitäten beanspruchen. Diese Kraft raubende Kontrollarbeit hat zudem negative Auswirkungen auf die Gesundheit und das Wohlbefinden. Studien belegen den Zusammenhang zwischen der Intensität, mit der Gedanken unterdrückt werden, und Erkrankungen.

Aber nicht nur die Betroffenen selbst haben durch die Traumatisierung in den Verstecken physische und psychische Benachteiligungen erfahren. Neurobiologen von der ETH Zürich und im Besonderen das Team um Isabelle Mansuy entdeckten, dass extremer Stress, feindliche Lebensumstände und Traumatisierungen die Regulation in den Zellen beeinträchtigt. „Schlechte Erfahrungen hinterlassen Spuren im Gehirn, in den Organen und Keimzellen", sagt Mansuy, „über die Keimzellen werden diese dann weiter vererbt."[5] Das bedeutet, dass auch wir, die Dritte und Vierte Generation, die Verstecke unserer Eltern und Großeltern physisch in uns tragen. Bezugnehmend auf diese Erkenntnisse dürfte es uns nicht wundern, dass wir in einer Gesellschaft leben, die von chronischen Erschöpfungssyndromen und Burnout geprägt ist und in der Depression längst zur ‚Volkskrankheit' geworden ist.

Die belastenden Spuren der Nationalsozialist*innen lagern bis heute tief in allen Betroffenen. Umso erstaunlicher ist es, dass trotz dieser schlechten Vorzeichen und Schwierigkeiten viele dieser Kinder aus den Verstecken von damals zu starken und resilienten Persönlichkeiten herangewachsen sind. Aus den zahlreichen Interviews, die Brigitte Schreiber[6] mit Menschen geführt hat, die als Kinder in Deutschland in einem Versteck oder versteckt gelebt haben, und Lebensgeschichten, die ich als Autorin und psychologische Beraterin erfahren habe, kann man herauslesen, was für diese Menschen hilfreich war. Nur zu oft war es das Wort, die Sprache, der Ausdruck und ein Gegenüber. Es scheint so, als sei es für die Betroffenen ungemein wichtig gewesen, ihr inneres Erleben zum Ausdruck zu bringen, z. B. zu erzählen oder zu malen, und damit Resonanz und Anerkennung zu erfahren. Das Gegenüber war häufig die Gastfamilie, Helfer*innen oder andere, die mit ihnen in dem Versteck lebten. Während meiner Analyse des Emparing-Prozesses hat sich diese Aussage mehrfach bestätigt. Jener bezeichnet Dynamiken, die es ermöglichen, starkes emotionales Erleben spontan von einer Person auf andere zu übertragen. Sie bewirken, dass wir an dem emotionalen Erleben anderer teilhaben können, es mittragen und unter Umständen auch übernehmen und weitergeben. Emparing-Prozesse ermöglichen das Überleben nach extremen Traumatisierungssituationen, indem Emotionen und Gefühle auf mehrere Personen verteilt werden und so für

5 Werner Bartens: Traumatische Erlebnisse prägen das Erbgut. In: *Süddeutsche Zeitung Online*, 14.04.2014. http://www.sueddeutsche.de/gesundheit/genetik-traumatische-erlebnisse-praegen-das-erbgut-1.1936886 (Zugriff am 14.03.2018).

6 Brigitte Schreiber: *Versteckt. Jüdische Kinder im nationalsozialistischen Deutschland und ihre Leben danach. Interpretationen biografischer Interviews.* Frankfurt am Main: Campus 2005.

den*die Betroffene*n tragbar und ertragbar werden. Es hat sich herausgestellt, dass es, um Emparing-Prozesse zu befrieden – also eine weitere transgenerative destruktive Verteilung von Trauma zu verhindern –, elementar wichtig ist, einen Ausdruck für das innere Erleben zu finden. Unabhängig davon, ob dies durch Sprache, Bild oder einen anderen kreativen Ausdruck geschieht. Und ist dieses *Einen-Ausdruck-finden* eigentlich nichts anderes, als das eigene Erleben sichtbar zu machen? Es aus dem Versteck der eigenen Gedankenwelt zu bringen und die Umwelt mit der eigenen Identität und dem eigenen inneren Erleben zu konfrontieren? Die eigene Biografie zu erzählen, Bilder zu malen, Musik zu komponieren, zu schreiben und diese Resultate für andere zugänglich zu machen, ist ein Heraustreten aus dem Versteck: auf die Bühne des Lebens.

Verstecken ist nicht nur ein Verstecken im physischen Sinne, es beruht – in den jüdischen Kulturen und Sozialisierung – auch auf den von unseren Vorfahren ererbten Fluchterfahrung und Traumata. Dieses Erbe hindert uns unter Umständen stets daran, eigene Bedürfnisse zu befrieden und Kontakt zu anderen Menschen herzustellen. Versteckte Konflikte sind nicht erkennbar, aber eben auch nicht befriedbar. Sichtbar zu sein mit der eigenen und der Biografie der Vorfahren, ist meiner Meinung nach wichtig. Nicht nur, um Beispiel und Vorbild für die Nachfolgenden zu sein, sondern auch, um den eigenen inneren Frieden und die eigene Persönlichkeit zu stärken. Heiko Ernst schreibt dazu:

> *Das bewusste Erzählen und sich Mitteilen von Erlebnissen hat eine unmittelbare positive Wirkung auf unsere Psyche. Durch die Darstellung unseres Innenlebens in Form von persönlichen Geschichten stellen wir eine besondere Beziehung zu dem Zuhörer her. Intimität und Vertrautheit können sich entwickeln* [...]. *Indem wir etwas in Worte fassen, sorgen wir für emotionale Entlastung.*[7]

Das Hinaustreten der Dritten und Vierten Generation der Überlebenden mit ihren Geschichten, ihren Erfahrungen und ihrem Schmerz, das Eintreten in einen Dialog mit der Vergangenheit im Hier und Jetzt sind Chancen auf tatsächliche Veränderungen in der Gegenwart. Das bedeutet, aktiv in Beziehung zu treten mit den eigenen schmerzhaften Lebensereignissen, aber auch mit dem, was Vorfahren an leidvollen Erfahrungen mit uns geteilt und auf uns verteilt haben. Erst wenn wir für diese Erbschaften Worte und Ausdruck finden und ihnen in unserer gegenwärtigen Realität Platz einräumen, kann die Vergangenheit Frieden finden. Was dann möglich ist, ist tatsächlicher Kontakt, denn wo keine Angst vor Schmerz in seinen vielfältig psychischen und physischen Erscheinungsformen mehr die Verbindung zwischen Menschen stört,

7 Heiko Ernst: Wir sind, was wir über uns erzählen. In: *Psychologie heute kompakt* 18 (2017), S. 29–33, hier S. 32.

entstehen Begegnungen, die tatsächlich neue Erkenntnisse und Beziehungen zu uns selbst und anderen ermöglichen. Die daraus entstehenden Handlungsräume könnten uns alle in unseren Persönlichkeiten stärken.

Meine Urgroßmutter ist weiterhin die Frau ohne Grab, deren Namen ich trage. Es ist an uns – den Kindern und Enkel*innen – herauszutreten auf die Bühne des Lebens und unsere und ihre Geschichten zu erzählen, damit wir sichtbar werden und gesehen werden, als ein Teil der Geschichte und der Gegenwart.

2 — ב

GEGENWARTSBEWÄLTIGUNG

SELBSTBILDER IN DER POSTNATIONALSOZIALISTISCHEN GEGENWART

ASTRID MESSERSCHMIDT

Die Aufarbeitung der NS-Verbrechen verläuft bis heute diskontinuierlich. Der Weg bis zur Anerkennung der Verantwortung für die im Namen einer völkischen Ideologie begangenen Verbrechen führte über Verleugnungen und Erinnerungsverweigerungen. Abgewehrt wird immer wieder die fortwährende Notwendigkeit von Erinnerung und Gedenken in einer Gesellschaft, in der alle die Verantwortung für den Umgang mit der Geschichte zu tragen haben. Gleichzeitig hat sich eine breite und vielfältige Landschaft von Initiativen und Institutionen entwickelt, die für eine differenzierte und an aktueller historischer Forschung orientierte Aufarbeitung der NS-Verbrechen und ihrer Folgen sorgen. Im Spannungsfeld zwischen Abwehr und Bereitschaft zu Erinnerung findet auch die Auseinandersetzung mit Antisemitismus und Rassismus in der Gegenwart statt.

UNABGESCHLOSSENE GESCHICHTE UND DISKONTINUIERLICHE GEGENWART In Walter Benjamins Ausführungen über den Geschichtsbegriff werden die Verwobenheiten von Vergangenheit und Gegenwart vor dem Hintergrund von Erfahrungen des Scheiterns und des Untergangs revolutionärer Bewegungen formuliert. Die Vergangenheit ist für Benjamin das verstörende Moment in den gegenwärtigen Kämpfen, da das Vergangene die Erinnerung an die Opfer bereithält, und diese Erinnerung geht über das Zitieren des faktisch Gewesenen hinaus. Die Kämpfe, von denen Benjamin spricht, verdichten sich im Klassenkampf, der zwar in erster Linie „ein Kampf um die rohen und materiellen Dinge" ist, der aber zugleich auf die „feinen und spirituellen" Dinge angewiesen ist: Zuversicht, Mut, Humor, List.[1] Der Benjaminsche Geschichtsbegriff steht für den Bruch mit der Kontinuität. Erst in diesem Bruch wird Geschichte erkennbar. Vergangenheit lässt sich nicht als ein Gut aneignen, sondern ist flüchtig. Das flüchtige Bild der Vergangenheit verschwindet mit jeder Gegenwart, „die sich nicht als in ihm gemeint erkannte".[2]

1 Walter Benjamin: Über den Begriff der Geschichte. In: Ders.: *Gesammelte Schriften*, Bd. 1.2, hrsg. v. Rolf Tiedemann / Hermann Schweppenhäuser. Frankfurt am Main: Suhrkamp 1974, S. 693–704, hier S. 694.

2 Ebd., S. 695.

Anknüpfend an die Gedanken der Unabgeschlossenheit des geschichtlich Gewesenen und der Diskontinuitäten in den Prozessen der Aneignung von Vergangenheit habe ich nach einem Ausdruck gesucht, der dies verdichten könnte, und spreche deshalb von einer *postnationalsozialistischen* Gesellschaft. Das Partikel *post* steht dafür, dass etwas zwar vergangen und doch nicht vorüber ist. Es zeigt die Nachwirkungen des unabgeschlossenen Diskurses über das an, was der Nationalsozialismus war und wie er gegenwärtige Welt- und Menschenbilder weiterhin prägt. Wichtige Anregungen für die Bedeutung von *post* als zeitgeschichtlicher Markierung entnehme ich der postkolonialen Theoriediskussion. *Postkolonialität* meint darin nicht etwas Vergangenes und behauptet keine Vollendung der Entkolonialisierung, sondern markiert das Andauern und die Gegenwärtigkeit der kolonialen Erfahrung, ohne von einer ungebrochenen Kontinuität auszugehen. Es handelt sich weniger um einen Epochenbegriff als vielmehr um eine „politisch motivierte Analysekategorie“[3], die nicht auf etwas Zurückliegendes, Erledigtes, sondern auf etwas Unabgeschlossenes hinweist. Geschichte wird im postkolonialen Diskurs in ihren widersprüchlichen Prozessen und nicht als „lineare Progression“ betrachtet.[4] Das Koloniale mit seinen Verbrechen und den diesen zugrunde liegenden Überzeugungen ist trotz der Befreiung von kolonialer Herrschaft nicht überwunden. Diesem Begriffsverständnis folgend verwende ich die Bezeichnung *postnationalsozialistisch*, um eine Gegenwart zu kennzeichnen, in der es zu widersprüchlichen Aneignungen der NS-Geschichte kommt. Der Begriff des Postkolonialen verweist auf eine nicht abzutrennende Verbindung zu einer negativen Geschichte, in der es kein „Zurück zu einem ‚präkolonialen Paradies‘“ geben kann.[5] Schließlich gehört es zu den Aporien der Dekolonisierungsstrategien, dass in ihnen das, was bekämpft worden ist, weiter wirkt.

Der Begriff der Postkolonialität vermittelt eine Vorstellung von der Unabgeschlossenheit der Kolonialgeschichte. Im deutschsprachigen Raum wird diese verspätet thematisiert. Doch fällt es offensichtlich leichter, über München, Frankfurt oder Hamburg zu sagen, diese Städte seien postkolonial, wie es in entsprechenden Stadtführungen geschieht,[6] als dieselben Städte als postnationalsozialistisch zu benennen und damit ebenso auszudrücken, dass auch dieses Vergangene nicht vorüber ist. Die Verwandtschaft zum Nationalsozialismus ist in der bundesdeutschen Gesellschaft emotional auf andere Weise besetzt als die Beziehung zum Kolonialismus. Allein mit dem relativ geringen Unterschied im zeitlichen Abstand lässt sich das nicht erklären. Eher hat es zu tun mit der Ambivalenz von Niederlage und Befreiung am Ende des Zweiten Weltkrieges und mit den diskontinuierlichen Aufarbeitungsprozessen der NS-Verbrechen in den vergangenen 70 Jahren. Angesichts des Ausmaßes der Verbrechen, die Folgewirkungen in ganz Europa nach sich ziehen, ist der Prozess der Aufarbeitung unabschließbar. Dies einzusehen und anzuerkennen, bedarf der Vermittlungsarbeit und ist begleitet von Abwehr- und Relativierungsbedürfnissen

3 Vgl. Kien Nghi Ha: *Ethnizität und Migration reloaded. Kulturelle Identität, Differenz und Hybridität im postkolonialen Diskurs*. Berlin: Berlin Verlag 2004, S. 95.

4 María do Mar Castro Varela / Nikita Dhawan: *Postkoloniale Theorie. Eine kritische Einführung*. Bielefeld: Transcript 2005, S. 24.

5 Ebd., S. 137.

6 Frankfurt postkolonial. http://frankfurt.postkolonial.net/ (Zugriff am 04.01.2018); [muc] münchen postkolonial. http://muc.postkolonial.net/ (Zugriff am 04.01.2018).

einerseits und der Bereitschaft zur kollektiven Selbstreflexion in Teilen der Gesellschaft andererseits. Letzteres mag sich nicht so lautstark äußern wie die Stimmen derer, die einen ‚Schlussstrich' unter die Vergangenheit einfordern, jedoch sind die vielfältigen Programme und Institutionen, die für das Gedenken und die Aufarbeitung stehen, in ihrer Bedeutung und Wirkung für die politische Kultur nicht zu unterschätzen. Sie tragen dazu bei, den starken Tendenzen, eine heile Geschichte über eine nationale ‚Heimat' zu erzählen, entgegenzutreten. Mit dem Begriff der postnationalsozialistischen Gesellschaft wird diese Sehnsucht nach einer heilen Erzählung zurückgewiesen und das Fortwirken der ideologischen Muster von Volksgemeinschaft, Abstammungsordnungen und national-kultureller Reinheit artikulierbar gemacht, um die unlösbare Verbindung zu einer Geschichte zum Ausdruck zu bringen, die deutliche Auswirkungen in der Gegenwart hat. Trotz oder wegen aller Bemühungen, mit der NS-Vergangenheit fertig zu werden, ist diese gegenwärtig geblieben. Und zwar in einer doppelten Form: als kollektiv erinnerte Geschichte in Gesellschaft und Familie und in Form der Welt- und Menschenbilder, die in der NS-Ideologie geprägt worden sind und mit ihr nicht einfach verschwinden. Die nicht zu trennende Bindung an eine extreme Gewaltgeschichte hat zu paradoxen Formen abwehrender Aneignung geführt. Um die Beschädigungen des nationalen Selbstbildes abzuschwächen, hat sich insbesondere nach 1990, nachdem das Erinnern und Gedenken an die NS-Verbrechen zu einem staatstragenden Bekenntnis geworden ist, ein Narrativ durchgesetzt, das aus diesem Erinnern einen Beweis für die gelungene Demokratisierung der Deutschen ableitet, die von denjenigen nachzuholen sei, die als Migranten*innen in dieses Land gekommen sind. Die Tendenzen zu einer erinnerungspolitischen Disziplinierung der Eingewanderten sind kein neues Phänomen. Offensichtlich ist es allzu attraktiv, im Zusammenhang mit der Aufarbeitung der NS-Verbrechen nicht über sich selbst sprechen zu müssen, sondern über fremd gemachte Andere sprechen zu können.

SELBSTBILDER DER ÜBERLEGENHEIT Als die Innenminister der Länder im Mai 2006 über die Einführung von Einbürgerungstests verhandelten, äußerte der Vorsitzende der Innenministerkonferenz Günther Beckstein:

> *Was wichtig ist, ist die Achtung vor weltlichen Gerichten und die richtige Einordnung der deutschen Geschichte. Es geht nicht, dass Einbürgerungswillige zwar Stalin für einen Verbrecher halten, aber über Hitlers Taten hinwegsehen.*[7]

Mehrere Stereotype über Immigrant*innen werden hier implizit aufgerufen: Sie könnten weltliche Gerichte missachten, das heißt, sie werden unter den Verdacht gestellt, einem klerikalen Staatskonzept anzuhängen, wobei unausgesprochen auf muslimische Einwanderer angespielt wird, denen immer wieder unterstellt worden ist, ungeeignet zu sein für Rechtsstaatlichkeit, Gewaltenteilung und Demokratie. Der zweite Satz könnte glatt auf den deutschen Historikerstreit um 1988 abzielen, bei dem es um die Relativierung des nationalsozialistischen Massenmordes durch den Hinweis auf die

7 Zit. n. Einbürgerung. Kein bundesweiter Wissenstest. In: *Süddeutsche Zeitung Online*, 17.05.2010. http://www.sueddeutsche.de/politik/einbuergerung-kein-bundesweiter-wissenstest-1.783138 (Zugriff am 08.06.2018.)

kommunistischen Verbrechen ging.[8] Das ist hier aber offensichtlich nicht gemeint. Schließlich vermied die Einbürgerungstestdebatte jede Selbstreflexion und problematisierte ausschließlich die als Fremde betrachteten Migranten und Migrantinnen, die durch Wissenstests ihr Maß an Integration zu beweisen hatten. Offensichtlich, so wird in der Aussage nahegelegt, gibt es unter ihnen unverbesserliche Antikommunisten, die nicht in der Lage sind, auch die NS-Verbrechen als solche anzuerkennen. *En passant* wird den postsowjetischen Migranten vom Baltikum bis nach Georgien eine einseitige Geschichtssicht bescheinigt. Dabei sagt dieser Satz einiges über das bundesdeutsche Geschichtsbewusstsein aus. Die Formulierung „Hitlers Taten" verweist auf ein deutsches Selbstbild als verführtes und missbrauchtes Volk, das einem Verbrecher in die Hände gefallen war. Das Problem der massenhaften Zustimmung und Mitwirkung der Deutschen an der NS-Politik wird damit unsichtbar gemacht, obwohl doch gerade dieses der Grund für die unabschließbare Auseinandersetzung mit der Geschichte ist. Die Formulierung Becksteins stellt in verdichteter Form eine damals neue, heute bereits üblich gewordene Wendung im deutschen Erinnerungsdiskurs dar, bei der die Erinnerung an den Nationalsozialismus zum Instrument einer assimilatorischen Prüfung der als Zuwanderer bezeichneten neuen Deutschen wird, wodurch es so aussieht, als hätte die Mehrheitsgesellschaft diese Prüfung bereits bestanden.[9] Insbesondere im Umgang mit Antisemitismus tritt immer wieder das nationale Selbstbild der bereits erfolgreich geleisteten Bekämpfung zutage, wenn der gegenwärtige Antisemitismus als ‚Import' muslimischer Einwanderergruppen dargestellt wird. Sie sind in dieser Sichtweise die *trouble maker*, denen es an Aufklärung, historischem Bewusstsein und Sensibilität zu mangeln scheint.[10]

NACHWIRKUNGEN DER VERGANGENHEIT IN DER GEGENWART VON RASSISMUS UND ANTISEMITISMUS Zu den Nachwirkungen der NS-Ideologie, die neben dem zur Verfügung stehenden Antisemitismus auf die Rassenforschung der Kolonialmächte zurückgreifen konnte, gehört das deutsche Abstammungsdispositiv. Damit bezeichne ich die machtvolle Überzeugung, dass Deutsche letztlich nur diejenigen sein können, die einer ‚deutschen Familie' entsprungen sind, die keinerlei ‚fremde Wurzeln' aufweist und einem bestimmten nordeuropäischen Phänotyp entspricht. Der normalisierte Alltagsrassismus funktioniert vorwiegend in Form der Abwertung einer fremd gemachten und dadurch erst als Gruppe konstruierten Gruppe. Der alltägliche Antisemitismus funktioniert demgegenüber durch die Konstruktion

8 Der Historikerstreit 1986/87 war eine zeitgeschichtliche Debatte um die Singularität des Holocaust und um dessen Stellenwert für das Geschichtsbild der Gegenwart. Auslöser war ein Beitrag des Historikers Ernst Nolte, der den Holocaust als eine Reaktion auf die stalinistischen Verbrechen darstellte. Der Philosoph Jürgen Habermas kritisierte diese Position in der Wochenzeitung *Die Zeit* vom 11. Juli 1986 als revisionistisch und löste damit eine längere Debatte aus. Vgl. Wolfgang Wippermann: *Umstrittene Vergangenheit. Fakten und Kontroversen zum Nationalsozialismus.* Berlin: Espresso 1998.

9 Vgl. Astrid Messerschmidt: Repräsentationsverhältnisse in der postnationalsozialistischen Gesellschaft. In: Anne Broden / Paul Mecheril (Hrsg.): *Re-Präsentationen. Dynamiken der Migrationsgesellschaft.* Düsseldorf: IDA 2007, S. 47–68.

10 Vgl. Astrid Messerschmidt: Flexible Feindbilder. Antisemitismus und der Umgang mit Minderheiten in der deutschen Einwanderungsgesellschaft. In: Wolfram Stender (Hrsg.): *Konstellationen des Antisemitismus Antisemitismusforschung und pädagogische Praxis.* Wiesbaden: VS 2010, S. 91–108.

eines Feindbildes, das Juden als überlegene Gruppe repräsentiert. Gleichsetzungen von Rassismus und Antisemitismus verkennen die unterschiedlichen Besetzungen des jeweiligen Gegenbildes und die historischen Grundstrukturen. Der Antisemitismus hat eine lange Vorgeschichte des religiös besetzten Antijudaismus, bevor er zu einem „nationalen Antisemitismus"[11] mit antimodernen Vorzeichen wurde und im 20. Jahrhundert als rassifizierter, völkischer Antisemitismus eingesetzt und übernommen worden ist. Die Geschichte des Rassismus geht auf die kolonialen Eroberungen zurück und ist verankert in den europäischen Gegenbildern von den eroberten Bevölkerungen. Zu seiner historischen Grundstruktur gehört die defizitäre Positionierung der nicht-europäischen und nicht-weißen Anderen.

Aufgrund der postnationalsozialistischen Konstellation ist die Auseinandersetzung mit Rassismus in Deutschland und Österreich stark „mit moralischen Erziehungszielen"[12] verknüpft. Dadurch kommt es zu einer Selbstgewissheit im Umgang mit eigener Verbrechens- und Gewaltgeschichte, so als sei immer nur die jüngere, erziehungsbedürftige Generation aufzuklären und nicht auch die Erwachsenen selbst, die diese Aufklärung betreiben. Dadurch wird implizit vermittelt, die wesentlichen Lehren aus der NS-Vergangenheit seien bereits gezogen worden und müssten jetzt nur noch von der nachkommenden Generation nachvollzogen werden. Das macht es leicht, Rassismus und Antisemitismus von der Gegenwart abzuspalten. Die beständige Verknüpfung der NS-Thematisierung mit Erziehungszielen hat zu einer normativen Grundstruktur geführt, zu einem Modus der Sinnstiftung,[13] wodurch insbesondere in der schulischen pädagogischen Praxis Vermittlungsformen angewendet wurden, die von vielen Schüler*innen als belehrend empfunden worden sind. In der Auseinandersetzung mit Studierenden habe ich den Eindruck gewonnen, dass in der dritten Generation nach 1945 ein feines Gespür dafür existiert, dass Geschichte den Heutigen ausgeliefert ist, insbesondere denen, die einem als Lehrende gegenüberstehen. Sie sind es, die in Bildungskontexten Geschichtsbilder vermitteln, und sollten sich bewusst sein, dass diese Bilder immer von den eigenen Blickpunkten beeinflusst sind. Bei den Teilnehmenden von Unterricht und anderen Formen der Bildungsarbeit bleibt diese Ahnung von der Macht der Vermittelnden meistens diffus und findet keinen analytischen Ansatzpunkt, sondern erzeugt eher Abwehrfiguren, Relativierungen und Versuche der Abgrenzung, so als könne man nach Auschwitz wieder in eine Zeitfolge einmünden, die einen durch das Vergehen jener Zeit von der Beziehung zum Nationalsozialismus befreit.

Erst die analytische Unterscheidung von Rassismus und Antisemitismus macht die spezifisch postnationalsozialistische Konstellation erkennbar. Neben einem als minderwertig und machtlos repräsentierten ‚Anderen' erscheint ein übermächtiger ‚Anderer', der es einem ermöglicht, sich selbst in der Rolle des Diskriminierten zu sehen.

11 Klaus Holz: *Nationaler Antisemitismus. Wissenssoziologie einer Weltanschauung*. Hamburg: Hamburger Edition 2001.

12 Wolfgang Meseth / Matthias Proske / Frank-Olaf Radtke: Nationalsozialismus und Holocaust im Geschichtsunterricht. In: Dies. (Hrsg.): *Schule und Nationalsozialismus*. Frankfurt am Main / New York: Campus 2004, S. 95–146, hier S. 133.

13 Vgl. Wolfgang Meseth: Die Pädagogisierung der Erinnerungskultur. Erziehungswissenschaftliche Beobachtungen zu einem bisher kaum beachteten Phänomen. In: *Zeitschrift für Genozidforschung* 8,2 (2007), S. 96–117.

Das Selbstbild, beschuldigt und angeklagt zu werden und einem Tribunal politischer Korrektheit ausgesetzt zu sein, bildet eine Ressource zur Abwehr von Kritik. Durch die gruppenbezogene Zuschreibung von Macht an die Juden wird es möglich, das kollektive Gedächtnis von seiner Gewaltgeschichte zu entlasten. Zum einen kommt es zu einer Projektion auf die Gruppe der Juden als diejenigen, die einen mit einer nicht vergehenden Geschichte belasten, zum anderen artikuliert sich ein Selbstbild als Opfer einer unzulässigen Beschuldigung. Zudem sind Antisemitismus und Rassismus dadurch miteinander vermittelt, dass antisemitische Projektionen dazu dienen, sich nicht mit eigenen Rassismen und eigener Kolonialgeschichte auseinandersetzen zu müssen, weil das antisemitische Repertoire eine Täterfigur für die Erklärung von Weltproblemen bereitstellt. Aktuell wird diese Figur mit dem Staat Israel identifiziert, der in diesem Muster als Verursacher des Unfriedens in der Welt erscheint. Verdrängt wird dadurch die Auseinandersetzung mit der komplexen Geschichte der israelischen Staatsgründung und mit den vielfältigen Akteuren des Nahostkonflikts. Die aktuell obsessiv betriebene Täterprojektion auf das Staatswesen Israels ist einzuordnen in die Struktur eines *sekundären* Antisemitismus, der auch als postnationalsozialistischer Antisemitismus bezeichnet werden kann. Das Spezifische eines postnationalsozialistischen Antisemitismus ‚nach Auschwitz' drückt sich aus in der Abwehr der Erinnerung an die NS-Verbrechen, in der Legitimation des Antisemitismus durch Leugnung oder Relativierung des Holocaust sowie in einer Schuldprojektion auf die Juden, die verantwortlich gemacht werden für das, was ihnen angetan wurde, und die als diejenigen angesehen werden, die einen dauernd mit der Erinnerung an Auschwitz belästigen. Die Grundstruktur des sekundären Antisemitismus besteht in einem Abwehrverhältnis zum Nationalsozialismus, in dem Versuch, Geschichte dadurch abzuschließen, dass man die Opfer diskreditiert. Ilka Quindeau spricht in diesem Zusammenhang von einem „Schuldabwehrantisemitismus" – „Antisemitismus nicht trotz, sondern wegen Auschwitz".[14] Darin äußert sich der „Hass daran, dass die historische Realität der Schoah nicht zum Verschwinden zu bringen ist".[15] Der unbedingte Unschuldswunsch in den Generationen der Täternachfolge nimmt in rechtspopulistischen Äußerungen heute die Form eines antimuslimischen Rassismus an, wenn das „Bild eines Vernichtungsfeldzuges der Muslime in Europa" gezeichnet wird.[16] Wenn andere als Antisemiten gebrandmarkt werden können, lässt sich das Selbstbild von der eigenen Geschichte von Rassismus und Antisemitismus entlasten. Im Assoziationsfeld der Bezeichnung „Vernichtungsfeldzug" finden sich die für die NS-Verbrechen wesentlichen Elemente von Vernichtungskrieg und Vernichtungslager bei gleichzeitiger Umbesetzung der Positionen von Opfern und Tätern.

---

14 Ilka Quindeau: Schuldabwehr und nationale Identität. Psychologische Funktionen des Antisemitismus. In: Matthias Brosch / Michael Elm / Norman Geißler / Brigitta E. Simbürger / Oliver von Wrochem (Hrsg.): *Exklusive Solidarität. Linker Antisemitismus in Deutschland*. Berlin: Metropol 2007, S. 157–164, hier S. 162.

15 Jan Lohl: „Ein total besiegtes Volk". Tiefenhermeneutische Überlegungen zum Komplex „Geschichte, völkischer Nationalismus und Antisemitismus" im Rechtspopulismus. In: Meron Mendel / Astrid Messerschmidt (Hrsg.): *Fragiler Konsens. Antisemitismuskritische Bildung in der Migrationsgesellschaft*. Frankfurt am Main: Campus 2017, S. 281–303, hier S. 292.

16 Ebd., S. 294, bezogen auf die Rede der AfD-Politikerin Tatjana Festerling vom 28. Mai 2016 in Graz.

SPRECHEN ÜBER SCHULD, UNSCHULD UND VERANTWORTUNG In einem Seminar zum Thema „Narrative von Schuld und Unschuld im Umgang mit der NS-Vergangenheit", das im Wintersemester 2017/2018 an der Bergischen Universität Wuppertal durchgeführt worden ist,[17] äußerten sich die teilnehmenden Studierenden zu ihren Motiven ihrer Seminarauswahl. Auffällig oft ist in den etwa sechzig Kurztexten das Interesse an einer gegenwartsbezogenen Auseinandersetzung mit dem NS formuliert worden. Beispielsweise schreibt eine Studentin:

> *In der Schule ging es bei mir persönlich um die Hauptfrage „Erziehung in der Familie in der NS-Zeit", also um die Erziehung aus der historischen Perspektive, wobei wir die Auswirkungen und Folgen dessen nicht sehr ausführlich behandelt haben."*

Eine andere schreibt über die schulische Thematisierung von Antisemitismus:

> *Die Strukturen wurden nicht genauer betrachtet und es wurde auch kein wirklicher Bezug zu heute hergestellt. Es war eher die Rede von „damals", und die Verbrechen aus der NS-Zeit scheinen ganz weit weg.*

Dagegen wird von mehreren auf die Gegenwart hingewiesen: „Interessant finde ich, etwas über die Verbindung der Vergangenheit mit der Gegenwart zu erfahren."

Einige erwähnen die Diffusität des Themas Schuld im Zusammenhang einer eher oberflächlichen, wenn auch wiederholten Behandlung des NS im Unterricht: „In der Schule wurde dieses Thema eher kurz behandelt und immer wurde ein unbestimmtes Schuldgefühl vermittelt." Von einigen wird die eigene Unschuld betont: „Meine Meinung steht fest: Unsere Generation der Studierenden und die Generation unserer Eltern trägt keinerlei Mitschuld an den Verbrechen, welche damals begangen worden sind." Doch tauchen dieses Beharren auf der Unschuld und das Verweisen auf unangemessene Schuldzuweisungen längst nicht so häufig auf, wie ich erwartet hatte. Eher zeigt sich ein Abstand, der aber keine Gleichgültigkeit erzeugt hat, sondern eine Suche nach angemessenen Beziehungen zur Geschichte und Gegenwart des NS:

> *Vielleicht schützt das Schuldgefühl des Staates die Gesellschaft davor, wieder in eine Zeit des Fremdenhasses und der Ausgrenzung zu rutschen. Für mich wurde dieses Thema nicht ausreichend in der Schule behandelt, da dort der Fokus zu deutlich auf der Vergangenheit liegt und die Frage nach Schuld und Unschuld nicht tangiert wird.*

Vielfach kommt ein Unbehagen zum Ausdruck, das einer reflexiven Bearbeitung bedarf:

> *Wie oft habe ich erlebt, dass man für eine lange vergangene Geschichte sich einiges gefallen lassen muss. Ich glaube, in diesem Punkt wünsche ich mir selbst, unschuldig zu sein, da man tief in sich und im Blick der Öffentlichkeit diese Vergangenheit mit sich trägt.*

Ein Student schildert den erlebten familiären Diskurs über die NS-Zeit als „geprägt von einem Narrativ der Unschuld"; er bezeichnet dem entgegen die Geschichtsvermittlung am Gymnasium als „täterbezogen". „Man erlernte eine geduckte Haltung und ein kollektives Schuldgefühl." In diesem bildlichen Ausdruck

17 Unter der Leitung von Tatjana Tönsmeyer und Astrid Messerschmidt.

der „geduckten Haltung" verdichtet sich das Drama vieler Unterrichtserfahrungen bezüglich der NS-Geschichte, das mit Einschüchterung und Nichtdenken einhergeht.

Vereinzelt wird ein Opfernarrativ bedient – „das Gefühl, dass einem eine Art Schuld oder Verantwortung auferlegt wird". Demgegenüber kommt mehrfach ein reflexives Verhältnis zur Frage von Schuld und Unschuld zum Ausdruck:

> *Auf der einen Seite ist auch bei mir der Wunsch, unschuldig zu sein, sehr groß. Damit möchte ich allerdings keineswegs zum Ausdruck bringen, dass ich die deutsche Vergangenheit nicht ausdrücklich unter die Lupe nehmen würde.*

In vielen der Texte wird auf die aktuellen rechtspopulistischen Tendenzen hingewiesen und der Wunsch geäußert, „sich mit der Erinnerungskultur auseinanderzusetzen und gegen einen Schlussstrich anzugehen". Unterstrichen wird von allen Studierenden des Seminars die Bedeutung der Auseinandersetzung mit dem NS für die Gegenwart und die Zukunft. Dabei wirkt diese Betonung nicht unpersönlich, sondern wird im Hinblick auf den eigenen erlebten Umgang mit der Geschichte angesprochen. Die Texte verharren manchmal in einer unentschiedenen Haltung gegenüber dem eigenen Geschichtsverhältnis, viele bleiben ambivalent hinsichtlich der Schuld-Unschuld-Dimensionen, manche wiederholen bekannte Abwehr-Figuren, doch alle lassen erahnen, dass sie auf der Suche danach sind, wie sie selbst am Umgang mit Geschichte mitwirken können. Selbstverständlich waren einige Studierende mit familiärer Migrationsgeschichte im Seminar, doch diese Tatsache wurde in den kurzen Texten kaum als relevant erwähnt.

In einem Essay zur Zukunft des kollektiven Gedächtnisses mit dem Titel „Auschwitz morgen" skizziert Navid Kermani Verantwortung und Verlust als Eckpunkte für das transgenerationale Geschichtsbewusstsein:

> *[S]pätestens als Urenkel wird Schuld zu einem abstrakten Begriff, geht im besten Fall in politische Verantwortung und Einsicht über. Hingegen Verlust ist etwas, das man aus der Ferne, mit dem Abstand der Generationen noch deutlicher erkennt.*[18]

Kermani baut mit seinen Ausführungen den Folgegenerationen, die in einer familiären und persönlichen Beziehung zu deutscher Täterschaft stehen, eine goldene Brücke, um sich von der Fixierung auf angebliche Schuldvorwürfe zu lösen und stattdessen Verantwortung zu übernehmen. Verantwortung steht in einer Vermittlungsbeziehung, auf das Geschehene und Getane sind Antworten zu geben, die nicht mehr von eigenem Erleben abhängig sind. Verantwortung lässt Abstraktion zu und mutet diese zu. Sie ist auch zu übernehmen, wenn sich keine emotionale Beziehung zu den Opfern einstellt. Davon sollte die Übernahme von Verantwortung nicht abhängig sein, denn der Mangel an Empathie begleitet die Wirkungsgeschichte der NS-Verbrechen von Anfang an. Wäre das Erinnern und Gedenken davon abhängig, es bliebe nicht viel davon übrig. Umso bemerkenswerter ist Kermanis zweiter Eckpunkt für die Zukunft des Gedächtnisses von Auschwitz: der Verlust. Die meisten der nicht verfolgten Deutschen und Europäer

18 Navid Kermani: Auschwitz morgen. Die Zukunft der Erinnerung. In: *Frankfurter Allgemeine Online*, 07.07.2017. http://www.faz.net/aktuell/feuilleton/debatten/auschwitz-morgen-navid-kermani-ueber-die-zukunft-der-erinnerung-15094667.html (02.08.2017).

vermissten nach 1945 ihre deportierten Nachbarn nicht. Auch für die Folgegenerationen ist der Verlust des europäischen Judentums und der europäischen Roma- und Sinti-Kultur, wie sie bis zur systematischen Verfolgungs- und Vernichtungspolitik bestanden haben, kein unmittelbares Empfinden. Wie die Verantwortung, so muss auch der Verlust vermittelt werden, er stellt sich nicht automatisch ein. Es kommt auf die Arbeit der Vermittlung und somit des Denkens an. Verantwortung zu übernehmen und den Verlust zu reflektieren, ist nicht von nationaler Herkunft abhängig, zumal diese oft so wichtig genommene Herkunft gar nicht so eindeutig sein muss, wie immer wieder unterstellt wird.

DIE GESCHICHTEN EINER FAMILIE

Heimat in Zeiten von Wandel, Umbrüchen und Migration

KÜBRA GÜMÜŞAY[1]

Die Suche nach einer Heimat ist eine schmerzvolle Suche. Denn wer ist es, der nach einer Heimat sucht? Entweder sind es Menschen, denen ihre Heimat genommen worden ist, die ihre Heimat verlassen mussten; oder es sind jene, die nie eine hatten. Wer nach Heimat sucht, sehnt sich nach Zugehörigkeit. Nach einem Ort, an dem er sich in all seinen Facetten akzeptiert, willkommen und geborgen fühlt. Ein Ort, an dem er selbstverständlich ist.

Doch Zugehörigkeit ist ein instabiles Gefühl. Ein bisschen so wie Vertrauen. Schwierig zu gewinnen und leicht zu verlieren.

So sind die Antworten, die diese Menschen auf die Frage nach ihrer Heimat geben, gänzlich unterschiedliche. Manche finden Heimat – ganz klassisch – in Ländern und Städten, andere in Stadtteilen, in Straßen, in Häusern, in Räumen, in Gegenständen. Wieder andere finden sie in Gerüchen, in Tönen, in Bildern, in Büchern. Und manche finden Heimat in den Menschen, die sie lieben und von denen sie geliebt werden.

Ich hingegen habe meine Heimat in der Zukunft gefunden. Und dort verloren.

Um sie dann irgendwann in den Geschichten der Vergangenheit wiederzufinden.

1 Dieser Text basiert auf einem Vortrag, der am 16. November 2017 beim 8. Körber Demografie-Symposium zum Thema „Heimat in der superdiversen Stadt" gehalten wurde.

Laufen Sie durch unsere Großstädte und blicken Sie sich um: Pluralität, Diversität, Vielfalt – das ist das ganz alltägliche Stadtbild. Doch sobald wir uns auf der Ebene gesellschaftlicher, politischer Diskussionen bewegen, wird diese Pluralität reduziert auf eine Facette – ein Problem – und immer wieder ausschließlich als Problem diskutiert. Diskussionen, in denen die ‚neuen Deutschen', Deutsche mit Migrationshintergrund und Geflüchtete dazu aufgefordert werden, sich bitteschön anzupassen. Ich gehörte zu jenen, die ihrer eigenen Community immer wieder predigte: Engagiert euch, partizipiert, nehmt Teil an der Gesellschaft, gestaltet sie mit. Und ich halte dies nach wie vor für richtig, denn nur jene, die aktiv an dieser Gesellschaft teilnehmen, können auch ein Teil von ihr werden. Kein gesellschaftlicher Raum, keine gesellschaftliche Rolle ist passgenau auf die Menschen in dieser Gesellschaft zugeschnitten. Erst durch eine aktive Teilnahme und Gestaltung schafft man sich einen eigenen, persönlichen Platz.

Der Regisseur Fatih Akin wird immer wieder als Integrationsvorbild gelobt. Dabei hat er sich nie aktiv integriert. Er gilt als integriert, weil er partizipiert hat. Teilgenommen hat. Unsere Wahrnehmung, unsere Wirklichkeit, unsere Gesellschaft durch seine Filme verändert hat. *Damit* hat er sich seinen Platz geschaffen.

Also ja, Partizipation, gleichberechtigte Teilhabe, Gestalten ist wichtig. Und richtig. Doch was bieten wir diesen Menschen im Gegenzug an – den ‚neuen' Deutschen, Menschen ‚mit Migrationshintergrund', mit Fluchtgeschichte? Wir bieten ihnen die Hoffnung auf ein Zuhause hier – irgendwann in der Zukunft.

Wann aber fängt diese Zukunft an? Wann ist diese Hoffnung Realität? Wann hat man sich ausreichend engagiert, um anzukommen in der Heimat? Wann hat man ausreichend mitgestaltet, um selbstverständlich zu sein? Wann hört man auf, ein Mensch mit Migrationshintergrund, ein Mensch mit Fluchterfahrung zu sein? Wann fängt man an, ein Mensch *ohne Adjektiv* zu sein in dieser Gesellschaft?

Vor drei Jahren kehrte ich nach langer Zeit im Ausland in meine ‚Heimatstadt' Hamburg zurück. Als ich nach einer Wohnung für unsere kleine Familie suchte, schloss sich eine Tür nach der anderen. Makler*innen verzogen ihre Miene, wenn ich vor der Tür stand, um die Wohnung zu besichtigen. Sie gaben mir, wenn überhaupt, nur widerwillig und wortkarg Antwort. Jede_r einzelne dieser Makler_innen hatte womöglich einen schlechten Tag erwischt, könnte man meinen, wenn ich nicht jedes Mal Zeugin davon geworden wäre, wie sie anderen Interessent_innen mit vielen Worten und Lächeln versuchten, die Wohnung schmackhaft zu machen.

Ich konnte mich selbst dabei beobachten, wie ich mich darin übte, möglichst bürgerlich und überdeutsch zu wirken, um den Makler_innen zu gefallen. In Smalltalks erwähnte ich ‚beiläufig', dass wir aus *Oxford* hierhergezogen seien. Dass mein Mann und ich *belesen, studiert, gebildet, ja wirklich zivilisiert* sind, ein regelmäßiges Einkommen haben, wirklich, wirklich *angepasst* sind und *natürlich hervorragend* Deutsch sprechen. All das, um zu beweisen, dass wir eine menschenwürdige, respektvolle Behandlung *verdient* hatten, es verdient hatten, diese Wohnungen zumindest gezeigt zu bekommen. Das alles, um am Ende doch nur behandelt zu werden, wie eine lästige Fliege, die sich in die scheinbar ‚noblen Gemächer' einer simplen Hamburger Wohnung verirrt hatte.

Nie zuvor hatte ich mich derart genötigt gesehen, jemanden gefallen zu müssen: Es war, als würde ich all jene betrügen, die nicht die gleichen Möglichkeiten hatten wie wir. Weder finanziell noch sozial.

So folgten Monate der permanenten Ablehnung in meiner vermeintlichen Heimatstadt. Eine Demütigung nach der anderen. Mehrmals stand ich vor Wohnungen und traf auf Makler_innen, die bei meinem Anblick überrascht taten und erklärten, sie könnten mir die Wohnung doch nicht zeigen. Oder Sie *wollten* mir die Wohnung nicht zeigen. Nach einiger Zeit der Suche waren mir diese deutlichen Absagen irgendwann sogar lieber.

Es war nicht das Schlimmste, was ich erlebt hatte. Und beim besten Willen nicht das erste Mal, dass mir Rassismus begegnete. Und auch nicht das letzte Mal. Doch es war ein prägender Start in der Stadt, die mich offenbar nicht mit derselben Heftigkeit zurück liebte, wie ich es tat. Die scheinbar keine gemeinsame Zukunft mit mir sah.

Eines Tages, als wir vor einem hohen, grau verputzten Hamburger Altbau standen, in der ich gleich eine Wohnung besichtigen würde, fasste mich mein Vater lachend am Arm. „Kübra!", sagte er, „das ist das gleiche Haus, in dem wir vor fast 40 Jahren lebten. Damals, als wir zum ersten Mal nach Deutschland kamen." Überrascht drehte ich mich zu meinem Vater. „Wirklich? Genau dieses Haus?" Es stimmte. In diesem Gebäude hatten meine Großeltern ihr erstes Zuhause gefunden – allerdings im 5. Obergeschoss, eine Qual für die Beine, erinnerte sich mein Vater. Erst recht für meine damals hochschwangere Großmutter. Also zogen sie schon nach einem Jahr weiter. Dennoch, in dieser Gegend lernte mein Vater seine ersten deutschen Wörter, entdeckte diese Stadt, in der er später Fuß fassen, heiraten und seine eigene Familie gründen sollte.

Nun, knapp 40 Jahre später, stand er mit mir, seiner Tochter, die inzwischen ihrerseits eine eigene Familie gegründet hatte, vor dem selben Haus. Auch sie war auf der Suche nach einem Zuhause. Nach Monaten der Suche – und obwohl es diese Wohnung am Ende nicht wurde – öffnete sich zum ersten Mal eine Tür für mich. Eine Tür zur Vergangenheit.

Während ich vor diesem Gebäude stand, hatte ich mich mental darauf vorbereitet, mich nun wieder anbiedern zu müssen, um Zugehörigkeit zu betteln. Und nun stand ich da und realisierte: Ich hatte eine Geschichte, die mich mit diesem Gebäude verband. Dieses Gebäude gehörte irgendwie zu mir, ich gehörte irgendwie zu diesem Gebäude.

Ich konnte mein Zuhause nicht in der Zukunft finden und nun begann ich es in den Geschichten der Vergangenheit aufzuspüren.

Im Türkischen sagen wir, „Burası buram buram tarih kokuyor" – „Es riecht hier stark nach Geschichte". Ich machte Streifzüge durch Hamburg und ließ die Erinnerungen aufsteigen. Und so streifte ich durch die Hansestadt und roch mich in ihr. Ich hatte hier gelebt. Ich hatte hier *er*lebt. Ich hatte hier Geschichte. Meine Eltern, meine Großeltern, Menschen, die ich liebte und liebe, sie hatten hier Geschichte.

Ich lief durch den Grindelhof und entlang der Straßen in um die Universität herum, an der ich studiert, Freund_innen gefunden, Neues gelernt und Altes überdacht hatte. Schaute herab auf den Weinhang an den Landungsbrücken, wo ich in meiner Zeit als Chefredakteurin eines Hamburger Jugendmagazins oft mit der Redaktion gesessen und über neue Themen gebrütet hatte. Und von dort aus schaute ich auf den Hafen, auf die Werft, in der mein Großvater die meiste Zeit seines Lebens gearbeitet hatte. Die Werft, in der er und seine Kollegen erniedrigt wurden, in der er Freunde fürs Leben fand und in der er einem Mitarbeiter das Leben rettete – etwas, was wir erst nach seinem Tod erfuhren.

Ich roch die Geschichten Hamburgs, in denen ich und Menschen, die ich liebte vorkamen. In denen *sie* die Protagonisten waren. In denen sie lebten – schöne und weniger schöne Dinge. Geschichten, in denen sie selbstverständlich waren. Facettenreich. Komplex. Geschichten, in denen sie beheimatet waren, eine Vergangenheit, in der auch ich beheimatet war.

Das eigene gelebte Leben war schon da. Meine Vergangenheit war gelebt. Sie konnte mir niemand nehmen – kein_e Makler_in, keine Ablehnung, keine Demütigung, kein Rassismus, keine Diskriminierung. Aber das vage, hoffnungsvolle Versprechen der Gesellschaft auf ein neues Zuhause hatte sich nicht realisiert – und würde sich womöglich auch zu Lebzeiten meiner Kinder nicht realisieren.

Es reicht nicht, nur ein Teil einer abstrakten, pluralen Zukunftsplanung zu sein. Es reicht nicht, aktiv teilzuhaben, wenn man dafür nur das Versprechen erhält, *irgend*wann in der Zukunft *vielleicht* einen Platz zu haben in dieser Gesellschaft. Das reicht einfach nicht aus.

Pluralität in dieser Gesellschaft muss schon heute selbstverständlich sein. Und dafür muss Diversität auch Teil der Erzählung unserer Vergangenheit, unserer Geschichten werden. Das erst zeigt den Menschen: Du gehörst zu uns – du bist ein Teil von uns, in deiner Gänze. Mit deiner Vergangenheit und auch Zukunft. Bedingungslos: Mit deinen Fehlern und Makeln. Mit deinen Eigenheiten, deinen Ecken und Kanten.

Es kann nicht sein, dass ein Mensch erst ein Teil des kollektiven Wir wird, indem er ein überragender, hervorragender Mensch ist. Eine international anerkannte Regisseurin, ein talentierter Fußballer, eine preisgekrönte Journalistin oder ein Bestseller-Autor. Sondern auch, wenn man gescheitert ist mit den Ideen, die man für die Zukunft hatte. Wenn man derart verwundet ist, seelisch oder körperlich, dass man sich nicht aktiv diesen Platz in dieser Gesellschaft erkämpfen kann. Oder womöglich nie lange genug lebt, um diesen Zuspruch zu erfahren und zu fühlen – so wie mein Großvater und seine Kolleg_innen.

Die Verlierer unseres Bildungssystems, die Menschen, die durch unsere sozialen Netze fallen – auch sie gehören zu uns, zu dieser Gesellschaft. Ihre Probleme sind unsere Probleme. Auch ihre Missstände sind unsere. Das macht uns als Gesellschaft handlungsfähig und ermöglicht es uns, Missstände gemeinsam anzupacken und zu lösen.

Deshalb müssen wir uns fragen: Wie erzählen und vermitteln wir die Vergangenheit dieser Gesellschaft, wenn wir sie als eine der vielen Geschichten erzählen wollen?

Die Geschichten der Migrant_innen und Geflüchteten, die Geschichten unserer Eltern und Großeltern – und mittlerweile Ur-Großeltern – auch sie sind die Geschichten dieses Landes. Auch sie müssen unterrichtet werden – über Zahlen und Daten hinaus. Denn auch sie sind Teil dieser Gesellschaft. Genauso wie die Geschichten der ostdeutschen Mitbürger_innen erzählt werden müssen – aus ihrer Perspektive. Und nicht wie die eines verlorenen Geschwisterkindes auf Abwegen, das nach Jahrzehnten auf dem falschen Weg endlich wieder in das Familienhaus zurückgekehrt – und nach all den Jahren einem irgendwie fremd geworden –ist.

Deutschland ist nicht nur heute Migrationsgesellschaft, es war es auch schon vor 50 Jahren, vor 100, vor 200 Jahren – schon immer. Die Auswanderung in die ‚neue Welt', die ‚Ruhrpolen', die Hugenotten, die Juden, die Vertriebenen, die Gastarbeiter – schon lange gibt es Ein- und Auswanderung auf diesem Flecken der Erde.

Es ist nicht nur die heutige Populärkultur, die die gesellschaftliche Pluralität widerspiegeln sollte, sondern auch die Art und Weise, wie wir auf unsere Vergangenheit blicken, sollte unsere Pluralität widerspiegeln. Es müssten viele Geschichten in unseren Geschichtsbüchern stehen.

Man stelle sich vor: Im Geschichtsbuch finden sich auch die Geschichten von Geflüchteten vor 100 Jahren. Und vor 50 Jahren. Und 20 Jahren. Was würde es mit einem jungen Menschen mit Fluchterfahrung machen? Wenn er wüsste, Flucht und Migration gehören zu der Geschichte dieser Gesellschaft. Man selber ist nicht der Erste und nicht der Letzte. Und niemand muss auf ewig über die eigene Flucht oder die Flucht der Eltern definiert werden. Man kann ankommen. Man kann ein Teil der Gesellschaft werden. Man kann aufhören, der oder die Fremde zu sein.

Manchmal genügen aber schon die kleinen, scheinbar unscheinbaren Begegnungen, um sich doch wieder zuhause zu fühlen. Auf eine Vortragsreise in einer kleinen Stadt im Osten Deutschlands begegnete ich einer älteren Feministin, die sich seit Jahrzehnten für die Rechte von Frauen einsetzt. Als sie sich vorlehnte und mir erzählte, dass es sie mit Glück erfülle, junge Frauen wie mich zu sehen, die passioniert und reflektiert ihre Kämpfe weiterführen, war sie den Tränen nah.

In diesem Moment spürte ich, dass ich nicht mehr nur eine Fremde war, dass ich mich in den Entwicklungsstrom dieser Gesellschaft eingeschlichen hatte und dass mein Engagement zu einem Teil dieses Stroms geworden war, Teil einer Kette. Als die Frau mit mir sprach, war es, als ob sich eine Hand aus der Vergangenheit ins Heute streckte, und ich streckte meine andere Hand in die Zukunft. Ich spürte ein Gefühl von zuhause, von dem ich nicht einmal gewusst hatte, dass es das gab.

Ich gehörte dazu, auch in der Gegenwart. Und niemand konnte mir dieses Gefühl nehmen.

Wer sich auch in der Vergangenheit entdeckt, lebt nicht nur in der Hoffnung auf die Zukunft, sondern ist das bindende Element zwischen der Vergangenheit und der Zukunft.

Ein bereits selbstverständlicher Teil dieser diversen Gesellschaft, die gerade erst entsteht.

DANKE, MODERNE!

FREDEREK MUSALL

It's not as if I need the extra weight
Confused enough by life, so thanks a lot
Snow Patrol, *Spitting Games*

F@#k, schon der letzte Text für *Jalta* nahm seinen Ausgang am Bahnhof, dieses Mal ist es der Frankfurter. Entweder war's das mit meiner Kreativität oder ich verbringe einfach viel zu viel Zeit auf Bahnhöfen, auf dem Weg von irgendwo nach irgendwo anders. Meistens wartend. Aber zum Glück gibt es ja Bahnhofsbuchhandlungen: Im Winter sind die einigermaßen warm und windgeschützt, im Sommer brummt die Klimaanlage und außerdem gibt es immer was zu entdecken. Bahnhofsbuchhandlungen sind eine kurzweilige Beschäftigungstherapie für Wartereigeplagte, und Speed-Reading-Durchblättern ist in gewisser Weise auch eine Art, von A nach B zu kommen, wenn man es schon selber nicht vermag. Was mich aber besonders fasziniert, ist, dass die Bahnhofsbuchhandlungen dieser Republik einen titel- und schlagzeilengerechten Einblick in das erlauben, was uns im Allgemeinen so bewegt und woran wir uns orientieren. Ganz gleich ob in Hamburg, Berlin, Mannheim, München oder hier in Frankfurt, momentan scheinen wir vor allem Veränderungen dringend nötig haben: *Men's Health* will uns dabei unterstützen, unsere diversen Unzufriedenheiten mit dem Leben, dem Universum und dem ganzen Rest zu überwinden, indem wir unser Leben verändern, Sixpack inklusive. Die *Gala* protokolliert und kommentiert peinlichst genau jede Typveränderung von A-, B- und C-Promis, damit wir es ihnen nachmachen oder tunlichst vermeiden können: Believe the hype! Aber im Grunde genommen sind die hier vorgeschlagenen Veränderungen weder neu noch sonderlich kreativ; sie folgen vielmehr genau vordefinierten Mustern, wir bekommen quasi den Ikea-Bauplan für unser Leben gleich mitgeliefert.

Allerdings ist Ikea nicht Lego, wir bauen Step by Step nach Zahlen statt mit unserer Imagination, und selten entspricht dann das Ergebnis dem im Katalog Abgebildeten, denn irgendwas hängt immer schief ... Vermutlich wird auch deshalb spätestens in einem Vierteljahr das Ganze in leicht veränderter Variante wieder aufgelegt und angeboten, vielleicht klappt es ja diesmal. Und wenn nicht – die ewige Wiederkehr des Gleichen!

Mittlerweile bin ich bei den Sachbüchern angekommen. Hier scheint man sich nicht ganz darüber einig zu sein, in welche Richtung wir uns angesichts der Herausforderungen der Moderne eigentlich verändern sollten: Der Club of Rome mahnt an, dass wir uns dringend ändern müssen, wenn wir bleiben wollen (also hier auf der Erde); Elon Musk setzt dagegen alles daran, dass wir sobald wie möglich von hier wegkommen, *damit* wir uns überhaupt verändern können (d. h. nächste Ausfahrt Mars). Aber wenn Veränderungen so ungemein wichtig für uns sind, warum tun wir uns dann gleichzeitig so unglaublich schwer damit? In den Auslagen macht literarisch die Angst die Runde, dass ein Zuviel an Veränderung uns entfremdet und ‚entwurzelt', dass wir uns am Ende gar selber abschaffen und mit uns die Familie, Deutschland, Europa oder gleich die gesamte Menschheit. Wir sehnen uns nach Beständigkeit, Verlässlichkeit, Gewissheit in diesen ungewissen Zeiten; und weil die Gegenwart eben dies aufgrund ihrer Offenheit und Unentschiedenheit in Richtung Zukunft nicht zu gewährleisten vermag, suchen wir Halt und Orientierung in der imaginierten Vertrautheit einer verklärten Vergangenheit, denn da weiß man wenigstens, was man hat!

> *Oh, a storm is threat'ning*
> *My very life today*
> *If I don't get some shelter*
> *Oh yeah, I'm gonna fade away*
> Rolling Stones, *Gimme Shelter*

Nicht von ungefähr bemühte der im vergangenen Jahr verstorbene polnisch-britische Soziologe Zygmunt Bauman in seiner posthum erschienen Zeitdiagnose *Retrotopia*[1] eingangs das vielleicht bekannteste Denkbild Walter Benjamins, den sogenannten Engel der Geschichte. Das auf Paul Klees *Angelus Novus* zurückgehende Denkbild eines Neuen Engels hat Benjamin fast sein halbes Leben begleitet und in seinen zahlreichen Bezügen diverse Wandlungen und Verwandlungen erfahren. Die hieraus resultierende Vieldeutigkeit macht es nicht gerade einfach, dieses Denkbild eindeutig zu erfassen, aber darin besteht auch seine besondere Faszination.

---

1 Zygmunt Bauman: *Retrotopia*. Berlin: Suhrkamp 2017.

In seinem Aufsatz „Über den Begriff der Geschichte“[2] von 1940 beschreibt Benjamin die Situation des Engels wie folgt: Der unablässig vom Paradies her wehende Sturm des Fortschritts treibt den Engel voran, während er rückblickend in Richtung Vergangenheit die Katastrophen und Trümmer vor Augen hat, die der Sturm verursacht hat. Er möchte das Geschehene rückgängig machen, „die Toten wecken“ und das „Zerschlagene zusammenfügen“[3], Tikkun Olam, doch die Heftigkeit des Sturms hindert ihn daran zu verweilen und es zu realisieren. In Baumans *Retrotopia* ist es dem Engel nun irgendwie gelungen, sich um 180 Grad zu wenden, damit er nicht länger die nicht enden wollende Reihe von Katastrophen und Trümmer vor Augen haben muss, sondern die von ihm ersehnte utopische Zukunft erblicken kann. Doch was ihm zuvor noch Glückseligkeit und Erlösung von all dem erlebten Schrecken versprach, löst nun in ihm Entsetzen aus, denn er sieht sich auf einmal mit dem für ihn Neuen, Unbekannten, Fremden und Offenen konfrontiert; er fühlt sich verunsichert. Plötzlich erscheint ihm die utopische Zukunft nicht mehr so gewiss und erstrebenswert wie noch in seiner Vorstellung. Angesichts des antizipierten Verfalls, Verlusts und Verschwindens alles Vergangenen würde er nun am liebsten vor einer solchen bevorstehenden Zukunft zurückweichen. Da sich alles ihm Vertraute aufzulösen scheint, sucht er eine tröstende Gewissheit in der Behaglichkeit der Nostalgie, denn schließlich war früher nicht alles schlechter, oder? Die Katastrophen, Trümmer und Leichenberge der Geschichte scheint er – jetzt, da sein Blick nicht mehr *in* die Vergangenheit gerichtet, sondern vielmehr *an* einer überhöhten und idealisierten Vergangenheit ausgerichtet ist – bereits ausgeblendet und vergessen zu haben ... Oder aber es kann als ein gründliches Abwägen verstanden werden, welches der beiden Momente letztlich schwerer wiegt: Der vergangene oder der kommende Verlust?

Beim Durchblättern von *Retrotopia* schießen mir zwei Gedanken durch den Kopf: F@#k, denke ich zunächst, warum muss eigentlich immer der arme Walter Benjamin dafür herhalten, wenn es gilt, die Krise der Moderne zu diagnostizieren? Schließlich formuliert Benjamin seine geschichtsphilosophischen Thesen in einem für ihn sehr konkreten „Augenblick der Gefahr“[4]: den Hitler-Stalin-Pakt vor Augen. Die Augenblicke der Gefahr, die wir heute ahnen, sind andere. Auch sind Benjamins Begriffe von Theologie, Säkularisierung und Moderne durch andere Konzeptionen und Erfahrungsmomente bedingt und geprägt als unsere gegenwärtigen Auffassungen und Ideen davon. Die Tragik Walter Benjamins besteht darin, dass er entlang

2 Walter Benjamin: Über den Begriff der Geschichte. In: Ders.: *Gesammelte Werke*, Bd. I,2, hrsg. v. Hermann Schweppenhäuser / Rolf Tiedemann. Frankfurt am Main: Suhrkamp 1974, S. 690–708.

3 Ebd., S. 697.

4 Ebd., S. 695.

der Grenzen der Moderne dachte, sie aber in seinem Denken letztlich nie zu überwinden vermochte. Grenzen, die wir inzwischen immer wieder gedehnt, verengt, überschritten, gesprengt, neu gezogen und gesetzt haben durch die komplexen Konstellationen und Diskurse moderner, postmoderner und neomoderner Artikulationen.

Aber wenn ich es genau bedenke, geht es mir an dieser Stelle vielleicht gar nicht so sehr um getreue Exegese, sondern vielmehr um das assoziative In-Beziehung-Setzung zweier Denkbilder. Für Benjamin ist der Engel der Geschichte schließlich ein dialektisches Bild, das erlaubt, etwas Vergangenes mit dem Gegenwärtigen in Beziehung zu setzten, es erinnernd in das Jetzt zu holen und dadurch zu aktualisieren. Doch mit der Änderung der Blickrichtung hat sich auch die Botschaft des Engels verändert: Nicht länger liest er prophetisch aus der Vergangenheit die Zukunft ab und offenbart uns das vom Sturm des Fortschritts Ausgeblendete, nämlich, dass dieser eine Spur von Katastrophen und Trümmern nach sich zieht. In den Augen des rückwärtsgewandten Engels vollzieht eine Abwendung von der Vergangenheit einen Verrat an den Toten und dem Zerschlagenen. Doch für den der Zukunft zugewandten Engel wiegt die Angst vor möglichen Enttäuschungen und Scheitern zu schwer, dass er dies und damit die eigene Geschichtslosigkeit bereitwillig in Kauf zu nehmen scheint. Er bedarf keines undefinierbaren theologisch-messianischen Moments der Geschichte, das sich letztlich erst mit der antizipierten Erlösung erfüllt; er will stattdessen auf etwas ihm Vertrautes zurückgreifen. Er findet beispielsweise in dem Halt, was er *Tradition* nennt; diese ist für ihn ursprüngliches Sein und kein Werden durch Fortschritt, welches die Moderne charakterisiert. Sie ist Bestimmung und nicht Schicksal. Darin resoniert die ebenso unheimliche wie fragliche Verquickung von Julius Evola mit Alt-Right und der Neuen Rechten in ihrer Revolte gegen die moderne (Lebens-)Welt.

Das kurze assoziative Spiel mit den beiden Denkbildern führt uns schnell vor Augen, dass dem Engel der Geschichte ein dialektisches Moment innewohnt, das aufgrund der Heftigkeit des Sturms des Fortschritts nur allzu leicht umschlagen kann. Damit wird aber noch etwas Weiteres deutlich: Der Sturm, das sind gewissermaßen wir.

I stopped and waited for progress
I stopped and waited for progress
I stopped and waited
But I'm not willing to accept it all
Idlewild, *These Wooden Ideas*

Vielleicht ist ja der Bahnhof emblematisch für die hier aufgeworfene Situation: Im Grunde genommen wollen wir alle nur von hier weg, egal in welche Richtung, und wenn es geht, möglichst schnell. Aber um das letztlich zu können, sind wir wiederum nun einmal auf die Ermöglichungsstrukturen, die der Bahnhof uns bereitstellt, angewiesen: Der Schalter, die Wartehalle, die Anzeigetafel, die Gleise, die Züge, die Trassen. Das mögliche Ziel unserer Reise ist uns vorgegeben, und auf welchem Wege wir es erreichen auch. Und da wir ja genau wissen, wo wir hin wollen, geht es uns meistens auch nur darum, wie schnell wir dahin kommen. Das Ziel fest im Blick, ist nicht länger der Weg das Ziel, sondern allein die Ankunft. Die alles bestimmende Frage erinnert an die des Esels in Disneys *Shrek 2*: „Sind wir schon da?"

Wir befinden uns somit in einer sonderbaren Dialektik des Projekts, das wir *Moderne* nennen: Einerseits lassen wir uns durch Bedingungen der Moderne definieren, andererseits sind wir es, die eben jene Bedingungen und damit die Moderne definieren. Wir etablieren die Ordnung der Dinge[5], der wir uns dann anscheinend immer wieder bedingungslos unterwerfen. Wir schaffen ihre Strukturen, nach denen wir uns dann in der Folge ausrichten. Wir fordern für uns Komplexität ein, aber um nicht den Überblick zu verlieren, beharren wir auf Vereinfachungen und Eindeutigkeiten, anstatt Ambiguitäten zuzulassen. Wir wollen größtmögliche Freiheit, aber auch Gewissheit. Wir konstatieren ein Gefühl der Entfremdung und akzeptieren oder ignorieren doch, dass wir dieses selber hervorgerufen haben.

Es ist die Ambivalenz der Moderne, die uns so zu schaffen macht und die wir, anstatt mit ihr umzugehen, irgendwie zu umgehen suchen. Aber vielleicht besteht ja eben gerade darin unsere eigentliche Aufgabe, nämlich im ständigen Prozess des Zweifelns, Hinterfragens und Aushandelns dieser Momente; im Anerkennen der Brüchig- und Flüchtigkeit des vermeintlich Selbstverständlichen; im Aushalten unserer vielfältigen Widersprüchlichkeiten und Zerrissenheiten. Das klingt sicherlich anstrengend und ist es auch. Aber wir brauchen auf jeden Fall mehr Mut – ja, mehr Chuzpe! – zur eigenen Ambivalenz, um im gegenwärtigen Moment zu leben und kreativ gestalten zu können. Denn die in meinen Augen wenig erstrebenswerte Alternative ist es, sich Zukunfts- oder Vergangenheitssehnsüchten hinzugeben, die die Gegenwart umzingeln und zu verdrängen versuchen. Letztlich lautet die entscheidende Frage, woran wir uns nun angesichts der vor uns liegenden Optionen orientieren wollen: An der Erinnerung oder an der Erwartung? Am Fortschritt? Und wenn ja, ist hier Optimismus angebracht

5 Michel Foucault: *Die Ordnung der Dinge. Eine Archäologie der Humanwissenschaften*, aus d. Franz. v. Ulrich Köppen. Frankfurt am Main: Suhrkamp 2003.

oder doch eher Pessimismus, meinetwegen auch à la Slavoj Žižek, dessen *The Courage of Hopelessness*[6] ich vorhin in der englischsprachigen Sachbuchabteilung erspäht habe?

Ich stelle Baumans Buch wieder zurück in das weiße Bücherregal (Ikea?), in der Abwesenheit von Benjamin neben Baudrillard – das passt, denke ich –, und halte für einen letzten kurzen Moment der Reflexion inne:

Danke, Moderne, dass du mir die existentielle Freiheit ermöglicht hast, mich eigenverantwortlich zu entscheiden; dass du mir Räume eröffnet hast, um mich selbstbestimmt zu entfalten.
Aber eben auch: Danke, Moderne, dass du immer wieder Eindeutigkeiten oder klare Positionierungen von mir einforderst; dass du mir Plätze zuweist und mich in Kategorien oder Rollen drängst, in den ich mich nicht wiederfinden kann oder die ich nicht spielen will und kann; und dass ausgerechnet jene Räume, in denen ich mich entfalten kann und soll, häufig so passgenau vordefiniert sind wie die Schubladen von Ikea-Regalen.
Wir sollten schleunigst den Mut aufbringen, uns gemeinsam unseren Ambivalenzen und ja, auch Ambiguitäten zu stellen, bevor das zwischen den Extremen gespannte dialektische Gummiband endgültig zu zerreißen droht.
Wir sollten mehr auf abwechselndes Spannen und Entspannen setzen, so wie Kinder, die mit Hüpfseilen spielen. Vielleicht sollten wir überhaupt mehr spielerischer im Umgang mit Ambivalenzen und Ambiguitäten denken ...
Danke und Tschüss für den Moment; denn wie mir scheint, müssen wir ja noch eine ganze Weile miteinander auskommen ...

---

6 Slavoj Žižek: *The Courage of Hopelessness: Chronicles of a Year of Acting Dangerously*. St. Ives: Lane 2018.

DOING MEMORY UND RECHTE GEWALT

Erinnern und Vergessen als Praxis und Ausgangspunkt für postmigrantisches Zusammenleben

TANJA THOMAS / FABIAN VIRCHOW

„Kein nächstes Opfer!" – dieser Aufruf wurde auf großen Bannern am 6. April 2017 in verschiedenen Sprachen auf die Straßen der Stadt Kassel getragen. Wie 2006 organisierten Angehörige der vom so genannten Nationalsozialistischen Untergrund (NSU) Ermordeten zusammen mit Freund*innen eine Demonstration und erinnerten an die Ermordung des damals 21-jährigen Halit Yozgat. Die Demonstrierenden im Jahr 2017 trugen wie 2006 vergrößerte Portraits der bis dahin neun mit derselben Waffe Ermordeten in den öffentlichen Raum. Damals lautete ihre Forderung: „Kein 10. Opfer!" Sie machten somit aus der Perspektive eines migrantisch situierten Wissens[1] sicht- und hörbar darauf aufmerksam, was Ermittlungsbehörden seit dem ersten Mord an Enver Şimşek 2000 nicht sahen, nicht sehen konnten oder wollten und was auch in der medialen Berichterstattung weitgehend unthematisiert blieb: das rassistische Motiv der Mordserie. Lange vor dem allgemeinen Bekanntwerden des NSU und seiner rassistischen Verbrechen war die Botschaft der Morde von denen erkannt worden, an/gegen die sie gerichtet war – Menschen, die als ‚Andere' rassistisch markiert, zum Schweigen gebracht und vertrieben werden sollten.

Die Praxis des öffentlichen ‚Doing Memory' in Kassel ist deutlich erkennbar mehr als das Archivieren und Speichern abgeschlossener und damit statisch gewordener Vergangenheiten; sowohl seine politische Dimension als auch ihre sozialethische Bedeutung für gesellschaftliche Selbstverständigung in einer postmigrantischen Gesellschaft können kaum überschätzt werden – gerade dann sollte dies bewusst sein, wenn, wie 2018 in Kassel, die Stadt sich gegen die Mitwirkung an den Gedenkveranstaltungen entscheidet. Wir

1 Vgl. Massimo Perinelli: Situiertes Wissen vs. korrumpiertes Wissen. Warum die migrantische Perspektive in die Wissenschaft gehört. Und der Verfassungsschutz raus. In: Juliane Karakayalı / Çağrı Kahveci / Doris Liebscher / Carl Melchers (Hrsg.): *Den NSU-Komplex analysieren*. Bielefeld: Transcript 2017, S. 145–162.

argumentieren, dass sich durch eine Sicht auf Doing Memory als performative Praxis eines permanenten (partiellen) Neu- und Überschreibens von Vorstellungen über die Vergangenheit Einblicke in die Machtbasiertheit eröffnen, aber auch in die Veränderbarkeit von Vergangenheitskonstruktionen und ihrer sozialen Wirkmacht.[2] Die gesellschaftliche Verhandlung von Erinnern und Vergessen an rechte Gewalt, so wollen wir betonen, ist eine machtvolle und umkämpfte Praxis, die nicht nur Anerkennung und damit auch die Betrauerbarkeit der Opfer rechter Gewalt, sondern grundsätzlicher noch gesellschaftliches Miteinander in postmigrantischen Gesellschaften er- bzw. verunmöglicht.[3]

RECHTE GEWALT UND IHRE DETHEMATISIERUNG IN DER BUNDESREPUBLIK Rassistisches und antisemitisches Gewalthandeln hat nach der Niederschlagung des Faschismus kein Ende gefunden, auch wenn es nicht mehr durch einen staatlichen Gewaltapparat wie den des NS-Regimes exekutiert wurde. Nach der Befreiung aus Konzentrations- und Vernichtungslagern sahen sich jüdische ‚Displaced Persons' Anfeindungen und Gewalt ausgesetzt. Studierende, die in den frühen 1950er Jahren gegen die Vorführung von Filmen des Regisseurs Veit Harlan protestierten, wurden tätlich angegriffen; der Hamburger Senatsdirektor Erich Lüth, der zum Boykott der Filme aufgerufen hatte, wurde wegen der ‚Sittenwidrigkeit' seines Aufrufs verurteilt und musste das Bundesverfassungsgericht anrufen, das die Urteile der Vorinstanzen schließlich aufhob. In Gruppierungen wie dem paramilitärischen ‚Technischen Dienst' des antikommunistischen Bundes Deutscher Jugend wurde die Ermordung von prominenten Angehörigen der SPD und KPD geplant. In beiden deutschen Staaten wurden Menschen aus rassistischen Motiven ermordet oder angegriffen, seien es Arbeitsmigrant*innen oder Geflüchtete gewesen.[4] Terroristische Strukturen wurden in den 1960er Jahren im sogenannten Südtirol-Terrorismus sichtbar, später dann in Gestalt meist zahlenmäßig kleiner Gruppen, die aus rassistischen, antikommunistischen und antisemitischen Motiven Gewalttaten begingen und mordeten.[5] Die rassistische Massengewalt der frühen 1990er Jahre markiert eine neue Phase rechter Gewalt, aus der schließlich auch der NSU hervorging.

Zwar wurde über solche Gewalt im Laufe der Jahrzehnte medial berichtet und gesellschaftlich diskutiert, allerdings wurde sie vielfach als unpolitisch abgetan bzw. als fehlgeleitete Aggression von Einzeltäter*innen pathologisiert. Kaum ernst genommen wurden die entstehenden rechten Gewaltstrukturen und -praktiken als permanente Bedrohung migrantischen, jüdischen und emanzipativen Lebens in Deutschland; noch weniger wurde hinsichtlich der rechten Gewalt und des gesellschaftlichen Umgangs mit ihr außerhalb kleiner Zirkel der tief verankerte Rassismus und Antisemitismus zum Gegenstand

2 Vgl. Christian Gerbel, Manfred Lechner, Dagmar C. G. Lorenz et al.: Einleitung. In: Dies. et al. (Hrsg.): *Transformationen gesellschaftlicher Erinnerung. Studien zur ‚Gedächtnisgeschichte' der Zweiten Republik*. Wien: Turia + Kant 2005, S. 7–20, hier S. 15.

3 Vgl. Tanja Thomas / Fabian Virchow: Praxen der Erinnerung als Kämpfe um Anerkennung. Zu Bedingungen einer gesellschaftlichen Auseinandersetzung mit rechter Gewalt. In: Tina Dürr / Reiner Becker (Hrsg.): *Leerstelle Rassismus. NSU und seine Folgen*. Frankfurt am Main: Wochenschau 2018 (im Erscheinen).

4 Vgl. Harry Waibel: Rassismus in der DDR. In: *Zeitschrift des Forschungsverbundes SED-Staat* 39 (2016), S. 111–130.

5 Vgl. Fabian Virchow: *Nicht nur der NSU. Eine kleine Geschichte des Rechtsterrorismus in Deutschland*. Erfurt: LpB Thüringen 2016.

von Erörterungen gemacht. So wenig bisher migrantisches Leben als selbstverständlicher Teil der (Nachkriegs)Geschichte Deutschlands anerkannt und in die Basiserzählung[6] dieser Gesellschaft über sich selbst eingegangen ist, so wenig gilt dies auch für die rechte Gewalt.

Zentraler Bezugspunkt der Basiserzählung der Bundesrepublik ist der Nationalsozialismus. Ein bedeutsamer Strang handelt davon, dass ‚die Deutschen' aus der Geschichte gelernt hätten.[7] Darin findet sich eine Ursache dafür, dass rechte Gewalt, Rassismus und vielfach auch Antisemitismus in den vergangenen Jahrzehnten als Bedrohung für ein diversitätsbewusstes Zusammenleben nicht ernst genug genommen wurden. Ein weiterer Grund liegt darin, dass in einer gesellschaftlichen Struktur des hegemonialen Nicht-Hörens und des Ignorierens[8] anderslautende Wahrnehmungen, Erfahrungen und Stimmen nicht ernst genommen oder im Gegenteil sogar vielfach als übertrieben, subjektiv gefärbt oder interessengeleitet abgewertet wurden. Nicht nur die Betroffenen der NSU-Morde wissen hiervon zu berichten.

NEUE AKTEUR*INNEN UND INTERVENTIONEN DES ERINNERNS Die Basiserzählung einer Gesellschaft wird in Krisen und Konflikten besonders sichtbar und Veränderungen zugänglich. In der durch das allgemeine Bekanntwerden des NSU-Komplexes ausgelösten Krise haben neben den Betroffenen vor allem antirassistische und antifaschistische Initiativen und Akteur*innen Praktiken der Erinnerung an rechte Gewalt und deren Opfer entwickelt – vielfach in Verbindung mit Kritik an einem in der öffentlichen Wahrnehmung regelmäßig verdrängten gesellschaftlichen und institutionellen Rassismus.

Praktiken der Erinnerung bringen das kollektive Gedächtnis einer Gesellschaft immer wieder neu hervor; dabei erfolgt

> *die Praxis des Erinnerns, die Bestimmung dessen, wie und an was, in welchen sozialen Settings erinnert wird, wer zum Sprechen über die Erinnerung ermächtigt ist und wer nicht, nach welchen Regeln sich wer zu richten hat und wer nicht, nicht in erster Linie nach explizit vermittelten Regeln.*[9]

6 Unter *Basiserzählung* verstehen wir im Anschluss an Trutz von Trotha „diejenige Konstruktion der Geschichte einer Gesellschaft und Kultur, die die beherrschenden legitimatorischen Konstruktionen der Vergangenheit enthält und deshalb in den Konflikten um die Konstruktion der Vergangenheit unausweichlicher Bezugspunkt ist." (Trutz von Trotha: Politische Kultur, Fremdenfeindlichkeit und rechtsradikale Gewalt. Notizen über die politische Erzeugung von Fremdenfeindlichkeit und die Entstehung rechtsradikaler Gewalt in der Bundesrepublik Deutschland. Beitrag zur Tagung „No Justice – No Peace?", Manuskript. Gekürzte englische Fassung erschienen unter dem Titel: Political Culture, Xenophobia and the Development of the Violence of the Radical Right in the Federal Republic of Germany. In *Crime, Law and Social Change* 24,1 (1995), S. 37–47.)

7 Vgl. Thomas Herz / Michael Schwab-Trapp: *Umkämpfte Vergangenheit. Diskurse über den Nationalsozialismus seit 1945*. Opladen: Westdeutscher Verlag 1997.

8 Unter Bezug auf rassismuskritische Arbeiten schlagen Ayşe Güleç und Johanna Schaffer vor, Ignoranz „als herrschaftserhaltende Leidenschaft zu denken" (dies.: Empathie, Ignoranz und migrantisch situiertes Wissen. In: Karakayalı / Kahveci / Liebscher / Melchers (Hrsg.): *Den NSU-Komplex analysieren*, S. 57–80). Absichtsvolles Nicht-Wissen-Wollen diene – mit Vivian M. May gesprochen – der Aufrechterhaltung von Dominanz und eigener Privilegiertheit, vgl. Vivian M. May: Trauma in Paradise: Willful and Strategic Ignorance in Cereus Blooms at Night. In: *Hypatia. A Journal of Feminist Philosophy* 21 (2006), S. 107–135.

9 Gabriele Rosenthal: Zur Interdependenz von kollektivem Gedächtnis und Erinnerungspraxis. Kultursoziologie aus biographietheoretischer Perspektive. In: Monika Wohlrab-Sahr (Hrsg.): *Kultursoziologie. Paradigmen, Methoden, Fragestellungen*. Wiesbaden: VS 2010, S. 151–175, hier S. 157.

Ein Verdienst der Post-NSU-Praktiken der Erinnerung an rechte Gewalt ist, dass diese Regeln explizit thematisiert wurden und nun auch neu verhandelt wird, wessen Stimme gehört wird und wessen Handeln Resonanz erzeugt. Dabei wurde etwa über die mehrtägige Veranstaltung des Aktionsbündnisses Tribunal NSU Komplex abschaffen[10], die vom 17. bis 21. Mai 2017 in Köln stattfand, medial im Vergleich zum Strafprozess in München wenig berichtet, obschon dies erneut eine Möglichkeit gewesen wäre, Formen des Erinnerns (und Anklagens) zu beschreiben, in denen die Organisator*innen ihre Anliegen realisierten, um etwa – in einem Saal mit mehreren Hundert Besucher*innen – ein Sprechen und Hören von verschiedenen Positionen aus zu ermöglichen.

Beeindruckend ist die Vielfalt der Initiativen und Projekte, die sich um das Anstoßen gesellschaftliche Debatten bemühen: Es sind Theaterstücke[11] wie *Urteile* von Christine Umpfenbach und Azar Mortazavi oder *Schmerzliche Heimat* von Semiya Şimşek und Peter Schwarz, die aus der Sicht der Angehörigen der Opfer und Betroffenen erzählen, oder *Auch Deutsche unter den Opfern* von Tuğsal Moğul, das den Fokus auf die involvierten Institutionen legt. Es sind Filme, die wie *Der Kuaför aus der Keupstraße* (Andreas Mauss)[12] Einblicke in die Folgen des durch den NSU begangenen Nagelbombenattentats verschaffen. Es sind Wanderausstellungen, Vortragsreihen und Publikationen, die das Entstehen einer Vielzahl neuer Initiativen befördert haben. Diese erinnern auch an weiter zurückliegende Fälle rechter Gewalt, nicht nur an die weithin bekannten und auch medial vielfach thematisierten Pogrome von Hoyerswerda und Rostock (weniger das in Mannheim Ende Mai 1992),[13] sondern auch an frühe Opfer des rechten Terrors. Hierzu zählen beispielsweise die durch die Deutschen Aktionsgruppen 1980 in Hamburg ermordeten vietnamesischen Geflüchteten Nguyễn Ngọc Châu und Đỗ Anh Lân oder die aufgrund sozialdarwinistischer Weltdeutung getöteten Wohnungslosen, für die an dieser Stelle Emil Wendland und Dieter Manzke stellvertretend genannt werden sollen.

Pratiken der Erinnerung an rechte Gewalt – Doing Memory – sind in ihrer Zielsetzung, Einfluss auf die hegemoniale Basiserzählung und die Regeln zu nehmen, wie, wessen und welche Erinnerungen in öffentlichen Räumen artikuliert und in einer Gesellschaft relevant gesetzt werden, notwendig konflikthaft. Dies zeigt sich an vielen Orten, an denen die Betroffenen offensiv sprechen und Forderungen erheben, um die Erinnerung an und die Auseinandersetzung um Gewalt von rechts und den Rassismus in der Gesellschaft sichtbar und wirksam in den jeweiligen lokalen Kontexten zu verankern. Wie bei den Angehörigen der vom NSU Ermordeten geht es vielfach nicht zuletzt um Anerkennung – Anerkennung der

10 Tribunal NSU-Komplex auflösen. http://www.nsu-tribunal.de (Zugriff am 02.05.2018).

11 *Urteile* (Premiere: 10.04.2014, Residenztheater München, R: Christine Umpfenbach); Semiya Şimşek/Peter Schwarz: *Schmerzliche Heimat* (UA: 03.10.2014, Westfälisches Landestheater Castrop Rauxel, R: Christian Scholze); *Auch Deutsche unter den Opfern* (UA: 17.01.2015, Theater Münster, R: Tuğsal Moğul). Seit der Spielzeit 2013/14 haben sich rund 25 Inszenierungen mit dem Thema NSU befasst; ausführlicher hierzu Anna Brod: Theater erzählen den NSU. Persönliche und gesellschaftliche Krisen auf der Bühne. In: Iuditha Balint/Irmtraud Hnilica/Thomas Wortmann (Hrsg.): *Krisen erzählen. Zur Phänomenologie der Krise in Literatur, Kultur und Medien der Gegenwart*. Paderborn: Fink 2018 (im Erscheinen).

12 *Der Kuaför aus der Keupstraße* (D 2015, R: Andreas Mauss).

13 Vgl. beispielsweise Thomas Prenzel: Umkämpfte Erinnerung: Gedenken und Politik zum 20. Jahrestag von Rostock-Lichtenhagen. In: *Zeitgeschichte regional. Mitteilungen aus Mecklenburg-Vorpommern* 16,2 (2012), S. 36–44.

Opfer als ein Recht auf Trauer beanspruchendes Subjekt und damit auch Heraustreten aus dem durch Ermittlungen und mediale Berichterstattung vielfach zugewiesenen Status der an der Tat Beteiligten,[14] Anerkennung aber auch als Sprechende und Wissende, deren Erfahrungs- und Wissensbestände in gesellschaftlichen Diskursen in einer postmigrantischen Gesellschaft Gültigkeit beanspruchen und Resonanz erzeugen.

Idealerweise ermöglicht ein emanzipatorisches Doing Memory Anerkennung als „Grundstein einer Ethik"[15] sowie im Sinne des Leitmotivs einer „Vorstellung einer partizipatorischen Parität"[16], die nach gesellschaftlicher Achtung strebt. Anerkennende Erinnerung ist zwar vielfach konflikthaft, sie hat zugleich jedoch das Potenzial, vielfältige Möglichkeiten des Austauschs über gleiche politische und soziale Rechte als Grundlage des Zusammenlebens in heterogenen Gesellschaften zu eröffnen. Dabei ist zentral, dass Betroffene und Opfer zu Handelnden und Gestaltenden dieses Doing Memory werden (können). Gerichtet an die Gesellschaft, die als postmigrantische[17] die gesamtgesellschaftliche Erfahrung und unumkehrbare Normalität von Migration zum Teil ihres Selbstverständnisses macht, lautet eine der Herausforderungen zu sprechen, um sich jeder Form eines rassistischen „komplizitären Schweigens"[18] entgegen zu stellen. Es bedeutet zugleich zuzuhören, was im Sinne einer *politics of listening*[19] weniger darauf zielt, den Marginalisierten eine Stimme zu *verleihen*, sondern darauf, die Anerkennungsnormen, Privilegien und Institutionen in Frage zu stellen, die regulieren, wer gehört, was gesagt und woran erinnert werden kann. Mit anderen Worten: die Strukturen und Pratiken des hegemonialen Nicht-Hörens zu durchbrechen und sie zu überwinden, so dass das derzeit nicht-hegemoniale Wissen über Rassismus und rechte Gewalt gesellschaftstransformierende Resonanzen hervorrufen kann.

14 Vgl. Fabian Virchow / Tanja Thomas / Elke Grittmann: *„Das Unwort erklärt die Untat". Die Berichterstattung über die NSU-Morde – eine Medienkritik*. Frankfurt am Main: Otto-Brenner-Stiftung 2015.

15 Axel Honneth: Anerkennung und moralische Verpflichtung. In: *Zeitschrift für philosophische Forschung* 51,1 (1997), S. 25–41.

16 Nancy Fraser: Soziale Gerechtigkeit im Zeitalter der Identitätspolitik. Umverteilung, Anerkennung und Beteiligung. In: Dies. / Axel Honneth: *Umverteilung oder Anerkennung? Eine politisch-philosophische Kontroverse*. Frankfurt am Main: Suhrkamp 2003, S. 13–128, hier S. 54.

17 Zum Begriff *postmigrantisch* vgl. Naika Foroutan: Postmigrantische Gesellschaften In: Heinz Ulrich Brinkmann / Martina Sauer (Hrsg.): *Einwanderungsgesellschaft Deutschland. Entwicklung und Stand der Integration*. Wiesbaden: Springer VS 2016, S. 227–255. Mit dem Begriff geht es nicht darum, Prozesse der Migration als beendet zu betrachten, sondern eine Perspektive zu eröffnen, die sich mit Konflikten, Identitätsprozessen, sozialen und politischen Transformationen im Zuge von Migration befasst und somit zum Verständnis einer ‚postmigrantischer Gesellschaft' beiträgt, die ihre Migrationsrealität anerkennt.

18 Aleida Assmann: *Formen des Vergessens*. Göttingen: Wallstein 2016, S. 157.

19 Zum Begriff und dessen akademischer wie politischer Produktivität vgl. Tanja Dreher: Listening Across Difference: Media and Multiculturalism Beyond the Politics of Voice. In: *Continuum* 23,4 (2009), S. 445–458.

EMPATHISCHE SOLIDARITÄT

Gegenwartsbewältigung als Emanzipation

DENIZ UTLU

Wie können Eingewanderte und ihre Nachkommen Teil einer kollektiven Erinnerungskultur sein? Einer Erinnerungskultur, die konstituierend ist für das positive Selbstbild eines Landes, das aus seiner Geschichte gelernt hat, in dem Antisemitismus und Rassismus nicht mehr Gesellschaft strukturieren, ja, nicht einmal mehr vorkommen. Wie könnten nun die ‚Neuen', also all diejenigen, die doch nur gekommen waren, um wieder zu gehen, für die das kollektive Trauma scheinbar nicht gilt, die sich nicht auseinandersetzen mussten mit der Nazigeschichte ihrer Familien – wie sollten diese Teil einer Nation werden können, die sich nun gerade darüber definiert?

Die Frage, ob Migrant*innen und ihre Nachkommen zu Deutschland dazugehören können, ist nicht aus ihrer Perspektive formuliert. Menschen mit Migrationszuschreibung sind auch nicht die Adressat*innen dieser Frage. Vielmehr stellt die deutsche Mehrheitsgesellschaft – oder in Anlehnung an Birgit Rommelspacher: die „Dominanzkultur"[1] – sich diese Frage selbst, denn es geht dabei um ihre Identitätskonstruktion nicht mehr als ‚Täterin', sondern als ‚Verfechterin' einer offenen Gesellschaft. Jedoch führt die offene Gesellschaft als Determinante einer nationalen Identität in einen Widerspruch: Abgrenzung (nationale Identität) durch Öffnung (offene Gesellschaft). Universelle Werte – und nichts anderes meint die ‚offene Gesellschaft' – können nicht national konstituierend sein, weil sie per Definition für alle gelten. In diesem Sinne sind die immer wiederkehrenden Leitkultursehnsüchte nicht zufällig, sondern Teil der unbewältigten nationalistischen Pathologie.

Damit werden auch die nationalistischen Kanäle, die die Fußballweltmeisterschaft 2006 geöffnet hat, nachvollziehbar: Fußball bedeutete die Möglichkeit von Abgrenzung und Auszeichnung gegenüber anderen Ländern durch nationale sportliche Erfolge. Er schien eine nationale Identität zu versprechen, die sich nicht in dem Widerspruch von Abgrenzung durch Offenheit verfängt und die gleichzeitig ohne eine ‚Vergangenheitsbewältigung'

1 Birgit Rommelspacher: *Dominanzkultur. Texte zu Fremdheit und Macht*. Berlin: Orlanda 1995.

auskommt. Ich erinnere mich, wie die Bundeskanzlerin nach der verlorenen Weltmeisterschaft mit ihrem Gefolge über das Fußballfeld in die Kabine der Spieler lief, um sie zu trösten: Hier ging es nicht mehr um Sport, sondern um eine Staatsmission. Aber auch dieser Weg führte selbstverständlich in die Aporie, denn gerade das Bedürfnis nach einer ahistorisch positiv konnotierten nationalen Identität verweist auf die Rolle der Vergangenheit in der Gegenwart. Das Schmücken mit dem ‚multikulturellen' Fußballteam diente auch dazu, die Welt von der Offenheit Deutschlands, also der überwundenen Vergangenheit, zu überzeugen. Die deutsche Nationalmannschaft holte bei der Weltmeisterschaft 2014 den Titel. Deutschland war jetzt nicht nur multikulturell, sondern auch am besten. Bei der Weltmeisterschaft 2018 änderte sich dieses Bild nicht erst, als Deutschland zum ersten Mal in der Geschichte der Fußballweltmeisterschaft in der Vorrunde ausschied. Bereits vor dem Beginn des Turniers standen die beiden Spieler Mesut Özil und Ilkay Gündogan in der Kritik, weil sie sich mit dem türkischen Präsidenten Erdoğan hatten fotografieren lassen. Es wurde diskutiert, ob die beiden Spieler noch würdig seien, in der deutschen Nationalmannschaft zu spielen, wenn sie dem türkischen Präsidenten ihre Trikots schenkten.[2] Auch das Thema des Mitsingens der Nationalhymne wurde aus der Mottenkiste geholt und Özil einmal mehr dafür angegangen, dass er nicht mitsinge und sich also nicht mit Deutschland identifiziere. Lothar Matthäus kommentierte: „Özil fühlt sich nicht wohl im DFB-Trikot".[3] Ilkay Gündogan wurde beim letzten Testspiel vor der WM gegen Saudi-Arabien von den eigenen Fans ausgepfiffen.[4] Zu der gekippten Stimmung in der Fußballnation Deutschland schrieb Jan Feddersen in der *taz*:

> *War das sogenannte Sommermärchen 2006 eine Art kulturvorbereitende Übung für den „Refugees-welcome"-Sommer 2015, so ist die durch die Präsenz der AfD aufgewühlte Stimmung des ethnisch formulierten Misstrauens die Grundlage, weshalb es an einer guten Schland-Atmosphäre gebricht – und was eben nicht nur daran liegt, dass es zur Routine geworden ist, in allen Kneipen, Bars und Spätis Fußball live und auf großem Screen sehen zu können.*[5]

Ich erinnere mich gut: Die WM 2006 war ein *Sommermärchen* mit einer ähnlichen Ambivalenz, die Heinrich Heine in seinem satirischen Versepos *Deutschland. Ein Wintermärchen* anlegte. In den Tagen um die WM 2006 schien es mir, als würde ich das kollektive Aufatmen hören, endlich (wieder) bedenkenlos nationalistisch sein zu können. Und alle machten mit: die Migrant*innen und ihre Nachkommen, Frauen, Männer, alt, jung. Für mich hatte die Art, wie die Fahnen in den Straßen geschwenkt wurden, etwas Militantes. Eines Nachts, es ging auf das Halbfinale zu, riss mich gegen Morgen ein Schrei aus dem Schlaf:

---

2 Katrin Schulze: Die Nationalelf eint die Deutschen nicht mehr. In: *Der Tagesspiegel Online*, 14.06.2018. https://www.tagesspiegel.de/sport/fussball-wm-in-russland-die-nationalelf-eint-die-deutschen-nicht-mehr/22683128.html (Zugriff 05.07.2018).

3 Lothar Matthäus knallhart. „Özil fühlt sich nicht wohl im DFB-Trikot". In: *Bild Online*, 18.06.2018. https://www.bild.de/bild-plus/sport/fussball/fifa-wm-2018/matthaeus-habe-das-gefuehl-oezil-will-gar-nicht-mitspielen-56047046,view=conversionToLogin.bild.html (Zugriff 05.07.2018).

4 Claus Vetter: Deutschland pfeift sich aus. In: *Der Tagesspiegel Online*, 09.06.2018. https://www.tagesspiegel.de/sport/die-nationalmannschaft-guendogan-und-oezil-deutschland-pfeift-sich-aus/22666734.html (Zugriff 05.07.2018).

5 Jan Feddersen: Schland, rassistisch vergiftet. In: *taz Online*, 17.06.18. http://www.taz.de/!5513603/ (Zugriff 05.07.2018).

Jemand grölte sich die Stimme heiser, immer wieder das Wort *Deutschland*. Ich hatte zwar keine Angst, aber mein Herz schlug schneller. Das war nicht einfach Freude, da war etwas Gequältes – ein unglücklich Liebender, der sich jetzt mit Zwang nahm, was er liebte und was ihn nicht zurückgeliebt hatte. Der Schrei entfernte sich, und erst als er verstummt war, schaltete ich das Licht wieder aus.

Das Thema der vorliegenden *Jalta*-Ausgabe, Gegenwartsbewältigung, bedeutet für mich, die Gegenwart als Resultat auch – nicht nur – unserer Vergangenheit zu denken. In diesem Sinne verstehe ich den scheinbar positiven und rundum sorglosen Nationalismus der Fußball-WM als Verweigerung einer Gegenwartsbewältigung. Diese Verweigerung geht in erster Linie wohl von der Dominanzkultur aus. Mitglieder marginalisierter gesellschaftlicher Gruppen können diese Entwicklungen aber unterstützen – oder kritisieren. Es lohnt sich also, darüber nachzudenken, was die Rolle der verschiedenen gesellschaftlichen Gruppen bei dieser großen Inszenierung zur WM 2006 war, wie es z. B. der Lyriker und *Jalta*-Mitherausgeber Max Czollek in seinem Buch *Desintegriert Euch!*[6] tut. Von Menschen mit Migrationszuschreibung erwartete die Mehrheitsgesellschaft, dass sie mitfiebern, dass sie teilnehmen an der Konstituierung eines neuen Patriotismus. Und sie nahmen teil. Auch sie atmeten scheinbar auf. Mir ist wichtig, das festzuhalten: *viele* Menschen (aus allen gesellschaftlichen Gruppen) begrüßten mit Leidenschaft die Erfindung einer scheinbar ahistorischen positiven Nationalidentität. Der ‚Multikulturalismus' der Nationalmannschaft hatte einen Anteil daran, dass das Bild Deutschlands als einer offenen und normalen Gesellschaft im In- wie Ausland entstehen konnte. Dass dieses Bild so leicht ins Wanken geriet – scheinbar durch Özil und Gündoğan – unterstützt den Gedanken, dass es sich eben nur um ein ‚Bild', um eine Oberflächenstruktur handelte, die tieferliegende Konflikte nicht löst, sondern lediglich verdeckt.

Aus meiner Sicht kommt der Gruppe der ‚Deutschtürk*innen' oder der ‚türkeistämmigen' Deutschen als der größten Minderheit des Landes bei der Frage der Gegenwartsbewältigung eine besondere Bedeutung zu. Ihre Einwanderung begann bereits in einer frühen Phase der Bundesrepublik, nämlich mit dem Anwerbeabkommen von 1961 zwischen der Türkei und Deutschland, also nur zwölf Jahre nach der Gründung der BRD. In der politischen Geschichte der Bundesrepublik haben Deutschtürk*innen immer wieder als Projektionsfläche gedient, auf der verhandelt wurde, was Deutschland für ein Land sein soll. Bei dem sogenannten Asylkompromiss von 1993, bei der Änderung des Staatsbürgerrechts von 2000 und der Diskussion, ob Deutschland ein Einwanderungsland sei. Ein großer Teil der Debatten um das deutsche Selbstbild fokussierte sich also auf die türkeistämmige Bevölkerung: Gehörte diese zu Deutschland dazu? Das wurde zur Gretchenfrage in der Diskussion, ob Deutschland ein Einwanderungsland sei – oder nicht. Auch die folgenreichen rechtsradikalen und rechtsterroristischen Anschläge nach 1989 hatten oft die türkeistämmige Bevölkerung im Visier: Ganze Familien wurden in Solingen und Mölln verbrannt. Und 8 von 10 Mordopfern des sogenannten Nationalsozialistischen Untergrunds (NSU) hatten einen Türkeihintergrund.

Bei der rassistischen Gewalt seit den frühen 1990ern und den Morden des NSU wurde der historische Bezug zum Nationalsozialismus

6 Max Czollek: *Desintegriert Euch!* München: Hanser 2018.

des ‚Dritten Reichs' und das darin drastisch sichtbar werdende Fortwirken des Vergangenen in der deutschen Gegenwart von Medien, Polizei und Politik oft nicht benannt. Im Gegenteil fand eine Täter-Opfer-Umkehr statt, etwa als das Parlament nach den Pogromen von Rostock-Lichtenhagen 1992 das Asylrecht das Jahr darauf verschärfte (quasi abschaffte) – mit der Begründung, die autochthone Bevölkerung sei von der Einwanderung überfordert. Das ist kein Zufall. Eine Gesellschaft wie die deutsche, die sich von anderen durch Offenheit abgrenzen möchte, kann den eigenen, tief verinnerlichten Rassismus nicht so leicht eingestehen, weil dies ihre Identitätskonstruktion destabilisieren würde. Ein ähnlicher Mechanismus greift beim Umgang mit den Erfolgen einer Partei, deren namhaftesten Mitglieder immer wieder mit rassistischen und antisemitischen Äußerungen Lärm machen. Das ist das Gegenteil von Gegenwartsbewältigung. Die fortgesetzte Behauptung der ‚offenen Gesellschaft' angesichts des Aufstiegs der AfD und Heimatdiskursen allerorten leugnet den Rassismus in den eigenen Reihen und sucht nach Ursachen – wie Überforderung durch Globalisierung oder sozialer Frustration. Ich will nicht bestreiten, dass Globalisierung Ängste schüren kann, aber es scheint mir falsch, darin den Hauptgrund für Ressentiments und Gewalt zu sehen. Auch lässt sich mit *Globalisierung* kaum erklären, warum es sich nun gerade um *rassistische* und *antisemitische* Ressentiments handelt. Gegenwartsbewältigung würde meiner Meinung nach bedeuten, selbstkritisch nach Kontinuitäten diskriminierender Wissensbestände und Affekte auch in der eigenen Sozialisierung zu schauen, zu versuchen, diese zu reflektieren und zu bearbeiten und sich nicht hinter einer Erzählung von ‚offener Gesellschaft' zu verstecken, die ja – wie oben beschrieben – durch ihre nationale Appropriation ihren offenen Charakter eben gerade einbüßt. Der Weg zur ‚offenen Gesellschaft' kann nicht über die Nationalisierung ihrer Werte funktionieren, sondern im Gegenteil: nur durch die Anerkennung ihrer Universalität.

Protagonist*innen und Verbände der türkeistämmigen Bevölkerung haben in der Geschichte der Bundesrepublik immer wieder rechtsradikale und rechtsterroristische Gewalt sowie Rassismus im Sinne einer Gegenwartsbewältigung historisch eingeordnet, etwa die Türkische Gemeinde Deutschlands zusammen mit dem Zentralrat der Juden.[7] Meine These ist, dass die türkisch-jüdische Solidarität nicht nur die Möglichkeit einer fortgesetzten und vertieften Gegenwartsbewältigung für beide Gruppen bietet, sondern dass diese Arbeit auch dazu beiträgt, sich von der Mehrheitsgesellschaft bzw. Dominanzkultur zu emanzipieren. Allerdings müsste diese gemeinsame Gegenwartsbewältigung mehr sein als eine Strategie, da jene das Risiko der Instrumentalisierung von Geschichte birgt. Die Furcht vor einer solchen Instrumentalisierung ist vielleicht ein Grund dafür, dass deutschtürkische Bemühungen um eine Allianz bei einigen Vertreter*innen der jüdischen Seite auf Skepsis gestoßen sind, wie auch die Sozialwissenschaftlerin Gökçe Yurdakul in ihrem Aufsatz „Juden und Türken in Deutschland" herausstellt. Eine Solidarisierung, die in den letzten Jahren dazugekommen ist – Yurdakul veröffentlichte

7 Vgl. dazu Gökçe Yurdakul: Juden und Türken in Deutschland: Integration von Immigranten. Politische Repräsentation und Minderheitenrechte. In: Dies./Y. Michal Bodemann (Hrsg.): *Staatsbürgerschaft, Migration und Minderheiten. Inklusion und Ausgrenzungsstrategien im Vergleich*. Wiesbaden: VS 2010, S. 127–159. Yurdakul nennt drei Fallbeispiele, wo sich türkeistämmige, wie sie es nennt, „Protagonist*innen" auf die jüdische Erfahrung beziehen.

ihren Aufsatz 2010 – sind die Bündnisse um die Initiative NSU Komplex auflösen. In der Initiative engagieren sich migrantische, jüdische und deutsche anti-rassistische Bündnispartner*innen gemeinsam, weil sie die politische, gerichtliche und mediale Auseinandersetzung mit dem rechtsextremen Terrorismus des NSU für ungenügend halten.[8] Das Tribunal NSU Komplex auflösen erhielt 2017 den Amadeu Antonio Preis für Menschenrechte und gegen Rassismus.[9] Eine Ursache dafür, dass ein intensives Bündnis zwischen beiden Gruppen so schwer herzustellen gewesen ist, sehe ich in internalisiertem und tradiertem Rassismus, Antisemitismus und Islamophobie in allen beteiligten Gruppen.[10] Ihre Reflexion und Überwindung müsste ein wesentlicher Teil einer Vorstellung von Gegenwartsbewältigung sein.

Bei der Suche nach einer *gemeinsamen* Form der Gegenwartsbewältigung ist es sinnvoll, auch auf die Entwicklung der jüngeren Geschichte zu schauen. In dem bereits erwähnten Aufsatz widmet sich Gökçe Yurdakul den politischen Beziehungen zwischen Juden/Jüdinnen und Deutschtürk*innen in Deutschland. Yurdakul will dabei aufzeigen, „wie Immigranten auf den historischen Erfahrungen bestehender Minoritäten in einem Land aufbauen, um eigene Integrationsstrategien zu entwickeln."[11] Hierfür verweist sie darauf, wie Türkeistämmige Analogien zwischen dem Rassismus gegenüber Deutschtürk*innen und Antisemitismus herstellen, sich an der jüdischen Gemeinschaft als „strukturelles Modell" für politische Wirksamkeit orientieren und ebenfalls Minderheitenrechte wie religiöse Rechte für den muslimischen Teil der türkeistämmigen Bevölkerung einfordern – ein Beispiel dafür ist die Beschneidungsdebatte: Als diskutiert wurde, ob die rituelle Beschneidung von Jungen in Deutschland verboten werden sollte, protestierten türkische (nicht nur türkisch-muslimische auch türkisch-säkulare) Vereine und jüdische gemeinsam.[12] Ein emanzipatorisches Moment des Bündnisses zwischen marginalisierten gesellschaftlichen Gruppen liegt sicherlich darin, dass die Anknüpfung an die Erfahrungen anderer Minoritäten einen Weg der ‚Integration' öffnet, der von den Vorgaben der Dominanzkultur abweicht. Yurdakul nennt das „aktive Integrationsstrategien" im Gegensatz zu einer passiven Befolgung der „Integrationsstrategien bundesdeutscher Behörden". Im Grunde genommen handelt es sich dabei um eine konkrete Form der Desintegration im Sinne von Czolleks bereits erwähntem *Desintegriert Euch!*: Die von der Dominanzkultur vorgegebene Rolle wird aufgegeben zugunsten einer eigenen, quasi selbstgeschriebenen

---

8 Vgl. die Anklageschrift des NSU-Tribunals unter: http://www.nsu-tribunal.de/anklage/ (Zugriff 05.07.2018).

9 Der Preis wird von der Amadeu Antonio Stiftung vergeben, deren Mitbegründerin und Vorstandsvorsitzende Anetta Kahane in Yurdakuls bereits angeführten Aufsatz „Juden und Türken in Deutschland" noch als Beispiel für eine „Skeptikerin" einer Rassismusanalyse aufgeführt wird, die die Diskriminierung von türkeistämmigen Menschen in Deutschland auch in den Kontext der rassistischen Verfolgung von Juden/Jüdinnen in Deutschland setzt. Das zeigt, dass das Modell von „Skeptikern" und „Verbündeten" nicht ganz binär zu verstehen ist und dass beides gleichzeitig bestehen kann: eine skeptische Verbindung oder verbündete Skeptiker*innen.

10 Vgl. dazu Deniz Utlu: Verletzt vernetzt. Notizen über fragile Bindungen. In: Max Czollek/Sasha Marianna Salzmann (Hrsg.): *Desintegration. Ein Kongress zeitgenössischer jüdischer Positionen*. Berlin: Kleber 2017, S. 73–79.

11 Yurdakul: Juden und Türken in Deutschland, S. 133.

12 Jost Müller-Neuhof: Chronik einer beispiellosen Debatte. In: *Der Tagesspiegel Online*, 20.08.2012. https://www.tagesspiegel.de/politik/religioese-beschneidung-chronik-einer-beispiellosen-debatte/7018904.html (Zugriff 05.07.2018).

Rolle, die sich an der Geschichte älterer Minoritäten orientiert, aber diese nicht einfach repliziert.

Yurdakul stößt in ihrer Untersuchung auf „Skeptiker" und „Verbündete" in der jüdischen Community. Dabei wurzele die Skepsis in einem Misstrauen einer Rassismusanalyse gegenüber, die die Diskriminierung von türkeistämmigen Menschen in Deutschland auch mit Bezug auf jüdische Geschichte verstehe. Dahinter stünde unter anderem die Angst, dass Antisemitismus oder Holocaust als historisch einzigartige Ereignisse relativiert werden könnten. Ich möchte diese Sorge nicht völlig von der Hand weisen. Die Bezugnahme auf andere Diskriminierungs- und Verfolgungserfahrungen birgt durchaus die Gefahr einer Instrumentalisierung und Relativierung der Erfahrungen der Anderen. Tatsächlich hat der Rassismus, wie er insbesondere im Europa des 19. Jahrhunderts pseudo-wissenschaftlich etabliert wurde, in unterschiedlichen Weltregionen und Kontexten zu unterschiedlichen Mechanismen der Rechtfertigung von Verfolgung und Ausgrenzung geführt. Antisemitismus, der Rassismus gegen Indigene und Schwarze oder Orientalismus lassen sich beispielsweise weder über einen Kamm scheren noch gänzlich getrennt voneinander betrachten – sie sind nicht gleich, weil Diskriminierung in unterschiedlichen Kontexten anders wirkt, Machtkonstellationen sich unterscheiden und die jeweilige Diskriminierungsgeschichte eine andere ist; sie lassen sich aber auch nicht gänzlich getrennt voneinander betrachten, weil die rassistische Hierarchieordnung, die in Europa ab dem 16. Jahrhundert etabliert und im 18. und 19. Jahrhundert pseudowissenschaftliche unterfüttert wurde (etwa durch die Arbeiten eines Arthur de Gobineau) eine weltweite Wirkung entfaltete, also generalisiert wurde. Ein Ansatz emanzipatorischer Gegenwartsbewältigung müsste das Dilemma von konkurrenzbasierter Selbstbestimmung zu einer Idee solidarischer Desintegration auflösen.

Die Solidarität zwischen verschiedenen Gemeinschaften mit Diskriminierungserfahrung ist heute viel zu oft nicht oder nur punktuell möglich. Eine solche punktuelle Solidarität gibt es zwischen Einrichtungen der jüdischen Gemeinschaft und der türkeistämmigen Gemeinschaft: die gemeinsame Pressekonferenz der Türkischen Gemeinde in Deutschland und des Zentralrats der Juden 2009, bei der beide Organisationen Thilo Sarrazins rassistische Thesen verurteilten,[13] oder gemeinsame Positionierungen bei staatlichen Regularien, die sowohl islamische als auch jüdische Bräuche betreffen – wie Schächten und Beschneidung. Bei diesen Interventionen handelt es sich zum überwiegenden Teil um Versuche einer strategischen Einflussnahme auf politische und mediale Diskurse – eine Form des Zusammenhalts, die ich als *strategische Solidarität* bezeichnen möchte. Eine Strategie ist ein zielgerichtetes Handlungskonzept, das einzelne Handlungsschritte kalkuliert vornimmt, weil sie einem übergeordneten Zweck dienen, einem politischen Interesse. Einer Strategie liegen immer rationale Erwägungen zugrunde. Die *strategische Solidarität* beschreibt also eine Verbindung, die eingegangen wird, nicht weil sie dem Interesse des Verbunds dient, sondern den einzelnen Partnern. Gruppen entscheiden sich für sie, weil sie so ihren Einfluss steigern oder einer staatlichen *divide-et-impara*-Politik begegnen können. In diesem Sinne kann *strategische Solidarität* Empowerment bedeuten. Ihre Wirkung endet, sobald die jeweiligen

13 Sabine am Orde: Zentralrat der Juden fordert Rücktritt. In: *taz Online*, 10.10.2019. http://www.taz.de/!5154667/ (Zugriff 05.07.2018).

Ziele der Verbündeten in Konflikt miteinander geraten, etwa durch eine von Yurdakul als „Opferkonkurrenz“[14] bezeichnete Situation, bei der die verschiedenen Gruppen um Anerkennung durch und Einfluss auf die Dominanzkultur ringen.

Dem möchte ich die Idee einer *empathischen Solidarität* gegenüberstellen. Unter diesem Schlagwort erforscht der Soziologe Uwe Schimank kollektive Entscheidungsfindungsprozesse mit beschränkter Rationalität. In Situationen, bei denen individuelle Interessen dem kollektiven Interessen widersprechen, kann empathische Solidarität rationalitätssteigernd wirken, weil sich die Entscheider*innen durch das Einfühlen in konfliktäre Positionen über ihre Partikularinteressen hinwegsetzen und so zu einem für alle Entscheidungsbeteiligten besseren Ergebnis beitragen können.[15] Empathische Solidarität schließt Verbindungen nicht nur nach Maßgabe des Nutzens für die Ziele und Interessen der eigenen Gruppe ein. Wenn ich den Begriff auf die spezifische Frage der Solidarität von Gruppen mit Marginalisierungserfahrungen beziehe, dann geht es nicht nur um die von Schimank fokussierten Entscheidungsfindungsprozesse – vielmehr ist die Verbindung selbst bereits ein entscheidendes Ziel. *Empathische Solidarität* etabliert eine Situation, bei der die gegenseitige Solidarität nicht mehr an der Stellung der eigenen Gruppe gegenüber der Dominanzkultur orientiert ist. In diesem Sinne wirkt die Verbindung selbst *desintegrativ*.

Es gibt viele Beispiele für eine *empathische Solidarität*: In einer ihrer drei Exkurse, wie sich Deutschtürken auf die „deutsch-jüdische Trope“ beziehen, referiert Yurdakul über Aslı Bayram: 1994 wird ihr Vater von einem Neonazi erschossen und auch sie wird dabei angeschossen und schwer verletzt. Elf Jahre später wird sie zur Miss Germany gekürt und ist international auch als Schauspielerin gefragt. Sie entscheidet sich, an einem Theater in Luxemburg Anne Frank zu spielen. Bei einem Besuch des Verstecks Anne Franks in Amsterdam schreibt sie ins Gästebuch: „Nie Vergessen“.[16] Bayram sieht sich in einem emotionalen Verbund mit der jüdischen Gewalterfahrung und vor allem Resilienz, was sich auch in ihrem Buch *Grenzgängerin* zeigt, in dem Sie der Anne Frank-Inszenierung ein Kapitel mit der Überschrift „Mut“ widmet. Anne Frank sei auch darum ein Vorbild für sie gewesen, weil diese trotz der Verfolgung durch die Nationalsozialist*innen an ihrem Ziel festgehalten habe, Autorin zu werden. Bayram empfindet also eine empathische Verbindung zu Anne Frank, während auf deutscher Seite irritiert, dass eine „Miss Deutschland, noch dazu eine Muslimin, dieses Projekt vorstellte.“[17] Die emotionale Verbindung zwischen spezifischen Formen der Diskriminierung ist ein Beispiel empathischer Solidarität. Diese Solidarität findet sich auch in einem Tweet von Mehmet Daimagüler, einem der Ankläger im Prozess gegen Beate Zschäpe. Einen Tag, nachdem die Shoah-Überlebende Mireille Knoll in Paris ermordet wurde, twitterte er am 27. März 2018: „Wer über den Hass gegen Muslime sprechen will, der darf zum Hass gegen Juden nicht schweigen.“

Yurdakul konzentriert sich in ihren Überlegungen auf die *strategische Solidarität* und kommt zu dem Schluss, dass der Bezug auf die

14 Yurdakul: Juden und Türken in Deutschland, S. 152.

15 Uwe Schimank: *Die Entscheidungsgesellschaft. Komplexität und Rationalität der Moderne*. Wiesbaden: VS 2005.

16 Yurdakul: Juden und Türken in Deutschland, S. 129.

17 Asli Bayram: *Grenzgängerin. Leben zwischen den Welten*. Gütersloh: Gütersloher Verlagshaus 2009.

„deutsch-jüdische Trope" es türkeistämmigen Repräsentant*innen ermöglicht, eine „aktive", also selbstbestimmte Integrationsstrategie zu entwickeln. Zwar sind sowohl Asli Bayram als auch Mehmet Daimagüler Individuen und keine Verbände, aber beide treten in ihrem Handeln mit einem Bewusstsein für die geteilte Diskriminierungserfahrung türkeistämmiger Menschen in Deutschland auf. Indem ich der *strategischen Solidarität* die *empathische* gegenüberstelle, möchte ich Yurdakuls Fazit erweitern: Durch die Orientierung an den gegenseitigen historischen und gegenwärtigen Erfahrungen können Jüdinnen und Juden, Eingewanderte und ihre Nachkommen Teil einer gemeinsamen Erinnerungskultur werden. Auf diese Weise erzeugen sie einen geteilten Erfahrungsraum, der es ihnen ermöglicht, die Kontinuität rassistischer und antisemitischer Strukturen zu thematisieren und zugleich die Differenz der jeweiligen Erfahrung von Diskriminierung anzuerkennen. Die empathische Solidarität zwischen marginalisierten Gruppen erzeugt also die Möglichkeit einer Zugehörigkeit zu diesem Land, die sich nicht an den Anerkennungspraxen der Dominanzkultur wie Integrationsforderung oder Gedächtnistheater, Heimatdiskurs oder Leitkultur orientieren muss. Indem sie sich der Menschlichkeit dort zuwendet, wo sie bedroht ist – etwa in der historischen und gegenwärtigen Verlust- und Gewalterfahrung marginalisierter Gruppen – führt die empathische Solidarität zu einer Form der Selbstbestimmung, die eine Zugehörigkeit jenseits des Integrationsparadigmas schafft.

Es ist in Ordnung, die Nationalhymne nicht zu singen. Und man ist auch dann Teil dieses Landes, wenn man die offene Gesellschaft für eine konkrete Utopie hält, die es weiterhin zu realisieren gilt. Die Wendung zur Menschlichkeit bedeutet eine Unabhängigkeit von den Ansprüchen und Begehrensstrukturen der Dominanzkultur, auf die ein strategisches Denken von Minderheiten letztlich ausgerichtet bleiben muss. In diesem Sinne birgt die *empathische Solidarität* das Potential einer emanzipatorischen Gegenwartsbewältigung.

„DON'T YOU CALL ME ...!"

Interventionen im deutschen Theater

AZADEH SHARIFI

> *When we revolt it's not for a particular culture. We revolt simply because, for many reasons, we can no longer breathe.*
> Frantz Fanon, *The Wretched of the Earth* (1963)

Als 1985 die Vertreter*innen der Jüdischen Gemeinde Frankfurt am Main, darunter Ignatz Bubis und Michel Friedman, am Premierenabend von Rainer Werner Fassbinders Theaterstück *Der Müll, die Stadt und der Tod* (1975) das Schauspiel Frankfurt besetzten, um gegen den latenten Antisemitismus im Theaterstück zu protestieren, hatte dies weitaus größere Konsequenzen als die Verhinderung einer Premiere. Michael Brenner unterstreicht die Besonderheit dieser Protestaktion:

> *Erstmals verließen sich führende Repräsentanten jüdischen Lebens nicht auf die altbewährten diplomatischen Kanäle, um ihren Protest zu signalisieren, sondern traten im Rampenlicht der Öffentlichkeit auf, um ihre Frustration kundzutun.*[1]

Im Theaterstück, bei dem es um die Gentrifizierung einer Stadt als Parabel auf die damalige städteplanerische Entwicklung Frankfurts geht, ist die zentrale Figur ein namenloser Immobilienspekulant, der schlicht als „Der reiche Jude" bezeichnet wird. Eine Figurenbenennung, die stereotyper nicht sein könnte und nahtlos an antisemitische literarische Vorlagen im deutschsprachigen Feld anknüpft, wie Martin Gubser in seiner Analyse *Literarischer Antisemitismus*[2] herausarbeitet.

Die Vertreter*innen der Jüdischen Gemeinde Frankfurt am Main beließen es nicht nur bei der Intervention, sondern gingen auch den gerichtlichen Weg. 1986 kam es zu einem juristischen Vergleich, demzufolge das Fassbinder-Stück unter der Leitung des damaligen Intendanten des Schauspiel Frankfurt Günther Rühle nicht aufgeführt werden durfte. Bei der Verhandlung waren struktureller Antisemitismus nicht nur auf der Bühne,

1 Michael Brenner: 1985. Theaterskandal in Frankfurt. In: *Jüdische Allgemeine Online*, 08.08.2013 http://www.juedische-allgemeine.de/article/view/id/16694 (Zugriff am 10.06.2018).

2 Martin Gubser: *Literarischer Antisemitismus. Untersuchungen zu Gustav Freytag und anderen bürgerlichen Schriftstellern des 19. Jahrhunderts.* Göttingen: Wallstein 1998, S. 84.

sondern durch die Theaterleitung sichtbar geworden, was aber keinerlei weitere Beachtung im weiteren Prozessverlauf erhalten hatte. So führte der damalige *Zeit*-Redakteur Hans Schueler beispielsweise eine Aussage Rühles an, „[a]uch der Jude muß wieder kritisierbar sein, [...] nicht ewig in einem Schonbezirk gehalten werden“[3] – literarischer Antisemitismus als berechtigte Kritik an den ‚zu lange geschonten Juden‘.

Dass die grundsätzliche Kritik der Jüdischen Gemeinde und des Zentralrats der Juden an der antisemitischen Figur in Fassbinders Stück bis in die Gegenwart eine „Ansichtssache“ ist, wurde bei einer erneuten Aufnahme im Jahr 2009 durch das Theater Mülheim an der Ruhr deutlich.[4] Die Forderung, die Deutungshoheit über antisemitische oder rassistische Diskriminierung bei den Betroffenen zu belassen, wird in Deutschland und besonders im deutschen Theater auch in Bezug auf andere marginalisierte Positionen missachtet.

2003 wurde bei Bernard-Marie Koltès Theaterstück *Der Kampf des N* und der Hunde* (1981) in der Inszenierung von Dimiter Gotscheff ein Banner mit dem ausgeschriebenen N-Wort vor der Volksbühne Berlin aufgehängt. Die Initiative Schwarze Menschen in Deutschland (ISD) protestierte zusammen mit anderen weißen Aktivist*innen gegen die Verwendung dieses auf einer gewaltvollen kolonialen Geschichte basierenden Wortes vor und in der Volksbühne Berlin. Auf Transparenten war zu lesen: „Der unbeirrte Kampf des weißen Europäers mit sich selbst“, „Don't call me N*“, „Who is the Volk in the Volksbühne?“ Abini Zöllner schreibt in ihrem Artikel „Don't call me ...“[5], der auch als Vorlage des Titels meines Beitrags dient, dass es der Volksbühne dem damaligen Intendanten Frank Castorf zufolge nicht um Verletzungen gegangen sei,

3 Hans Schueler verweist ferner auf eine von Rühle selbst vorgelegte Tonbandabschrift einer Diskussion vom 30. September 1985: „Also [...] diese Schonzone, die beide Seiten errichtet haben, einmal den Juden gegenüber, aber auch die Deutschen sich selbst gegenüber, daß wir die aufbrechen.“ (Hans Schueler: Schonzone und Schonzeit. *Die Zeit*, 05.12.1986. https://www.zeit.de/1986/50/schonzone-und-schonzeit/komplettansicht (Zugriff am 29.05.2018).) Man müsse sich, so Rühle weiter, mit diesem Stück (von Fassbinder) beschäftigen – „nach zehn Jahren, nach zehn Jahren Abschiebung des Stückes, nach zehn Jahren Schonzeit.“ Schueler kommentiert: „Hier können ja wohl mit den zehn Jahren ‚Abschiebung‘ nur das Stück und mit ‚nach zehn Jahren Schonzeit‘ nur diejenigen gemeint sein, die mit dem Stück und seiner Aufführung aufs neue sollen verunglimpft werden dürfen.“

4 In der Theaterkritik über die Inszenierung von *Der Müll, die Stadt und der Tod* durch Roberto Cuilli bagatellisiert Stefan Keim die Kritik folgendermaßen: „Auch vor der Mülheimer Premiere äußerten der Zentralrat der Juden und die jüdische Gemeinde Kritik. Doch schon bei einer Diskussionsmatinee waren die Theaterleute unter sich. Vielleicht war es mehr eine Pflichtübung als wahre Entrüstung, eine Erinnerung an den historischen Moment, als erstmals nach dem Holocaust jüdische Bürger in Deutschland gemeinsam die Stimme erhoben und sich durchsetzten“. Um dann im Weiteren mit der Figurenbenennung „Jude“, „Der Jude“ und der „Der reiche Jude“ seine Deutung der Inszenierung und des Textes darzulegen. So schreibt er weiter: „der ‚reiche Jude‘ ist zwar kein positiver Charakter, den gibt es nicht in diesem fiesen, ekligen, von Gewalt und Gossensprache triefendem Stück. Aber er ist der intelligenteste Mensch, weil er die Deformation der Gesellschaft erkennt und aus purem Überlebenstrieb mitmacht.“ Dass diese Charakterisierung den Kern des deutschen Stereotypen trifft, entgeht Keim vollkommen. Denn am Ende seiner Kritik schließt er folgendermaßen ab: „Aber Roberto Ciulli beweist: Mit Fassbinder geht es auch. ‚Der Müll, die Stadt und der Tod‘ ist kein antisemitisches Stück und kann in Deutschland gespielt werden. Das wäre nun geklärt.“ (Stefan Keim: „Antisemitisch? Fassbinders Skandalstück in Mühlheim aufgeführt. In: *Die Welt*, 02.09.2009. https://www.welt.de/kultur/theater/article4711490/Fassbinders-Skandalstueck-in-Muelheim-aufgefuehrt.html (Zugriff am 29.05.2018).)

5 Ich habe mich entschlossen, durchgängig das N-Wort nicht auszuschreiben. Dies betrifft auch die Ausschreibung des Wortes in Zitaten, vgl. Abini Zöllner: „Don't call me ...“. In: *Berliner Zeitung*, 12.12.2003. Der Beitrag wurde leider von der Online-Präsenz der Zeitung mittlerweile gelöscht.

sondern um Provokation: „Angreifen gehört zur Kunstarbeit."[6] Aber, so schreibt sie weiter, dieser Angriff wäre eben nicht „wohltuend allgemein" formuliert, sondern sehr „persönlich". Denn es geht konkret um die Würde des Menschen, hier Schwarzer Menschen in Deutschland. Wie Günther Rühle im Fall von *Der Müll, die Stadt und der Tod* stellt die Volksbühne die „künstlerische Freiheit über rassistische Beleidigung". Zöllner beschreibt die systemische Schieflage, die dabei nicht nur im Theater existiert, sondern gesellschaftlich verankert ist, folgendermaßen:

> *Unsere Gesellschaft überhört gern die Selbstdefinition der Schwarzen. Der Tenor: „Jetzt bestimmen schon die Randgruppen, wie sie gern genannt werden möchten. [...] Da spiegelt sich doch schon die Gesellschaft im Alltag so kommentarlos wie auf der Theaterbühne. Es ist immer dasselbe: Die Nichtbetroffenen erklären den Betroffenen, sie sollten nicht so betroffen sein. Schwarze Menschen haben sich damit abzufinden, auch wenn es auf ihre Kosten geht.*[7]

Trotz der Unterschiedlichkeit der Anliegen der Jüdischen Gemeinde sowie der Initiative Schwarze Menschen in Deutschland ähneln sich ihre Proteste: Sie fordern ein Mitsprache-Recht und Selbst-Sprache-Recht (das Recht, für die eigenen Bedürfnisse zu sprechen) bei den künstlerischen und politischen Diskursen. Und ähnlich werden sie von der Mehrheitsgesellschaft übergangen oder vereinnahmt, und ihre eigenständige Position wird nicht ernst genommen.

6 Zit. n. ebd.
7 Ebd.

Aus einer widerständigen, postkolonialen Perspektive heraus argumentiert können Proteste und Kritik als eine gegenhegemoniale Intervention verstanden werden. Wenn marginalisierte Positionen nicht gehört werden, müssen sie in den hegemonialen Raum einbrechen, ihn unter-brechen, Widerstand leisten und damit Gegendiskurse schaffen, in denen ihre eigene Perspektive und Position wahrnehmbar werden. Die postkolonialen Denker*innen und Schreiber*innen wie Gayatri Spivak und ihre Kritik zeugen von dieser Notwendigkeit zu intervenieren.

Im Fall des deutschen Theaters hat Bühnenwatch diese Funktion übernommen und den Theaterdiskurs nachhaltig verändert. Bühnenwatch ist eine Vereinigung von – People of Color und weißen – Künstler*innen und Kulturschaffenden, die Kunst und Aktivismus auf der Bühne und in den Strukturen der Theaterarbeit verbinden. Bühnenwatch formierte sich 2012 als Kritik und Reaktion auf die Verwendung von Blackface[8]

8 *Blackface* beschreibt eine theatrale Praxis, die auf US-amerikanische Minstrel Shows des 19. Jahrhundert zurückgeht, die als Teil von Vaudeville-Shows bis in die 1930er Jahre aufgeführt wurden. In diesen malten sich weiße Performer*innen ihr Gesicht und ihren Körper schwarz an, um ‚Schwarze Figuren' sketchartig in stereotyper und abschätziger Art darzustellen. Joy Kristin Kalu verweist darauf, dass Vaudeville-Shows Ende des 19. Jahrhunderts, also nach der Abschaffung der Sklaverei (1865), an Popularität gewannen. (Dies.: On the Myth of Authentic Representation. Blackface as Reenactment. In: *Textures*, 29.10.2012. http://www.textures-platform.com/?p=2616 (Zugriff am 29.05.2018.)) Sandrine Micossé-Aikins hat die historische Dimension von *Blackface* und seine Funktion als Ort des Imaginären in Deutschland herausgearbeitet: „From the mid-19th century on, advertisement, a domain that relies more than any other on the power of imagery, began to play an important role in the way that black people were seen in Germany." (Dies.: Not Just a Blackened Face. In: *Textures*, 04.12.2013. http://www.textures-platform.com/?p=3169 (Zugriff am 29.05.2018).) Sie betont, dass Minstrel Shows, gemeinsam mit ‚Völkerschauen' (*human zoos*) auch in Europa

an verschiedenen deutschen Bühnen.[9] Der Zusammenschluss ist zunächst in Form von Protestaktionen auf Facebook, dann auch durch Interventionen bei Theatervorstellungen bekannt geworden.

So trat Bühnenwatch bei Dea Lohers *Unschuld* (2003), das von Michael Thalheimer am Deutschen Theater Berlin inszeniert wurde, zum ersten Mal öffentlich in Erscheinung. Über 40 Aktivist*innen, die regulär Theaterkarten erworben hatten, erhoben sich beim ersten Auftritt der zwei weißen Schauspieler mit offensichtlichem Blackface und verließen den Zuschauerraum. Anschließend verteilten sie Flyer im Foyer, auf denen sie den Hintergrund der Aktion erläuterten.[10] Bühnenwatch hat immer wieder darauf verwiesen, dass es bei ihren Aktionen um mehr als nur um die Kritik an Blackface als ästhetischem Mittel gehe. Es geht um Teilhabe und Repräsentation von Schwarzen Menschen, People of Color, migrantischen und migrantisierten Menschen im deutschen Theater. Denn bisher treten marginalisierte Subjekte und Positionen immer nur als die ‚Anderen' auf oder werden ge-andert; sie werden zu Stereotypen, die in (post- und neo-)kolonialen Narrativen und hegemonial organisierten Macht- und Ordnungsstrukturen auf den deutschen Bühnen reproduziert werden.

Es hat viele weitere Kämpfe und Interventionen seitens der Aktivist*innen von Bühnenwatch gekostet, bis im deutschen Mainstream Blackface als rassistische Metapher anerkannt wurde.[11] Die Aktivist*innen von Bühnenwatch werden zwar weiterhin hinter vorgehaltener Hand von mehrheitlich weißen Theatermacher*innen[12] als *Bühnenpolizei* bezeichnet, lassen sich aber nicht zuletzt durch den Rückhalt durch kritische und aktivistische Theatermacher*innen nicht mehr aus dem Theaterdiskurs vertreiben. Mittlerweile kann ihre Gegenposition nicht mehr einfach als ‚Ansichtssache' ignoriert werden.

***

tourten und sich mit ihrer machtvollen Praxis der Produktion und des Propagierens von abwertenden Bildern über ‚die Afrikaner' und andere People of Colour in die eurozentristische Bilderwelt einschrieben. Den größten Einfluss hatten jedoch nicht die Shows selbst, sondern die Plakate, die diese bewarben. Ihr besonderer Stil wurde von Werber*innen, Künstler*innen und Musiker*innen aufgegriffen und hat damit auch Einzug in die deutsche Kulturproduktion gefunden.

9 Der erste konkrete Vorfall waren Plakate für das Theaterstück *I am not Rappaport* (1985) von Herb Gardner im Schlossparktheater Berlin im Jahr 2012. Auf den Plakaten war ein weißer Schauspieler mit schwarz angemaltem Gesicht und übermalten grellen roten Lippen zu sehen. Die Verwendung der Schminke erinnerte stark an die Plakate der Minstrel Shows.

10 Joy Kristin Kalu hat darauf verwiesen, dass in der Inszenierung auch mit anderen rassistischen Metaphern und Bildern gearbeitet wurde. So habe der eine Schauspieler, der „den afrikanischen Einwanderer Fadoul" verkörperte, „sich mehrfach der Posen und Bewegungen eines Affen bedient." (Dies.: In Sachen Blackfacing – Zwischenruf zu einer andauernden Debatte. In: *Nachtkritik*, 26.11.2014. https://www.nachtkritik.de/index.php?option=com_content&view=article&id=10271:in-sachen-blackfacing-zwischenruf-zu-einer-andauernden-debatte&catid=101:debatte&Itemid=84 (Zugriff am 29.05.2018).)

11 So Ende Dezember 2013 in der beliebten Fernsehshow *Wetten, dass..?*,bei der bei der Saalwette das Publikum aufgefordert wurde, als Jim Knopf und Lukas der Lokomotivführer zu erscheinen. Dabei solle „Jim natürlich geschminkt sein [...], Schuhcreme, Kohle, was auch immer". Diesmal kam die Kritik nicht nur seitens der Aktivist*innen, sondern auch durch die Medien mit klarem Bezug auf Bühnenwatch. (Rassismus-Vorwurf gegen „Wetten, dass ..?". In: *Spiegel Online*, 15.12.2013. http://www.spiegel.de/netzwelt/web/wetten-dass-rassismus-vorwurf-auf-twitter-und-facebook-nach-blackface-a-939188.html (Zugriff am 29.05.2018); Marie-Sophie Adeoso: „Wetten, dass ..?" in Augsburg. Rassistisch auf mehreren Ebenen. In: *Frankfurter Rundschau Online*, 18.12.2013. http://www.fr.de/kultur/wetten-dass-in-augsburg-rassistisch-auf-mehreren-ebenen-a-634622 (Zugriff am 29.05.2018).)

12 Ich spreche hier auch aus eigenen Erfahrungen und auf Grundlage eigener Begegnungen.

Die Notwendigkeit, sich als marginalisierte Subjekte und Communities im deutschen Theater durch Interventionen und Gegendiskurse Gehör zu verschaffen, um Räume der künstlerischen (und politischen) Ermächtigung für eigene Narrative zu kreieren, bleibt weiterhin bestehen. Gerade auch angesichts der gegenwärtigen politischen Situation über den Theaterraum hinaus, bei der rechtspopulistische und bewusst rassistisch agierende Gruppen und Parteien immer mehr Zulauf finden.

Bei den Interventionen in den hegemonialen Theaterraum sind solidarische Strukturen entstanden, die eine Weiterarbeit ermöglichen. Die Herausforderung neuerer Interventionen vonseiten marginalisierter Positionen besteht nun darin, aus der Marginalisierung auszubrechen und *zugleich* einen Gegendiskurs zu eröffnen, der die etablierten Narrative signifikant verändert. Das postmigrantische Theater ist eine solche Bewegung im deutschen Mainstream-Theater, aber auch aktivistische Gruppen wie Bühnenwatch und das Bündnis kritischer Kulturpraktiker*innen gehören dazu.[13]

13 Ich möchte Bahareh Sharifi für ihre Recherche der Interventionen danken, die mich zu diesem Text inspiriert haben. Ihre Aufarbeitung mündete in einer gemeinsamen Veranstaltung 2017 mit dem Jüdischen Museum Berlin.

EINEN SCHLUSSSTRICH ZIEHEN?

Ein Chat über den Umgang mit unterschiedlichen Familienvergangenheiten

SUSANNA HARMS / TANJA KINZEL

*Susanna Harms und Tanja Kinzel beschäftigen sich schon seit vielen Jahren mit der Tradierung von NS-Geschichte in (Mit-)Täter*innen- und in Überlebenden-Familien – persönlich, wissenschaftlich und in der politischen Bildung. Gemeinsam mit anderen haben sie 2004 und 2008 zwei Veranstaltungsreihen mit Filmen und Lesungen zum Thema organisiert und bieten seitdem Wochenendseminare zum Umgang mit Familiengeschichte(n) an.*

Tanja, 10:43
Hey Susanna, schon von der neuen Studie der Uni Bielefeld zum aktuellen Stand der deutschen Erinnerungskultur gehört? Die betrifft auch unser gemeinsames Thema Familienbiografien: Laut Umfrage ist die Anzahl der NS-Täter*innen in den Narrativen der Nachkommen genauso groß wie die Anzahl der Helfer*innen ...

Susanna, 10:48
Ja, hab' ich gelesen. Fast noch frappierender finde ich aber: Über 50 % sagen, sie haben NS-Opfer in ihrer Familie! Sind natürlich keine ganz neuen und überraschenden Erkenntnisse – hat ja das Forschungsteam um Harald Welzer so ähnlich schon vor gut 15 J. in *Opa war kein Nazi* beschrieben.

Tanja, 10:53
Was ich nach wie vor nicht fassen kann, ist das Interesse/der Wunsch, die eigene Familiengeschichte von der dt. NS-Geschichte auszunehmen. Und das, obwohl es laut Studie gleichzeitig ein großes Interesse an der dt. Geschichte & ihrer schulischen Vermittlung gibt! Das scheint jedoch immer noch nicht mit Wissen über die eigene Familiengeschichte verbunden. Der vielzitierte Wunsch nach einem Schlussstrich unter die Geschichte betrifft wohl vor allem die eigene Familiengeschichte!

Susanna, 10:59
Ehrlich gesagt: Ich finde den Wunsch auf Täter*innenseite, die eigene Familiengeschichte da auszuklammern, gar nicht so verwunderlich. Die Auseinandersetzung damit ist ja viel bedrohlicher, viel schmerzhafter ... oder kann es zumindest sein. Da rückt dieser ganze Horror viel näher ran & stellt viel mehr infrage, als bloße Fakten im Geschichtsunterricht oder Erinnerungsrituale an Gedenktagen.

Tanja, 11:07
Ja, aber das ist doch das alte Problem – es geht doch auch um das Verhalten im Alltag, das versuchen wir ja in den familienbiografischen Seminaren zu vermitteln. Und natürlich ist es nicht schön zu fragen, ob die eigenen Ur-/Großeltern weggeschaut haben, wenn jüdische Kinder in der Schule ‚wegblieben', wenn die Nachbar*innen deportiert wurden, wenn deren Alltagsgegenstände versteigert wurden. Ich meine, es gibt so viele Aspekte, nach denen gefragt werden kann: Wie haben sich die Menschen beim April-Boykott 1933 verhalten, bei der Reichspogromnacht am 9.11., in Bezug auf die immer umfassendere Ausgrenzung? Die Beteiligung an der Ermordung ist ja eher die Spitze des Eisberges. Ich verstehe zwar das Bedürfnis, von der Beteiligung der eigenen Familie lieber nichts wissen zu wollen, aber zugleich verstehe ich es auch nicht. Es ist doch wichtig zu wissen, wo die eigenen Familienmitglieder standen, um sich in Bezug auf die Geschichte glaubwürdig politisch zu positionieren!

Susanna, 11:11
Finde ich schwer zu trennen von dem Horror – heute wissen wir ja, dass die sich immer mehr steigernde Ausgrenzung & Verfolgung in die Vernichtung mündete. Was natürlich nicht heißt, dass Nachkommen von nichtjüdischen/nichtverfolgten Deutschen nicht danach fragen sollten, was ihre Familienangehörigen vor dem Beginn der systematischen Vernichtung getan haben ... oder eben nicht getan haben ...!

Susanna, 11:14
Aber: Wissen wir beide nicht aus eigener Erfahrung, wie leicht es ist, auf Täter*innenseite die familienbiografische Ebene auszublenden? Obwohl wir beide uns schon lange mit diesem Thema beschäftigen, wissen wir selbst ja auch nicht alles über unsere Familien, haben unseren Eltern manche Fragen nicht oder zu spät gestellt ...

Tanja, 11:18
Ja, klar, ich habe mich lange auf meinen einen Opa fixiert, von dem ich wusste, dass er in der SS war, und war erleichtert, mich um den anderen Opa scheinbar nicht kümmern zu müssen (obwohl ich wusste, dass er in der Wehrmacht war). Bis wir auf einem Foto bei meiner Tante in Spanien das Parteiabzeichen auf seiner Uniform entdeckt haben – und klar wurde, dass es da auch noch offene Fragen gibt ...

Susanna, 11:35
Bei mir war es ähnlich: In meiner Familie ging es bei Fragen um (Mit-)Täter*innenschaft meist nur um meinen Stiefopa, der schon früh in die SS eingetreten ist & erwiesenermaßen (mind.) ein Schreibtischtäter war. Im Hinblick auf meine Großeltern dagegen ist es bis heute schwer, die familiären Entlastungsmythen zu durchbrechen. Und ich habe das bisher auch nicht konsequent forciert ... Was aber auch daran liegen mag, dass es bei mir zugleich ja wieder ganz anders war als bei dir: Da meine anderen Großeltern Shoah-Überlebende & gleichzeitig sehr viel näher an mir dran waren als meine nichtjüd. Großeltern, die ich beide nicht mehr kennengelernt habe, war dieser Teil meiner Familiengeschichte auch immer sehr viel präsenter für mich. Er hat sozusagen die Täter*innengeschichte überlagert.

Tanja, 11:38
Und als Enkelin von Überlebenden hast du sowieso nicht die Wahl (oder das Privileg), entscheiden zu können, ob und wann du dich mit den Verfolgungsgeschichten deiner Großeltern auseinandersetzen willst, weil sie ja immer anwesend sind. So habe ich dich zumindest immer verstanden.

Susanna, 11:50
Jein. Ich kann natürlich schon entscheiden, ob ich mich aktiv damit auseinandersetze – was ich in manchen Phasen meines Lebens sehr intensiv getan habe, in anderen so wenig wie möglich. Aber trotzdem ist diese Geschichte in meinem Leben immer präsent. Und ich merke immer wieder, dass die Erinnerung daran eigentlich jeden Tag durch irgendetwas ‚getriggert' wird, ob ich es will oder nicht. Vor ein paar Tagen hatte ich z. B. mit ein paar guten

Freundinnen ein Gespräch darüber, wie wir beerdigt werden wollen. Da wurde mir mal wieder schmerzlich bewusst, dass ich über das Thema Tod so abstrakt eigentlich nicht sprechen kann, ohne dass die vielen Toten – genauer: Ermordeten – aus meiner Familie auf einmal mit im Raum sind. Dass die Frage, ob Grab oder Verstreuen der Asche, bei mir (abseits von religiösen Aspekten) ganz andere Assoziationen hervorruft als bei meinen nichtjüd. Freundinnen ...

Tanja, 11:54
Habt ihr denn zu Hause viel über die Familiengeschichte gesprochen?

Susanna, 12:04
Nee, nicht wirklich. Die Vergangenheit war zwar früher bei uns immer irgendwie mit im Raum, aber wirklich darüber geredet wurde nur wenig, jedenfalls vor uns Kindern. Und ich habe wenig nachgefragt, wollte das als Jugendliche vielleicht auch gar nicht genauer wissen, da waren andere Sachen wichtiger. Stärker zum Thema wurde die Familiengeschichte für mich erst, nachdem meine Großeltern tot waren – mit Anfang 20, als mir mein Vater zum ersten Mal von der SS-Vergangenheit meines Stiefopas erzählt hat und ich aus allen Wolken gefallen bin, weil ich das so gar nicht mit der Geschichte meiner jüdischen Großeltern zusammenbringen konnte. Erst danach habe ich auch angefangen, mich mit beiden Familiengeschichten auseinanderzusetzen.

Tanja, 12:14
Das mit dem Nicht-wirklich-drüber-Sprechen kenne ich auch. Als ich noch ein Kind war, hat mir mein Vater einmal erzählt, dass mein Opa bei der SS war. Und obwohl ich noch nicht wusste, was die SS ist, habe ich das nie vergessen. Ich wusste das immer. Eine Auseinandersetzung darüber gab es jedoch nicht, auch nicht, als ich Jugendliche war. Allerdings habe ich meine Großeltern auch nie kennengelernt & mich damals nicht besonders für sie interessiert. Ich war schon irgendwie neugierig, aber Menschen, die ich kannte, waren mir näher und deshalb interessanter. Erst als ich Anfang 20 war und mich u. a. mit *Schuldlos schuldig* von Birgit Rommelspacher auseinandergesetzt habe, über den Umgang junger Frauen mit der NS-Geschichte, habe ich meine Mutter konfrontiert, vor allem mit Alltagsfragen über die Zeit. Aber sie war da noch ein Kind, sie ist 1939 geboren, deshalb war das vielleicht auch zu heftig. Erst später habe ich angefangen, mich auch mit meinem Vater über seinen Vater und dessen Geschichte auseinanderzusetzen & nachzuforschen. Leider gab es keine Möglichkeit mehr, die Ergebnisse mit ihm zu diskutieren, wie du weißt.

Susanna, 12:24
Es ist immer wieder erstaunlich, wie viele Ähnlichkeiten es dabei gibt, wie sowohl in Täter- als auch in Opferfamilien über die Familienvergangenheiten gesprochen (oder geschwiegen) wird. Auch wenn natürlich die Motivationen ganz unterschiedlich sind ... Überlebende wollen ihre Kinder/Enkelkinder vor ihren schrecklichen Erinnerungen schützen; die Täter*innen (& die Mitläufer*innen/Zuschauer*innen) haben Angst vor der Konfrontation mit ihren (Nicht-)Taten, vor dem Verlust der Liebe ihrer Nachkommen. Und es gibt natürlich auch Überlebenden-Familien, in denen häufig über die Shoah gesprochen wurde/wird.

Tanja, 12:33
Ja, und heute ist einer der wichtigsten Unterschiede vielleicht, dass das Anliegen, einen Schlussstrich ziehen zu wollen, ein Privileg der Mit-/Täter*innen, Mitläufer*innen & Zuschauer*innen ist. Obwohl auch Familien auf Täter*innen-Seite an dem Schweigen eigentlich leiden. Das haben ja auch die Filme und Bücher gezeigt, die in unseren beiden Veranstaltungsreihen präsentiert wurden: wie wichtig für die Beziehungen innerhalb der Familie das Hinschauen, die Auseinandersetzung, das Reden und Anerkennen ist und wie heilsam es sein kann. Wie viel das Schweigen zerstören kann, sowohl auf Seiten der (Mit-)Täter*innen als auch auf der Seite der Verfolgten. Und das ist ja auch eine Erfahrung aus unseren familienbiogafischen Seminaren, dass die Teilnehmenden danach eigentlich immer erleichtert sind, weil es der Anfang einer Auseinandersetzung ist.

Susanna, 12:46
Und trotzdem kann ich das Bedürfnis nach einem Schlussstrich gut nachvollziehen – ich habe auch oft das Bedürfnis, mich mit diesen furchtbaren Dingen nicht mehr auseinandersetzen zu müssen. Denn schön ist diese Auseinandersetzung mit der Familiengeschichte für beide Seiten (bei mir: im Hinblick auf beide Familienseiten) nicht ... Nur: Wir Nachkommen von Überlebenden kommen aus dieser Nummer leider nicht raus! – Hier sehe ich übrigens einen weiteren Unterschied: Ich finde, die Angehörigen der Täter*innengesellschaft haben auch eine politisch-moralische Verpflichtung, sich mit der Verstrickung ihrer Familien in die Shoah auseinanderzusetzen. Wenn sie zu einer wahrhaftigen, nicht ritualisierten Erinnerungskultur beitragen wollen jedenfalls ... Die Nachkommen der Opfer wissen ja in der Regel mehr oder weniger viel darüber, was ihren Familienangehörigen widerfahren ist, wenn vielleicht auch nicht jedes Detail. Und sie benötigen keine Mahnmale oder Gedenktage, um sich zu erinnern.

Tanja, 12:58
Und neben dieser politisch-moralischen Verantwortung gibt es auf Seiten der Mit-/Täter*innen Aspekte, die mindestens genauso wichtig sind: Es ist einfach zentral, die eigene Familiengeschichte zu kennen, auch um kein Bündnis mit den eigenen Vorfahren in Bezug auf deren Mit-/Schuld einzugehen und sich bspw. darüber klar zu werden, welche antisemitischen Vorstellungen/Bilder ich evtl. (unbewusst) weitertrage. Es geht also darum, Verantwortung für die eigene (Familien-)Geschichte zu übernehmen, statt die Empathieverweigerung gegenüber den Opfern und ihren Nachkommen fortzusetzen. Und nicht zuletzt bricht eine Auseinandersetzung auch mit unbewussten innerfamiliär tradierten Schuldgefühlen und der Unsagbarkeit, der von Rommelspacher beschriebenen Leerstelle. Davon rührt evtl. auch die Erleichterung, die die Teilnehmenden am Ende von unseren FamBio-Seminaren thematisieren.

Susanna, 13:05
Ja, gleichzeitig ist es wichtig, Jugendlichen zu vermitteln, dass es auch heute noch sinnvoll ist, über die Familienvergangenheit Bescheid zu wissen, auch wenn sie die Generation derer, die die NS-Geschichte selbst erlebt haben, in der Regel gar nicht mehr kennengelernt und mit ihr direkt nichts zu klären haben. Aber gerade das kann es ja auch leichter machen, in der Familie nachzufragen oder in Archiven zu forschen, weil mehr emotionale Distanz zu diesen Angehörigen da ist. Spannend ist aber auch die Frage, was das für Jugendliche bedeutet, die nicht familiär in die Geschichte verstrickt sind, weil ihre Familien damals gar nicht in Deutschland gelebt haben.

Tanja, 13:18
Das ist wirklich eine große Frage. Ich denke ja, es ist für *alle* produktiv u. moralisch & politisch wertvoll, sich zu Geschichte in Beziehung zu setzen, eben um sich politisch & persönlich zu verorten und zu positionieren. Aber natürlich bedeutet es für Jugendliche, deren Familien nicht in die NS-Geschichte verstrickt sind, etwas Anderes, weil es keine direkte biografische Verbindung gibt. Wenn du selbst familienbiografisch involviert bist, greift das die eigene Person/Identität viel mehr an, ist diese Auseinandersetzung auf ganz andere Weise schmerzhaft. Sich in Bezug auf NS und Shoah mit der eigenen Familie beschäftigen zu können oder eher zu müssen, ist ja kein besonders schönes Privileg!

Susanna, 13:21
Nein, wie gesagt – Spaß macht diese Auseinandersetzung nicht, weder Menschen aus Überlebenden- noch aus Täter*innenfamilien. Und wenn du, wie ich, beide Geschichten in deiner Familie hast, macht es das auch nicht unbedingt leichter ... Aber was soll's, es kann ja auch nicht alles im Leben Spaß machen! ;-)

Tanja, 13:26
Aber noch mal kurz zu den Jugendlichen in unseren Seminaren zu Antisemitismus: Da stellt sich ja auch die Frage, wie sich das Thema Familienbiografien bearbeiten lässt, nicht nur in heterogenen Gruppen mit unterschiedlichen biografischen Positionierungen. Zum einen sind die Jugendlichen in einem Alter, in dem sie eher versuchen, sich von ihren Familien abzugrenzen. Zum anderen geht es bei ihnen nicht mehr um die Eltern/Großeltern, sondern mindestens um ihre Urgroßeltern. Aber das müssen wir leider ein anderes Mal diskutieren, ich muss jetzt los!

Susanna, 13:32
Ok, bis bald!

LALKI Z MAJDANKA

Puppen aus Majdanek

FOTOGRAFIEN VON TAL SCHWARTZ, 2016

„Was wissen wir über die Dinge, die uns umgeben?“, fragt die israelische Fotografin und Kuratorin Tal Schwartz in der Arbeit *Lalki z Majdanka*.

Was ist eine Puppe? Eine Freundin, eine Gefährtin, eine Trostspenderin?

In diesem Fall werden wir es nie erfahren, was sie für ihre Besitzer*innen bedeuteten.

16 Puppen liegen im Archiv der Gedenkstätte Majdanek. Sie wurden nach der Befreiung des ehemaligen Konzentrationslagers 1944 auf dem Gelände desselben gefunden.

Über ihre Besitzer*innen wissen wir nichts.

Nach ihrem Fund wurden die Puppen zu historischen Beweisstücken, genau archiviert in Größe, Textur oder anhand ihnen fehlender Gelenke.

Schwartz hinterfragt in ihrer Arbeit die mit der dokumentarischen Fotografie verbundene Erwartung nach Objektivität und nähert sich den Puppen, indem sie ihre Funktion als historische Beweisstücke offen in ihrer Bildsprache überdenkt.

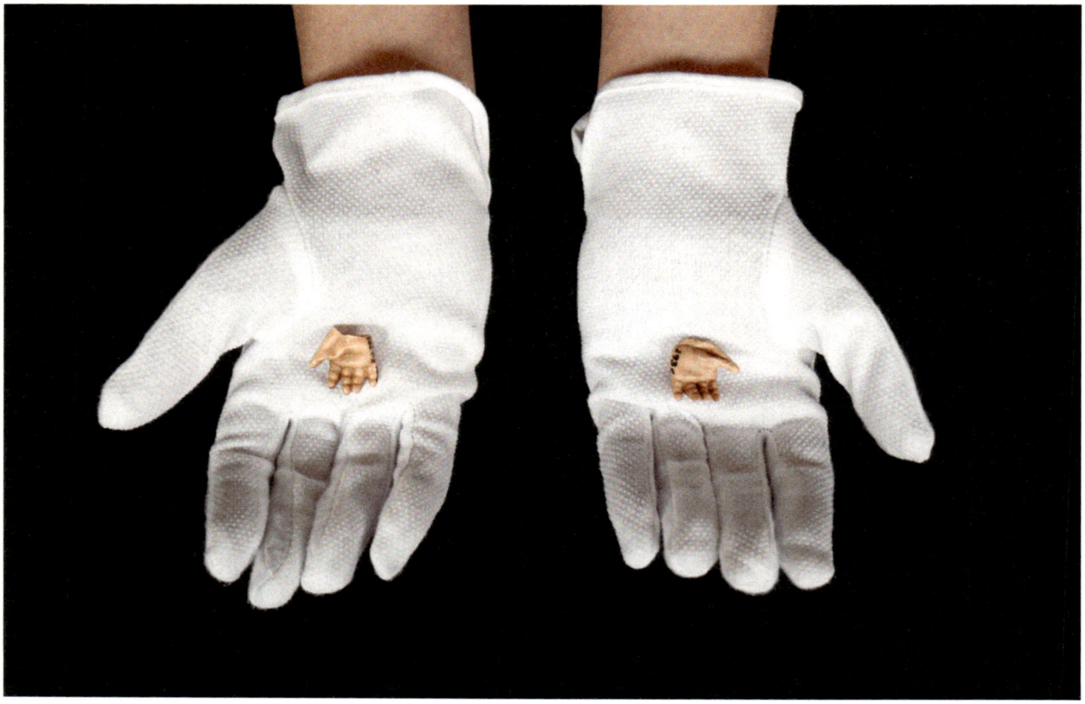

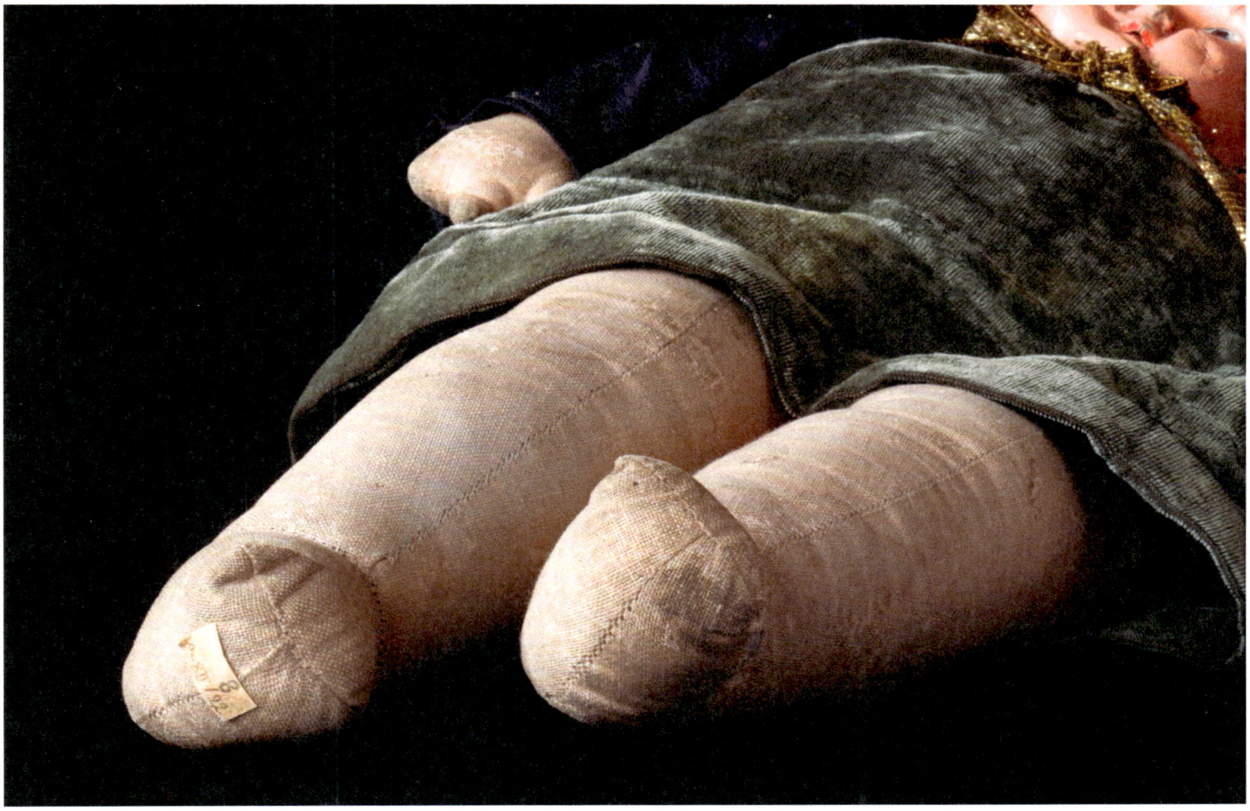

VOM ZIONISMUS ZUR GROßEN GEREIZTHEIT

MICHA BRUMLIK

Mit dem NS und der Vergangenheit meiner Familie wurde ich relativ früh, im Alter von sieben oder acht Jahren, konfrontiert. Es waren Fotografien meiner Eltern, keine Bilder von Vernichtungslagern und dergleichen, und es war ein Bild von einem NSDAP-Parteitag. Auch dadurch, dass meine Mutter gelegentlich geweint hat, wenn sie an ihre ermordeten Verwandten gedacht hat, bin ich daran zwangsläufig erinnert worden.

Der Geschichtsunterricht, den ich genossen habe, war weitestgehend korrekt. Aber den Begriff *Shoah* gab es zu meiner Schulzeit noch nicht. So jemand wie Fritz Bauer hat im Unterricht nie eine Rolle gespielt. Wir haben über den Krieg geredet, aber kaum über die Judenverfolgung. Viele dieser Gespräche verliefen in einer selbstmitleidigen Art und Weise. Ich kann mich noch an unseren Mathematiklehrer erinnern, der mal gesagt hat: „Ich weiß noch, wie ich an der Front stand und gegenüber ein Russe und wie ich mit meinem Gewehr draufgehalten habe." Dann hat er uns noch gebeichtet, dass er in der NSDAP und in der SA gewesen ist.

Wir hatten noch einen jüngeren, sudetendeutschen Sozialkundelehrer, der mit großer Wut über die Vertreibung der Sudetendeutschen erzählte und im selben Atemzug die Unrechtsmäßigkeit der zionistischen Landnahme beklagte. Ich hatte eine ganze Reihe von Lehrer*innen, die in der Wehrmacht gewesen sind und die uns jeden Montag ihre missglückte Lebensgeschichte ausgebreitet haben. Die haben meistens – die waren auch innerlich ziemlich kaputt – über das Wochenende zu viel getrunken und uns dann am Montag ihre Lebensgeschichten erzählt. Bei ihnen hatte ich nicht das Gefühl, dass mein Widerspruch etwas gebracht hätte. Aber bei diesem jüngeren Sozialkundelehrer habe ich öffentlich und laut protestiert.

Gleichwohl hatte ich einen der Bekennenden Kirche zugehörigen Deutschlehrer, der uns relativ früh die Filme über das ‚Dritte Reich', etwa von Michail Romm oder *Nacht und Nebel* von Alain Resnais, gezeigt hat. Darüber hinaus war ich, ohne wirklich verstanden zu haben, worum es geht, beim Frankfurter Ausschwitzprozess. Auch das Buch und der Film *Exodus* von Leon Uris, was ich zu meiner Bar Mitzwa geschenkt bekommen habe, haben mich in dieser Angelegenheit weitergebracht. Ansonsten haben wir in den oberen Klassen des Gymnasiums von Zuckmayer *Des Teufels General* gemeinsam gelesen. Und das hat mich dann so ein bisschen an die Frage herangeführt, wie in aller Welt in der deutschen Gesellschaft so etwas geschehen konnte.

Meine Mutter war eine kluge, junge Frau, die bereits im Sommer 1933 Deutschland verlassen hat, um zu ihren Verwandten nach Frankreich zu gehen. Dort lebte sie, bis das nationalsozialistische Deutschland 1940 den größten Teil Frankreichs überrollt und die deutsche Wehrmacht auch Paris besetzt hatte. Daraufhin sind meine Mutter und ihre Schwester nach Bordeaux geflüchtet, aber auch dort war die Gefahr, als Jüdinnen entdeckt zu werden, groß. Deshalb sind sie nach Paris zurückgegangen und haben es gewagt, ohne Stern in Paris zu leben. Im Sommer 1942 gab es eine Razzia, bei der alle ausländischen Juden im Winterzirkus eingesperrt und dann deportiert wurden. Als die französische Polizei bei ihnen geklingelt hat, hatten meine Mutter und ihre Schwester den Mut, die Tür einfach nicht aufzumachen. Die Polizei ist dann unverrichteter Dinge wieder abgezogen. Und noch in derselben Nacht sind sie mithilfe einer Fluchthilfe-Organisation aus Paris weggegangen und über eine sehr schwierige Tour über die Alpen in den Kanton Genf in der Schweiz gekommen. Dann wurden sie noch einmal weitergeschickt und kamen im Flüchtlingslager in Graubünden unter.

Mein Vater ist bereits 1938 in die Schweiz gekommen. Nicht zuletzt, weil er lungenkrank war und es in Davos in Graubünden eine jüdische Heilstätte für Tuberkulosekranke gab, hat er sich für diesen Ort entschieden. Als es ihm etwas besser ging, wurde er dann der Leiter des dortigen jüdischen Flüchtlingshilfswerks. Über diese Verbindung hat er dann meine Mutter kennengelernt, die als Flüchtling in die Nähe von Davos gekommen war.

Die Rückkehr nach Deutschland bedeutete für meine Mutter, an geöffnete Gräber zu treten. Und auch ich habe lange Zeit meinem Vater nicht nachsehen können, dass er mit uns aus der Schweiz zurück nach Deutschland gegangen ist. Als mein Vater noch in der Schweiz war, ist sie mit mir ein halbes Jahr nach Israel gegangen, in der Hoffnung, da bleiben zu können. Aber eine junge Frau mit einem dreijährigen Kind, geboren 1950, war damals in Israel nicht sehr beliebt, weswegen sie wieder zu meinem Vater zurückkehrte. Er war der Meinung, dass er im Unterschied zu anderen deutsch-jüdischen Immigranten in der Schweiz nichts werden könnte, und ist deshalb 1952 mit uns nach Frankfurt am Main gegangen. Das war für mich – das habe ich in meinen Erinnerungen beschrieben ... es war traumatisch, aus der idyllischen Bergwelt in die Trümmerwüste von Frankfurt zu kommen. Ich habe jahrelang mit meiner Mutter beim Mittagessen darüber reden müssen, ob es für sie persönlich nicht klüger gewesen wäre, zu ihren Geschwistern nach Paris zu ziehen. Das war für uns beide ein Dauerthema.

Im Alter von 12 habe ich mich der zionistischen Jugendbewegung, der 1958 gegründeten „ZJD – Zionistische Jugend in Deutschland" angeschlossen. Für mich, als jüdisches Kind im Nachkriegswestdeutschland, war es eine psychische Überlebenshilfe. Zusätzlich zu dem Religionsunterricht und dem Judentum, welches ich zuhause kennengelernt habe, waren die zionistischen Umgangsformen bewegend und stabilisierend. Das ist wichtig, auch angesichts des Umstands, dass die Ehe meiner Eltern extrem zerrüttet gewesen ist. Meine beiden Eltern, jeder und jede für sich ganz unabhängig, haben Entwicklungsschäden und Traumatisierungen davongetragen. Sie waren auf ihre je eigene Weise traumatisiert, obwohl sie den Krieg dann doch, mehr oder weniger unbeschadet, körperlich unbeschadet, in der Schweiz überlebt hatten. Dem gegenüber hielt die Zionistische Jugend Kameradschaft, Freundschaften, Stolz und eine Zukunftsperspektive bereit.

1966 kamen die Beatles auf und die Stones. Es war gerade 20 Jahre her und ich fing auch an, mir Gedanken zu machen, dass Männer, die so um die 40 waren, vielleicht selbst Nazis gewesen wären. Und ich begann, mich intensiv mit dem Schriftsteller Thomas Mann zu beschäftigen, wenn nicht gar zu identifizieren. 1968 kam die Studentenbewegung mit ihrem Aufstand gegen die Eliten. Bei Demonstrationen gegen den Vietnamkrieg fand ich es, bei aller Ablehnung des Vietnamkrieges, empörend, dass die Studierenden skandiert haben: „USA, SA, SS." Dieser Vergleich verblüffte mich, auch wenn ich damals nicht alles verstand. Viele andere Mitstreiter*innen haben diese Unterschiede ausgeblendet. Ihr Aufstand ist mit einer Identifikation mit den Eltern verbunden gewesen, darauf haben sie mehr Wert gelegt als auf historische Kontextualisierungen.

Das Leben im Land der Täter*innen wurde mir dann immer bewusster. Ich habe nach und nach Vorstellungen darüber entwickelt, wer von den Männern, die damals über 60 waren, womöglich bei der Wehrmacht, bei der SS oder sonst wo gewesen sind. Und da dachte ich manchmal: „Ah, der auch." Irgendwann, später erst, ist mir aber klargeworden, dass erstens der größte Teil der Bevölkerung dieses Landes keine Täter oder Täterinnen mehr sein konnten. Und dass zweitens ein wachsender Anteil dieser Bevölkerung gar nicht mehr ethnisch deutscher Herkunft ist. Und das hat dieses Gefühl etwas gemildert. Ich habe verstanden, dass es ein Volk gibt, das sich auf der Basis des von mir hochgeschätzten Grundgesetzes politisch verfasst hat. So konnte ich auch sagen, dass ich als Jude ein Deutscher bin, vor allem im Sinne einer politischen Zugehörigkeit, nicht meiner ethnisch religiösen Herkunft nach. Der Satz, „Ich lebe hier als Jude", trat für mich in meinen späteren Jahren nicht mehr in Widerspruch zum Deutschsein.

In Israel, wohin ich 1967 gegangen war, lebte ich zunächst ein Jahr als landwirtschaftlicher Hilfsarbeiter in jenem Kibbuz, in dem auch meine Tante lebte, um im Jahr darauf in Jerusalem zu studieren, allerdings: an der Hebräischen Universität war ich kein besonders guter Student. Das Studium war anders als ich mir erhofft habe. Es war ein Studium, wie es heute in Deutschland das Bologna-Studium ist. Eben gerade nicht ein freies, intellektuelles Studium. Zudem hatte ich, ehrlich gesagt, keine Lust, ins Militär zu gehen. Und als ich dann schließlich erfuhr, auf welche Art und Weise der Kibbuz in dem meine Großeltern und meine Tante lebten, an die Böden der arabischen Bewohner*innen gekommen ist, war ich so empört und moralisch entrüstet, dass ich gesagt habe: „Nein, will ich nicht." Das hatte zur Folge, dass ich, während ich in Jerusalem studierte, sehr schnell Mitläufer bei der trotzkistischen-antizionistischen Bewegung Max-Penn geworden bin. Und dann hatte ich mir beim Kiffen eine Hepatitis zugezogen und lag also drei Wochen im Hadassah-Hospital, währenddessen ich zum zweiten Mal den *Zauberberg* von Thomas Mann las. In diesen zwei, drei Wochen im Winter 68/69 beschloss ich, ich gehe nach Deutschland zurück.

Meine akademische Karriere habe ich in Goldgräberzeiten gemacht. Ich war noch keine 27 Jahre alt, als ich eine unbefristete Stelle bekam. Mit 31 Jahren bin ich in Hamburg Professor geworden. Nach meiner Rückkehr aus Israel 1969 habe ich meine Koffer ausgepackt und bin in Deutschland geblieben. Ich habe mir geschworen, wenn ich in Deutschland lebe, dann kann ich das nur als Jude tun. Gleichzeitig habe ich meine wissenschaftliche Karriere nicht übers Judentum definiert. Die Beschäftigung mit jüdischen Dingen kam später dazu. Mit solchen Fragen habe ich mich erst 1995 ausführlich in meiner Autobiografie *Kein Weg als Jude und Deutscher* auseinandergesetzt. Damals dachte ich noch, dass das nicht zusammengeht – der Titel ist ja eine Paraphrase auf ein Buch von Jakob Wassermann aus der Weimarer Republik, *Mein Weg als Deutscher und Jude*.

Als junger Wissenschaftler habe ich mich für Politik und politische Philosophie interessiert. Mich hat aber auch das vielberufene Identitätsproblem in besonderer Weise interessiert. Mein damaliger akademischer Lehrer, ein Professor aus Göttingen, hat angefangen, sich mit den Theorien des sogenannten amerikanischen Pragmatismus, des symbolischen Interaktionismus auseinanderzusetzen, also, wie man und wer man ist, wie das Spiel zwischen den Erwartungen der anderen und den eigenen Selbstentwürfen funktioniert. Ich erinnere mich noch, dass ich mich dann gegen Ende meiner Diplomarbeit auf das Buch bezogen habe, ich glaube es war Joseph Roths *Hiob*, wo es ja auch um einen jüdischen Immigranten geht, und das habe ich dann in diesen Begriffen gedeutet. Und ich habe damals vorhergesagt, dass im Zentrum der Forschung das biografische Interesse stehen wird. Damit habe ich auch etwas vorweggenommen, was jedenfalls in der Erziehungswissenschaft erst ein paar Jährchen später drankam.

Meine letzten antisemitischen Erfahrungen waren Ende 1990er Jahre, als ich noch Professor in Heidelberg gewesen bin. An zwei erinnere ich mich besonders intensiv. Das erste war ein anonymer Brief in meinem häuslichen Briefkasten in Frankfurt am Main. Da stand: „Wenn ihr nur so wüsstet, wie wir euch hassen. Ich wünsche, dass deine Frau von einem aidskranken N* durchgefickt wird." Und unten auf diesem anonymen Brief klebte dann noch eine Rasierklinge. Das war das eine. Und das andere war eine mit Absender und Adresse verfasste Postkarte, an mich, als Heidelberger Professor: „Allerliebstes Bräutlein' Jahwes" und irgend so ein Unsinn. Dann habe ich zwei Monate lang mit dem Präsidium der Heidelberger Universität darum gerungen, dass die Anzeige erstatten. Sie wollten das nicht. Ich habe dann gesagt: „Hören Sie zu, ich bin hier als Professor dieser Universität angegriffen worden. Ich bestehe darauf, dass Sie Anzeige erstatten." Das hat die Universität dann auch gemacht. Ich war auch bei dem Verfahren dabei. Und der Angeklagte konnte dann ein Gutachten vorbringen, dass er psychisch krank ist und das war's. Es war ein Mann um die 60. Ansonsten kommt in dem linksliberalen Milieu, in dem ich mich bewege, Antisemitismus so gut wie überhaupt nicht vor.

Bezüglich Antisemitismus streiten in meiner Brust zwei Seelen. Es geht vor allem um die aktuelle Debatte um Antisemitismus in der Schule. Einerseits spricht in mir der Pädagoge, der immer parteilich für Kinder ist. In ihrer Verletzlichkeit und Zartheit und Traumatisierbarkeit. Auf der anderen Seite der ehemalige Professor für Sozialpädagogik und Kriminologe, der gelernt hat, sich kritisch mit öffentlichen Erregungen und Kriminalitätsstatistiken auseinanderzusetzen. Ich bin im Moment ganz unsicher und ich schwanke. Aber ich finde es richtig, dass viel Aufhebens um diese Dinge gemacht wird. Denn bei Kindern hört der Spaß auf. Das darf nicht sein. Und als ehemaliger Erziehungswissenschaftler staune ich auch über die Unsensibilität und Unfähigkeit schulischer Gremien, damit angemessen umzugehen.

Die Zeitschrift *Babylon* haben wir in Frankfurt am Main gegründet und uns als Redaktionskollektiv Anfang der 1980er endgültig konsolidiert und beim linken Verlag Neue Kritik verankert. Die Lokalität ist nämlich wichtig: Die

Stadt Frankfurt am Main, das galt auch nach dem Tode von Adorno und Horkheimer, war die Hauptstadt der Kritischen Theorie, eines undogmatischen Freudo-Marxismus, der zu der damaligen Zeit fast hegemonial in intellektuellen Kreisen vorherrschte. Wir haben uns zusammengetan, um so was wie eine intellektuell-jüdische Stimme zu artikulieren. *Babylon* war eine linke Zeitschrift und wir waren eine Redaktion, die aus Jüdinnen und Juden bestand. Uns prägten sozialwissenschaftliche Themen mit Blick auf Israel, den Zionismus und das Judentum. Und natürlich Deutschland. Antisemitismus war ein Thema. Einer der ersten und wichtigsten Beiträge war die Auseinandersetzung mit Satres *Überlegungen zur Judenfrage*. Der Verlag Neue Kritik unterstützte uns.

Zum Antisemitismus in der Linken haben wir uns damals kritisch positioniert. Die Theorie, die vor allem in der DDR vertreten wurde, dass der Antisemitismus nur eine oberflächliche Form des Faschismus sei, haben wir kritisiert. Auch zu Israel war unsere Position kritisch distanziert und intellektuell gehoben, sagen wir es mal so. Jahre später habe ich ein Buch geschrieben unter dem Titel *Kritik des Zionismus*. Und ich habe viel Wert daraufgelegt, dass es heißt *Kritik des Zionismus* und nicht „Kritik am Zionismus". Eher so wie Kants *Kritik der reinen Vernunft*. Es ist ein Versuch, über die Grenzen und Möglichkeiten, das Scheitern und das Gelingen des Zionismus ins Gespräch zu kommen. Die Zeitschrift *Jalta* will heute andere Diskurse anstoßen. Es hat keinen Zweck, ein Generationenprojekt über Jahre hinweg aufrechtzuerhalten. Es ging uns auch nicht um ein Generationenprojekt. Oder ich habe es nicht als Generationenprojekt, sondern als ein Projekt von fachlich-sachlichem Interesse verstanden. Und ich finde es interessant, ob und wie jüngere Generationen diese Probleme, die wir damals diskutiert haben, wahrnehmen und konzeptualisieren.

Einen Unterschied gibt es dennoch: Uns wäre damals nicht über die Lippen gekommen zu sagen, dass wir es müde sind, als Opfer der Nachfahren wahrgenommen zu werden. Heute haben viele das Gefühl, dass die Beschäftigung damit übermäßig ist. Das zeigt eine gewisse Vergangenheitsmüdigkeit. Ich würde aber auch nicht so weit gehen zu sagen, wir waren stolz drauf. Aber wir haben das bewusst getragen und auf uns genommen. Aber auch wir haben uns mit vielen anderen Dingen beschäftigt. Heute wird das von Jüngeren offensichtlich so wahrgenommen, dass das ein ‚Nur' gewesen ist. Eine Ausschließlichkeit.

Ein starker Unterschied ist die vielfach diskutierbare Allianzfrage. Das ist ja auch so ein Versuch einer jüdischen Neu-Konzeptualisierung, als einer selbstbewussten Minderheit unter anderen. Die einzige andere selbstbewusste Minderheit, die damals dabei war, sich herauszubilden, waren die Sinti und Roma, aber die Unterschiede waren so groß, dass es zu keiner Zusammenarbeit gekommen ist. Ich selbst und Cilly Kugelmann haben eine Zeit lang gemeinsam in einem Forschungsprojekt zur Verfolgungsgeschichte von Sinti und Roma gearbeitet. Und da gab es dann Konfliktpunkte. Aber die Idee einer Allianz, darauf sind wir nie gekommen.

Der Begriff der Gegenwartsbewältigung hat sich mir nicht ganz erschlossen. Wenn wir das betrachten, dann so, dass aus der Vergangenheit permanent Spuren zurückgezogen werden; dass sie uns in einer unsichtbaren Art und Weise, an manchen Stellen aber auch sehr sichtbar immer noch betreffen. Ich bin ein großer Anhänger der von Jan und Aleida Assmann getroffenen Unterscheidung zwischen dem Kommunikativen und dem Kulturellen Gedächtnis. Wir sind einfach in einer Übergangsperiode zum Kulturellen Gedächtnis. Die Vergangenheit ist weniger verletzend, um nicht zu sagen: weniger traumatisch – wie das beim Kommunikativen Gedächtnis der Fall ist.

Gegenwartsbewältigung steht aus meiner Sicht für die politischen Großtrends – Globalisierung und Digitalisierung –, die aus meiner Sicht beunruhigend sind. Das sind Trends, die sich nicht addieren, sondern multiplizieren. Ich glaube, ich war der Erste, der einen Kommentar mit einer Überschrift des vorletzten Kapitels aus Thomas Manns *Zauberberg* einführte: „die große Gereiztheit". Und die ist derzeit angesagt.

Heute streite ich mich mit vielen Freunden und es sind ausschließlich Männer, die sich auch mit Rechtspopulismus und Rechtsextremismus beschäftigen. Der entscheidende Unterschied ist, dass das, was wir jetzt erleben, das ist, was ich als *Defensivnationalismus* und meinetwegen *Defensivrassismus* bezeichnen würde. Also es geht nicht mehr um die imperialistische Ausdehnung des Eigenen, sondern um die Bewahrung des Alten. Ob das öffentlich artikuliert und/oder selbstlos vertreten wird oder ob es so im Winkel des Ressentiments vor sich hinschlummert, ist nicht entscheidend.

Die Vergangenheitsbewältigung war damals nötig. Wir mussten uns mit einem Menschheitsverbrechen auseinandersetzen an dem wir, die Kinder und Enkel*innen der Opfer, soweit sie es überhaupt überlebt haben, tatsächlich auch noch lebensgeschichtlich intensiv gelitten haben. In einer Zeit, in der es auch noch überlebende Täter*innen gegeben hat, hat das eine andere Rolle gespielt als heute. Ich glaube aber, dass es nötig ist, sich mit dem Rechtspopulismus und den sogenannten rechtsintellektuellen Antisemitismus auseinanderzusetzen. Aber das ist für mich nicht eine Frage, es zu bewältigen. Das ist eine politische Auseinandersetzung.

Aufgezeichnet von Marina Chernivsky

HISTORISCHE BILDUNG ZUM NATIONALSOZIALISMUS UND DER SHOAH

Entwicklungslinien, Herausforderungen und Chancen

ELKE GRYGLEWSKI

Es gibt nicht *das* eine Konzept der historischen Bildung zu Nationalsozialismus und Shoah oder *die* klar definierten Grundsätze, Haltungen und Probleme, die sich dabei stellen. So wie von unterschiedlichen Pädagoginnen und Pädagogen im Laufe der Zeit zahlreiche Konzepte entwickelt wurden – die immer auch die Haltung und Einstellung der pädagogischen Kraft und der jeweiligen historischen Entwicklung widerspiegeln –, ist die Bandbreite der Reaktionen auf diese Angebote vielfältig. Vor diesem Hintergrund müssen im Folgenden, wenn die Entwicklung und Einstellungen im Mainstream beschrieben werden, immer auch andere Positionen und Methoden als die genannten mitgedacht werden. Um die Herausforderungen und Chancen der historischen Bildung zu Nationalsozialismus und Shoah erfassen zu können, ist es sinnvoll, einen skizzenhaften Rückblick auf die Entwicklung in den letzten Jahrzehnten zu werfen, da aktuelle Fragestellungen – beispielsweise wie historische Bildung in der Migrationsgesellschaft gestaltet sein sollte und ob und wie Gegenwartsbezüge hergestellt werden können – mehrheitlich aus dieser Entwicklung resultieren, ohne auch nur ansatzweise den Anspruch auf Vollständigkeit erheben zu wollen.

Hinlänglich bekannt ist, dass die frühen Jahrzehnte in beiden deutschen Staaten jeweils unter anderen Vorzeichen vom mehrheitlichen Verschweigen und Verdrängen der nationalsozialistischen Verfolgungspolitik geprägt waren. In den westlichen Zonen und der späteren Bundesrepublik gab es angesichts der Reintegration nationalsozialistisch belasteter Täter*innen kaum den Willen, sich mit den Verbrechen auseinanderzusetzen. Mehr noch: Bis in die 1970er Jahre hinein dominierte der Diskurs über das eigene Leid, der das Bild von Deutschen als Opfer von Krieg und Vertreibung in den Vordergrund stellte. Die Verfolgung von und das Verbrechen an Juden und Jüdinnen sowie anderen Gruppen standen im Schatten des Krieges und wurden in den ersten Jahrzehnten nach seinem Ende kaum explizit gemacht.

In der sowjetisch besetzten Zone und späteren DDR wurde zwar ein viel grundsätzlicherer Bruch mit dem NS-Regime vorgenommen, und es kann – mit Ausnahme der am sogenannten Krankenmord Beteiligten – nicht von einer vergleichbaren Reintegration der Täter*innen gesprochen werden. Dennoch diente die Benennung der Verbrechen der Festigung der eigenen Identität als antifaschistischem Staat, der sich mit ideologisch aufgeladenen Worthülsen gegen die ‚imperialistische Bundesrepublik' abgrenzen wollte. Die hier sehr früh gegründeten Gedenkstätten änderten daran nichts Grundsätzliches, da sie – eingebettet in das Erinnerungsnarrativ des Staates – den Fokus vor allem auf die Verfolgung der Antifaschist*innen und deren Widerstand legen sollten. So konnte sich im familiären Umfeld auch in der DDR das Narrativ des deutschen Leids etablieren.[1] Für beide deutschen Staaten kann für diese Zeit konstatiert werden, dass es von Einzelnen abhing – Lehrkräften, Mitarbeitenden in Gedenkstätten oder engagierten Einzelpersonen in Initiativen auf lokaler Ebene – ob und wie sich die Auseinandersetzung mit dem Nationalsozialismus und der Shoah gestaltete.

Ab den 1960er Jahren wurde in der Bundesrepublik der Nationalsozialismus in die schulischen Curricula aufgenommen und es gab strafrechtlich, gesellschaftspolitisch und kulturell immer mehr Ereignisse, die die Auseinandersetzung mit den Verbrechen förderten. Seien dies der Ulmer Einsatzgruppenprozess oder die Welle antisemitischer Schmierereien Ende der 1950er Jahre, der Eichmann-Prozess[2] oder die Auschwitz-Prozesse[3], denen der Kampf Fritz Bauers vorangegangen war, um diese überhaupt durchführen zu können. Auch die sogenannte '68er-Bewegung, Willy Brandts Kniefall in Warschau und der Majdanek-Prozess gehören zu diesen Ereignissen. In der DDR blieb die offizielle Fokussierung auf den antifaschistischen Widerstand bestehen und bis in die 1980er Jahre wurden jüdische Verfolgte eher unter die nationalen Opfergruppen Polen, Russen etc. subsummiert.[4]

Mit der sogenannten Wende wurde schließlich die Institutionalisierung der Erinnerung an die nationalsozialistischen Verbrechen vollzogen. Die Einführung der *Gedenkstättenkonzeption des Bundes*[5] bedeutete sowohl die eindeutige und klar definierte institutionelle Förderung von Gedenkstätten für die Opfer nationalsozialistischer Verfolgung als auch das politische Bekenntnis, Verantwortung für den Erinnerungsdiskurs zu übernehmen. Ungeachtet der Einstellung und der Äußerungen einzelner Vertreter*innen politischer Parteien blieb das allgemeine Bekenntnis zur Notwendigkeit einer Auseinandersetzung mit dem Nationalsozialismus und der Shoah in seiner besonderen Bedeutung unhinterfragt.

1 Vgl. u. a. Lutz Niethammer: *Die volkseigene Erfahrung. Eine Archäologie des Lebens in der Industrieprovinz der DDR. 30 biographische Eröffnungen*. Berlin: Rowohlt 1991.

2 Der Eichmannprozess begann am 11. April 1961.

3 1963 bis 1965 in Frankfurt am Main.

4 Beispiel ist hierfür das offizielle Geschichtsbuch der DDR für Klasse 9 (*Geschichte 9. Lehrbuch für Klasse 9*. Berlin: Volk & Wissen 1985). In jener Klassenstufe war die Behandlung des Nationalsozialismus vorgeschrieben. In dem zweiseitigen Inhaltsverzeichnis finden sich die Begriffe *Jüdin* oder *Jude* gar nicht, im Rahmen des ebd., S. 116–185 umfassenden Kapitel zum Nationalsozialismus und Zweiten Weltkrieg wird der Begriff *Jude* einmal in Zusammenhang mit der Besprechung am 20. Januar 1942 zur „Endlösung der Judenfrage" genannt, und bei der Auflistung der „Ergebnisse des Zweiten Weltkrieges" wird von „Menschen jüdischer Abstammung in Hitlerdeutschland" gesprochen. Ansonsten werden Jüdinnen und Juden selbst neben der Abbildung des Vernichtungslagers Auschwitz-Birkenau nicht genannt.

5 „Unter dem Titel ‚Verantwortung wahrnehmen, Aufarbeitung verstärken, Gedenken vertiefen' hat das Bundeskabinett im Juni 2008 die Fortschreibung der bisher gültigen Gedenkstättenkonzeption aus dem Jahr 1999 beschlossen." (Weiterentwicklung der Gedenkstättenkonzeption. https://www.bundesregierung.de/Content/DE/StatischeSeiten/Breg/BKM/2016-10-25-gedenkstaettenkonzeption.html (Zugriff am 07.07.2018).)

Dies hat sich mit dem Einzug der AfD in den Deutschen Bundestag geändert, da seither im Parlament eine Neuorientierung in der Erinnerungskultur gefordert wird.

Zu jedem Zeitpunkt der Auseinandersetzung mit der nationalsozialistischen Vergangenheit wies der jeweilige Kontext sowohl fördernde als auch hindernde Elemente auf. So verfestigten sich beispielsweise in der langen Zeit des Schweigens bzw. der Fokussierung auf die eigene Opferrolle innerhalb der deutschen Gesellschaft Mythen zur Geschichte und eine fehlende reale Empathie für die Verfolgten. Im Verlauf der Jahrzehnte hat sich bis heute bestätigt, dass die Frage, ob und wie die Vermittlung des NS und der NS-Verfolgungspolitik behandelt wird, maßgeblich von Individuen abhängt. Als die Behandlung des NS noch nicht in Schulcurricula festgeschrieben war, gab es durchaus Lehrkräfte, die schon in den 1950er Jahren mit ihren Schülerinnen und Schülern zum Beispiel das Tagebuch von Anne Frank lasen, und zwar sowohl in der Bundesrepublik als auch in der DDR. Und es gab Lehrkräfte, die im Schulunterricht die NS-Zeit verherrlichten.

Die Generation, die sich insbesondere in der Bundesrepublik seit den 1950er und 1960er Jahren maßgeblich für eine mehr oder weniger selbstkritische Auseinandersetzung mit der Geschichte einsetzte, vermittelte die Verbrechensgeschichte aus nachvollziehbaren Gründen mit dem Wunsch der Abschreckung im Sinne eines ‚Nie wieder'.[6] Bei Besuchen in ehemaligen Konzentrationslagern konnte dies in Ost- und Westdeutschland bedeuten, dass Jugendlichen brutale Fotos ausgemergelter und gequälter Häftlinge, medizinischer Experimente an den Häftlingen oder auch die Würde der Toten missachtende Fotos gezeigt wurden. Vielfach ging es dabei gar nicht darum, ein vertieftes Verständnis für Strukturen und Abläufe im Nationalsozialismus zu schaffen, die zur Verfolgung zahlreicher Opfergruppen und dem systematischen Massenmord an Jüdinnen und Juden oder Sinti und Roma geführt hatten, sondern aufgrund eigener Betroffenheit wollten pädagogische Kräfte oft Aufmerksamkeit für aktuelle Ereignisse und Phänomene wecken. So reicht die Bandbreite der mit der nationalsozialistischen Verfolgungsgeschichte in Beziehung gesetzten Kontexte vom Vietnamkrieg über die Wiederbewaffnung der Bundesrepublik bis hin zu Rechtsextremismus, Neonazismus und – jüngeren Datums – zu aktuellen Phänomenen gruppenbezogener Menschenfeindlichkeit. Ferner kam vielfach die (Über-)Identifikation mit den Opfern hinzu, der Wunsch von ihnen Absolution zu erhalten.[7] Diese Haltung ging häufig einher mit dem Ausblenden der Täter*innengruppen und Tatkomplexe, so dass das Lernen zur Geschichte ebenfalls nur bedingt möglich war. Oft entstand eine Mischung aus Fokussierung auf die Opfer mit einem gleichzeitig unreflektierten ‚Täter*innenblick'. Lange Zeit wurde nicht reflektiert, welchen Ursprung die Fotos und Quellen hatten, die in Ausstellungen präsentiert oder in Schulbüchern abgebildet wurden. So wurde nicht thematisiert, dass es sich überwiegend um Fotos aus der Perspektive von

6 Exemplarisch kann hier der Gründungsdirektor der Gedenk- und Bildungsstätte Haus der Wannsee-Konferenz (GHWK), Gerhard Schoenberner, genannt werden. Als Journalist bemühte er sich früh um die Sichtbarmachung der Verfolgung und Vernichtung der Jüdinnen und Juden; er publizierte etwa den Band *Der Gelbe Stern. Die Judenverfolgung in Europa 1933–1945* (btb 1998). In der Ausstellung der GHWK setzte er bewusst das Leid der Verfolgten *in Szene*, um die Besucher*innen aufzurütteln und betroffen zu machen.

7 Vgl. u. a. Ulrike Jureit/Christian Schneider: *Gefühlte Opfer. Illusionen der Vergangenheitsbewältigung*. Stuttgart: Klett-Cotta 2010.

Täter*innen handelte, mit einer spezifischen Intention gemacht, die das ideologische Bild der Verfolgten zusätzlich verstetigen sollten. Die Quellen wurden rein deskriptiv, scheinbar neutral genutzt.

Seitens der Vermittelnden dauerte es lange, bis sich die Überzeugung durchsetzen konnte, dass eine selbstreflexive und multiperspektivische Vermittlung von Geschichte nicht nur hilfreich, sondern notwendig ist. Ein fehlendes Bewusstsein für die unterschiedlichen Familiengeschichten neben Täter*innen und Verfolgten spiegelte sich in der fehlenden Wahrnehmung der vielfältigen möglichen Positionen beispielsweise in Klassenzimmern. So wurde hier oft eine zwangsläufige Nachkommenschaft der Täter*innengesellschaft unterstellt, so dass ein exklusiver bzw. ausschließender Diskurs entstehen konnte. Wenn also die Ansprache ein „Wir lernen von der Geschichte, weil unsere Väter und Mütter Verbrechen begangen haben" formulierte, waren all jene ausgeschlossen, die eine andere Perspektive als die der Täter*innenschaft einbrachten.

Die Bandbreite der Motive und des didaktischen Vorgehens waren und sind seitens der Vermittelnden ebenso vielfältig wie die Reaktionen, die sie bei den Adressat*innen auslösten. Gerade in den frühen Jahrzehnten nach der Shoah, als in den familiären und gesellschaftlichen Kontexten das Verschweigen eigener Mittäter*innenschaft dominierte und besonders im familiären Umfeld vielfach durch verherrlichende Erzählungen ersetzt wurde, konnten die Folgen gravierend sein. Manche Jugendliche wurden durch die massive Konfrontation so überwältigt, dass sie für sich die Konsequenz zogen, nie wieder etwas mit dieser Geschichte zu tun haben zu wollen.[8]

Im Zuge der zunehmenden öffentlichen Verhandlung der Verbrechen und der größer werdenden zeitlichen Distanz veränderte sich der Grad der Betroffenheit. Es waren nicht mehr die Väter, die man zum Beispiel bei der Beschäftigung mit der Geschichte als mögliche Täter identifizierte – jedoch galt und gilt bis heute, dass Jugendliche bei der ersten Annäherung an die Geschichte und dem Begreifen der Ungeheuerlichkeiten sehr betroffen reagieren können. Vor diesem Hintergrund ist es notwendig, dass die Bedeutung des Beutelsbacher Konsenses weiterhin diskutiert wird.

Mit der Entwicklung, die Jugendliche (und Erwachsene) bei der Beschäftigung mit Nationalsozialismus und Shoah durchlaufen, kann ein stetig wachsendes Verständnis für die Dimension der Verbrechen und die damit verbundene Reaktion und emotionale Notwendigkeit einhergehen, im privaten familiären Raum selbst ein Narrativ des Widerstands schaffen zu müssen.[9]

Die hier skizzierten Motivationen, Aktionen und Reaktionen sind der Rahmen und das Setting für die historische Bildung zu Nationalsozialismus und Shoah. Aufgrund des gesellschaftlichen Diskurses, der fehlenden analytischen Beschäftigung mit der Geschichte und dem starken Fokus auf den aus dieser Geschichte abzuleitenden Lehren konnten sich Phänomene wie beispielsweise die ‚Hitlerisierung' oder auch ein mangelhaftes Verständnisses dafür herausbilden, dass der Mord an den Jüdinnen und Juden eingebettet war in rassistisch begründete

8 Konrad Brendler: Identitätsformen von Jugendlichen im Schatten der Shoah. In: Ottmar Fuchs/Reinhold Boschki/Britta Frede-Wenger (Hrsg.): *Zugänge zur Erinnerung. Bedingungen anamnetischer Erfahrung. Studien zur subjektorientierten Erinnerungsarbeit.* Münster: Lit 2001, S. 31–56.

9 Vgl. u. a. Harald Welzer/Susanne Möller/Karoline Tschuggnall: *Opa war kein Nazi. Nationalsozialismus und Holocaust im Familiengedächtnis.* Frankfurt am Main: Fischer 2002.

geopolitische Pläne des NS-Regimes, die die Verfolgung anderer Gruppen einschlossen. Um also angemessene, zeitgemäße Bildungskonzepte zum Nationalsozialismus und der Shoah entwickeln zu können, ist es wichtig, sich die Defizite zu vergegenwärtigen und sie auszugleichen – trotz der lautstarken Forderungen nach einer veränderten Erinnerungskultur von rechts und angesichts der wachsenden Distanz zur Geschichte. Die immer wieder zu konstatierende Offenheit und das Interesse der Mehrheit der Jugendlichen für die Beschäftigung mit dem Nationalsozialismus und der Shoah sind gute Voraussetzungen. Wichtig ist, ihre Bedürfnisse und Wünsche bei der Beschäftigung ernst zu nehmen, damit diese Offenheit und dieses Interesse ihre Auseinandersetzung voranbringen können.

ZWISCHEN DEN GENERATIONEN[1]

MARINA CHERNIVSKY

Die Kontinuität und die Wirkungsgeschichte des Nationalsozialismus sind nicht nur eine individuelle, sondern auch eine kollektive Angelegenheit. Wie kommt es aber dazu, dass die nicht persönlich erlebten Geschichten und Beteiligungen an die Nachkommen weitergereicht werden? Was genau wird weitergegeben: die Schuld, das Unbehagen, das Trauma? Welche Emotionen, Tabus, Loyalitätskonflikte gehen damit einher und wie können wir den Umgang mit diesen ‚Aufträgen' sinnvoll und konstruktiv gestalten? 1913 bringt Sigmund Freud zum ersten Mal den Begriff *Gefühlserbschaften* mit einer eher indirekten Weitergabe von Erfahrungen und Emotionen in Verbindung.[2] Es geht um eine immaterielle Erbschaft im Sinne der Tradierung von Erzählungen und Bedeutungszusammenhängen. Der Begriff der Gefühlserbschaft kann heute als transgenerative Weitergabe oder Übertragung – auch Transmission – übersetzt werden. Aus Studien und Berichten wissen wir, dass das Trauma der Verfolgung durch die Überlebenden an ihre Kinder und Enkelkinder übertragen wird, ohne dass es den Nachkommen immer möglich ist, diesem ‚Erbe' vollständig zu entrinnen. Das Konzept von Postmemory[3] beschreibt zum Beispiel die Weitergabe der traumatischen Erfahrungen der Shoah-Überlebenden an ihre Nachkommen. Die Erinnerungen der ersten Generation bleiben ‚lebendig' und dringen in die Gegenwart derer ein, die diese Ereignisse aus Erzählungen, Auslassungen oder auch Andeutungen kennen und imaginieren. Durch explizite – bewusste und lehrbare Inhalte –, aber vor allem durch implizite Erzählungen können zeitgeschichtliche Ereignisse in Form von „haunting postmemories"[4], inmitten der Nachfolgegeneration durch Imagination, Projektion und nachempfindende Konstruktion übernommen werden. Durch die Identifikation und Angehörigkeit

1 Dieser Beitrag orientiert sich am 2017 erschienen Artikel: Marina Chernivsky: Zu Wirkungsgeschichte des Nationalsozialismus. Gefühlserbschaften zwischen Generationen in einem autobiografischen Interventionsprojekt. In: *Zeitschrift für Wissenschaft und Praxis* 2 (2017), S. 103–114.

2 Vgl. Sigmund Freud: *Totem und Tabu. Einige Übereinstimmungen im Seelenleben der Wilden und der Neurotiker.* Berlin: Fischer 1991.

3 Der Begriff geht auf die Kulturwissenschaftlerin Marianne Hirsch zurück und dient der Beschreibung der Übernahme traumatischer Inhalte durch die Kinder von Shoah-Überlebenden. Hirsch entwickelt das Konzept anhand eigener Erfahrungen sowie unter Auswertung literarischer und künstlerischer Darstellungen des Phänomens der „fremden Erinnerung". Sie beobachtet eine derart intensive Weitergabe dieser Erlebensinhalte, dass Kinder und Kindeskinder sie als eigene Erinnerungen wahrnehmen. Vgl. Marianne Hirsch: *The Generation of Postmemory. Writing and Visual Culture after the Holocaust.* New York: Columbia UP 2012.

4 Häufig *heimsuchend, herumgeisternd, intrusiv.* Vgl. ebd.

zum jüdischen Kollektiv beziehen die Nachkommen der Überlebenden die Verfolgungsgeschichte ihrer Eltern und Großeltern auf sich und durchleben ihre Verfolgung stellvertretend, ohne nur ansatzweise dabei gewesen zu sein. Auch die Täterschaft – die Beteiligungen an oder Duldungen von nationalsozialistischen Verbrechen – wird auf die unbeteiligten Kinder unerbeten weitergegeben. Dabei geht es weniger um eine bewusste Übertragung von positiv besetzten Errungenschaften, sondern eher um die Transmission von Erlebnisdimensionen, welche durch die beteiligte Generation verdrängt, verleugnet oder so encodiert werden, dass sie für die Nachkommen nicht auf Anhieb erkennbar sind. In einem solchen Projektions- und Gedächtnisraum werden die impliziten ‚Aufträge' weitergereicht. Die verbal wie auch non-verbal weitergereichten Aufträge sind das Ergebnis der Übertragung von Erinnerungen, Geschichten, aber auch Traumatisierungen. Ist das Gedächtnis belastet oder beschwiegen, kann es durch die Nachkommen auch Jahre später als irritierend oder gar traumatisch erlebt werden.[5]

Nach 1945 verweigerte die Tätergeneration die Anerkennung der Schuld und gab ihren Nachkommen vielfach ihre abgewehrten Schuldgefühle weiter.[6] Die Nachkommen der verstrickten Elterngeneration erfuhren nicht viel über die aktive oder passive Beteiligung ihrer Eltern an den Verbrechen oder der Duldung derselben:[7]

> *Somit war das Ver-Schweigen der Eltern über ihr eigenes Mitwissen und Mittun oder Unterlassen ein beredtes Schweigen, in welchem sie nicht stumm blieben, sondern Rechtfertigungen, Entschuldigungen und Lügen erfanden.*[8]

Der Krieg ohne die Verfolgung und Vernichtung der Jüdinnen und Juden sowie Sinti*ze und Rom*nja wurde zur Chiffre der NS-Vergangenheit und das eigene Leid zu der kollektiven ‚Deckerinnerung' ganzer Generationen.[9] Es entstanden Löcher im Familiengedächtnis – tabuisierte Anteile der eigenen Lebens- und Familiengeschichte, Leerstellen oder auch Konfliktfelder – die jahrelang unantastbar blieben.[10] Auf diese Weise wurden Kinder der verstrickten Generation zu unbewussten und ungewollten Erben der elterlichen Vergangenheit.[11] Um dieser Übertragung zu entgehen, wählten manche von ihnen die Strategie des Beschweigens, nahmen aber die von den Eltern abgewehrten Gefühle an.[12]

5 Vgl. Angela Moré: Psychoanalyse und kritische Sozialpsychologie aus feministischer Perspektive. Margarete Mitscherlichs Denken und Wirken. In: *Gruppenanalyse* 24,2 (2014), S. 129–151.

6 Siehe z. B. Alexander Mitscherlich / Margarethe Mitscherlich: *Die Unfähigkeit zu trauern. Grundlagen kollektiven Verhaltens*. München: Piper 1967.

7 Vgl. Angela Moré: Die unbewusste Weitergabe von Traumata und Schuldverstrickungen an nachfolgende Generationen. In: *Journal für Psychologie* 21,2 (2013), Art. 2. https://www.journal-fuer-psychologie.de/index.php/jfp/article/view/268/310 (Zugriff am 21.06.2018). Es handelt sich hierbei um die überarbeitete, aktualisierte und erweiterte Fassung des folgenden Artikels: Angela Moré: „Bis ins dritte und vierte Glied" – Erklärungen und Mechanismen der transgenerationalen Übertragung. In: *Gruppenanalyse* 17,1 (2007), S. 29–50.

8 Ebd.

9 Vgl. Birgit Rommelspacher: *Schuldlos – Schuldig? Wie sich junge Frauen mit dem Antisemitismus auseinandersetzen*. Hamburg: Konkret 1995.

10 Uta Ottmüller: Schwarze Löcher: Unbewusste Erbschaften des Nationalsozialismus. In: *Lernen aus der Geschichte*, 01.07.2015. http://lernen-aus-der-geschichte.de/Lernen-und-Lehren/content/12460 (Zugriff am 19.06.2018).

11 Vgl. Angela Moré: Die unbewusste Weitergabe von Traumata und Schuldverstrickungen an nachfolgende Generationen.

12 Siehe hierzu die Gesprächsprotokolle in Gesa Koch-Wagner: *Gefühlserbschaften aus Kriegs- und Nazizeit. Mutter-Tochter-Beziehungen unter dem Einfluss von Kriegstraumen und nationalsozialistischen Ideologiefragmenten (Berichte aus der Sozialwissenschaft)*. Herzogenrath: Shaker 2001; Dan Bar-On: *Die Last des Schweigens. Gespräche mit Kindern von Nazi-Tätern*. Frankfurt am Main: Campus 1993; Angela Moré: Im Schatten der Schuld. Psychische

Dieses offene Schweigen löste diffuse Schuldkonstruktionen, Loyalitätskonflikte, Selbstentfremdungen und gar Täter- und Opferumkehrungen aus, die mit zeitlicher Distanz zum Nationalsozialismus und dem Verbrechen der Shoah nicht zwingend abnahmen.

Dieses Phänomen der transgenerativen Weitergabe ist durch die psychoanalytisch fundierten Studien und therapeutischen Analysen gut belegt und inzwischen Gegenstand der sozialwissenschaftlichen Forschung. In der Antisemitismusforschung und politischen Bildungsarbeit spielen diese Aspekte jedoch immer noch eine untergeordnete Rolle. Wenn wir auf die Geschichte von Bildungsangeboten schauen, finden wir mehr Angebote, die über NS und Antisemitismus aufklären, als solche, die auf die jeweiligen eigenen Beziehungsgeflechte zu diesem Thema fokussieren.[13] Die Vermittlung einer versachlichten und entpersonalisierten Vergangenheit, die auf diese Weise nicht integrierbar ist in die eigene Erzählung und Biografie, ist eine Form einer solchen Externalisierung. Dadurch wurden die antisemitischen Tendenzen in der gesellschaftlichen Mitte genauso nivelliert und verdrängt wie die Perspektiven und Erfahrungen der jüdischen Bevölkerung. In der schulischen wie auch außerschulischen politischen Bildung haben sich Ansätze durchgesetzt, die vorrangig darauf zielen, Aufklärung durch Begegnung und inhaltliche Dekonstruktion von Vorurteilen zu vollziehen. Aber:

> *Das antisemitische Ressentiment ist kein bloßes soziales Vorurteil, das als Folge einer defekten Informationsverarbeitung begriffen, mit kognitionspsychologischen Ansätzen der Einstellungsforschung erklärt und durch rationale Aufklärung oder lerntheoretisch orientierte Erziehungs- und Trainingsprogramme überwunden werden kann.*[14]

Eine auf Vorurteile fixierte Analyse des Antisemitismus impliziert die Vorstellung, dass es möglich ist, Vorurteile durch kognitive Informationen zu korrigieren, und nimmt das ‚Objekt' der Urteile als gegeben an.[15] Auch der Gedanke, dass der Antisemitismus eine irrationale Projektion darstellt und nicht auf Eigenschaften oder das Verhalten von Jüdinnen und Juden reagiert, bleibt bei einer solchen Analyse nebensächlich, wobei genau dieser Facette des Antisemitismus eine zentrale Rolle zukommt.[16]

Belastungen bei den Nachkommen von Tätern und Täterinnen. In: *DPG-Herbstakademien*, 2016. https://dpg-psa.de/files/DPG-ContentDownloads/Menue%20Veranstaltungen/Herbstakademien/5_More%20Im%20Schatten%20der%20Schuld.pdf (Zugriff am 20.06.2018).

13 Vgl. Barbara Schäuble: Vom Sprechen und Schweigen über Antisemitismus. Fragen, Herausforderungen, Handlungsoptionen. Beitrag während einer Podiumsdiskussion. In: Kompetenzzentrum für Prävention und Empowerment (ZWST) (Hrsg.): *Vom Sprechen und Schweigen über Antisemitismus*. Frankfurt am Main: Zentralwohlfahrtsstelle der Juden in Deutschland e. V. 2017, S. 13–19.

14 Rolf Pohl: Der antisemitische Wahn. Aktuelle Ansätze zur Psychoanalyse einer sozialen Pathologie. In: Wolfram Stender / Guido Follert / Mihri Özdogan (Hrsg.): *Konstellationen des Antisemitismus. Antisemitismusforschung und sozialpädagogische Praxis.* Wiesbaden: Springer VS 2010, S. 41–68.

15 Vgl. Annita Kalpaka zit. n. Astrid Messerschmidt: (Un)Sagbares – Über die Thematisierbarkeit von Rassismus und Antisemitismus im Kontext postkolonialer und postnationalsozialistischer Verhältnisse. In: Marina Chernivsky / Christiane Friedrich / Jana Scheuring (Hrsg.): *Praxiswelten. Zwischenräume der Veränderung. Neue Wege zur Kompetenzerweiterung*. Frankfurt am Main: Zentralwohlfahrtsstelle der Juden in Deutschland e. V. 2014, S. 55–74.

16 Vgl. Deutscher Bundestag: Bericht des Unabhängigen Expertenkreis Antisemitismus, Drucksache 18/11970. In: *Deutscher Bundestag – Dokumente*, 07.04.2017. http://dip21.bundestag.de/dip21/btd/18/119/1811970.pdf (Zugriff am 20.06.2018). Vgl. Marina Chernivsky: Biografische Perspektiven auf Antisemitismus. In: Meron Mendel / Astrid Messerschmidt (Hrsg.): *Fragiler Konsens.*

Die vorherrschende Dominanz kognitivistischer Ansätze führte außerdem dazu, dass Affekte und Reaktionen – wie Schuld, Scham oder Verdrängung – nahezu komplett aus dem Blick geraten sind.

Die historischen und familialen Verstrickungen wurden bisher weder in der Vermittlung der Shoah noch in der Bildung gegen Antisemitismus eingehend berücksichtigt. Ergebnisse sind das fortschreitende Beschweigen oder auch verkrampfte Versuche der Pädagogik, das Unsagbare, das zwischen den Generationen liegt, rational und faktenfokussiert zu erklären. Bezogen auf die Vermittlungsformen der Shoah und des NS beschrieb eine Studentin in einem Seminar zu Antisemitismus ihre Wahrnehmung: „Ein Zeitstrahl der Verfolgung auswendig, aber kein Gefühl, alles taub, unlogisch, unbegreiflich."[17] Der ‚Auftrag', den Nationalsozialismus im Denken der Einzelnen und der gesamten Gesellschaft zu überwinden, kann auch dazu führen, einen radikalen Bruch mit all den Themen anzustreben, die belastet sind, als Abwehr der eigenen Gefühlsambivalenz, bezogen auf die vermuteten oder verleugneten Mittäterschaften in den eigenen Familien. Eine Teilnehmerin im Seminar zum Antisemitismus in der Schule berichtet:

> *Ich stehe dem Thema echt ambivalent gegenüber, ich weiß einfach nicht, was ich davon halten soll. Juden als Opfer, klar geht auf. Aber Juden heute, mit all dem was sie in Israel machen, verstehe ich nicht ganz. Ich habe da ganz komische Gefühle zu. Laufe auf Demos mit, die sich gegen Israel richten. Finde das richtig so.*[18]

Diese Gefühlsambivalenz, sofern nicht erkannt und gedeutet, kann Antisemitismus Vorschub leisten und antisemitische Gefühle noch verschärfen. Das Resultat ist häufig die Abwehr der Vergangenheit, die sich in Aggression zum Ausdruck bringt gegenüber allem, was mit Juden und Jüdischem im Zusammenhang steht:

> *Es reicht von Juden und ihrem Leiden zu sprechen. Sie (die Juden) sehen überall Antisemitismus, damit manipulieren sie unsere Geschichte.*

Die Aneignung antisemitischer Ressentiments steht also in engem Zusammenhang mit transgenerativen Vermittlungsprozessen. Die heutigen Nachkommen der damaligen Tätergesellschaft kommen zwangsläufig in direkte Berührung mit Antisemitismus über das Erfahrungswissen der Generationen in Form verbaler Ausdrucksweisen, non-verbaler Kommunikation und familiär erteilten Aufträge.[19] Karl Mannheim unterscheidet zwischen den früh und meist unbewusst übernommenen Orientierungen und jenen, die von der jüngeren Generation in einer bewussten Auseinandersetzung ausgehandelt werden können.[20] Entsprechend verstehen die Nachkommen oft nicht, von welchen Motiven sie getrieben werden, wessen Affekte und Teilgedanken sie reproduzieren und woher das diffuse Unbehagen kommt.[21] Antisemitische Ressentiments liegen buchstäblich zwischen den Generationen und

---

Antisemitismuskritische Bildung in der Migrationsgesellschaft. Frankfurt am Main: Campus 2017, S. 270–281.

17 Die hier und folgend nicht belegten Zitate stammen aus Seminaren des Kompetenzzentrums für Prävention und Empowerment (ZWST) zum Thema Antisemitismus.

18 Wenn nicht anders angegeben, handelt es sich hier und im Folgenden um anonymisierte Aussagen einzelner Teilnehmer*innen von Seminaren des Kompetenzzentrums für Prävention und Empowerment (ZWST.)

19 Vgl. Chernivsky: Biografische Perspektiven auf Antisemitismus.

20 Vgl. Joachim Matthes: Karl Mannheims „Das Problem der Generationen" neu gelesen. Generationen-„Gruppen" oder „gesellschaftliche Regelung von Zeitlichkeit"? In: *Zeitschrift für Soziologie* 14,5 (1985), S. 363–372.

21 Vgl. Moré: Im Schatten der Schuld.

sind als Gefühlserbschaft Teil des historischen und politischen Gepäcks der Nachkommen. Das antisemitische Ressentiment entwickelt gerade wegen seiner öffentlichen Ächtung eine ungeheure Kraft. Antisemitismus erscheint als historisch überwunden, als Bestandteil der Geschichte, als etwas, mit dem die deutsche Gesellschaft heute nichts mehr zu tun hätte – gleichzeitig findet diese transgenerationelle Übertragung immer statt.

Wir selbst sehen uns grundsätzlich nicht verstrickt und dezidiert anti-antisemitisch. Vor dem Hintergrund der transgenerativen Weitergabe sind wir aber niemals gänzlich frei von antisemitischen Ressentiments und tragen zu ihrem Fortbestehen – wenn auch äußerst ungewollt – erheblich bei.[22] Diese ‚doppelte Verankerung' – einerseits der Wunsch nach Nähe und Empathie und andererseits der Bedarf nach Abwehr und Distanz – begleitet die Auseinandersetzung mit NS-Geschichte und Antisemitismus. Das Bedürfnis nach historischem Rollentausch und dadurch auch nach Entlastung bildet weiterhin den Kern des sekundären Antisemitismus, der sich als Querschnittsmotiv auch in anderen Antisemitismusformen – insbesondere im israelbezogenen Antisemitismus – widerfindet:

> *Das Bedürfnis nach einer konsistenten und vor allem unbeschadeten Identität erzeugt offenbar immer noch den Wunsch, die aktuelle Relevanz und Wirkung des Antisemitismus zu verdrängen und sich der damit verbundenen Gefühlen zu entledigen.*[23]

Dabei wird Juden und Jüdinnen zum einen die Mitschuld an ihrer eigenen Verfolgung angelastet, zum anderem wird ihnen im Kontext des Nahostkonflikts ein kollektiver Täterstatus zugeschrieben: Die Täter- und Opferpositionen werden ausgetauscht, so dass die Diskriminierung der Opfer legitim erscheint und die historische Verstrickung abgewehrt werden kann.[24] Dahinter stehen häufig der nicht bewusste Wunsch nach einer positiven Identifikation und das Bedürfnis nach einer konsistenten Verbindung mit vorhergehenden Generationen.

Die daraus resultierende Abwehr des Antisemitismus steht in einer Tradition einer dezidierten Einfühlungsverweigerung gegenüber jüdischen Opfern: „Die Abspaltung der eigenen Gefühle geht Hand in Hand mit der Abwehr der Gefühle der anderen".[25] Damit das jüdische Kollektiv als Verkörperung der unliebsamen Erinnerung imaginiert werden kann, werden nicht nur ‚jüdische' Themen, sondern auch Jüdinnen und Juden als Subjekte de-realisiert bzw. aus dem eigenen Kollektiv exkludiert. Es ist zum Beispiel nahezu Tradition, dass jüdische Schüler*innen in deutschen Klassenräumen nicht vermutet werden und dass die politische und pädagogische Intervention überwiegend von nicht-jüdischen Expert*innen ausgeht. So entsteht eine bedenkliche Machtasymmetrie. Das Feld wird nicht von Jüdinnen und Juden bestimmt. Es wird weithin *über* Jüdinnen und Juden und nicht *mit* ihnen gesprochen.[26]

22 Vgl. Marina Chernivsky: Thematische Einführung in das Diskussionsforum. In: *Lernen aus der Geschichte*, 01.07.2015. http://lernen-aus-der-geschichte.de/Lernen-und-Lehren/content/12460 (Zugriff am 19.06.2018).

23 Vgl. Chernivsky: Biografische Perspektiven auf Antisemitismus, S. 274 (Herv. i. Orig.).

24 Vgl. Marina Chernivsky/Romina Wiegemann: Antisemitismus als individuelle Erfahrung und soziales Phänomen. Zwischen Bildung, Beratung und Empowerment. In: *MEDAON. Magazin für jüdisches Leben in Forschung und Bildung* 11,21 (2017). http://www.medaon.de/de/artikel/antisemitismus-als-individuelle-erfahrung-und-soziales-phaenomen-zwischen-bildung-beratung-und-empowerment/ (Zugriff am 21.06.2018).

25 Rommelspacher: *Schuldlos – Schuldig?*, S. 55.

26 Vgl. Chernivsky/Wiegemann: Antisemitismus als individuelle Erfahrung und soziales Phänomen.

Für die Bildungsarbeit zu NS und Antisemitismus sind deshalb besonders seine irrationalen Aspekte – die Aversion, das Unbehagen, die Projektion – wichtig. Sollte es darum gehen, den gegenwärtigen (transgenerativen) Antisemitismus tiefergehend zu erfassen, sind die Fragen der Weitergabe von zentraler Bedeutung. Es ist in jeder Hinsicht relevant und wichtig zu verstehen, in welcher Beziehung wir zu Geschichte stehen und welche Vorstellungen wir von der Geschichte haben. Vor diesem Hintergrund ist es durchaus empfehlenswert, in der Bildungsarbeit zu NS und Antisemitismus selbstreflexive sowie lebensgeschichtliche Zugänge (weiter) zu entwickeln und diese in die schulische wie auch außerschulische Bildungs- und Erinnerungsarbeit zu überführen. Die Pädagogik zu Antisemitismus soll daher nicht ‚nur' Wissen *über* Antisemitismus vermitteln, sondern Reflexionsräume schaffen und auf die Möglichkeit des Dechiffrierens antisemitischer Gedanken und Gefühle hinarbeiten; sie soll Emotionen, die zum Teil körperlich ausgetragen werden, einbeziehen:

> *Ich reagiere manchmal ganz seltsam auf diese Dinge, mir wird körperlich schlecht, unbehaglich. Ganz ehrlich, ich wollte mal mehr darüber wissen, aber eigentlich will ich das gar nicht mehr haben.*

Auf solche Reaktionen müsste die Bildungsarbeit reagieren und darauf abzielen, transgenerative Weitergaben zu erkennen und durchzuarbeiten.

Es ist möglich und sinnvoll, solche Verbindungen zu entdramatisieren und neuzuordnen, aber es geht nicht ohne die Reflexion und innere Arbeit am eigenen Verhältnis zu Geschichte und Gegenwart. Dringlich ist jedoch eine Bildungsarbeit, die sich von reflexartigen oder auch moralisierenden Identifizierungen befreit und kritische Positionen – auch hinsichtlich der eigenen Biografie und Familiengeschichte, Weitergabe von Ressentiments, Abwehrreaktionen – anregt.[27] Es sollen Räume geschaffen werden, die es ermöglichen, die je eigenen Beziehungen zum Antisemitismus kritisch zu befragen. Wichtig ist es dabei, darauf zu achten, dass jede Beschäftigung mit Antisemitismus auch die Beschäftigung mit dem eigenem Verhältnis zu Jüdinnen und Juden nach sich zieht. Die Fragen nach der Nähe und Distanz, nach dem Einschluss und Ausschluss von jüdischen Erfahrungen und Perspektiven sind eng damit verschränkt und werfen weitere Fragen auf nach der eigenen Positionierung in diesem Machtgefüge und der Reflexion über eine mögliche Dominanz: Was sehe ich (nicht)? Was begreife ich (nicht)? Was bringe ich (nicht) mit, wenn ich zu der Frage, ob und wann etwas antisemitisch ist, arbeite bzw. mich damit auseinandersetze? Abschließend sollte auch auf zwei weitere Aspekte verwiesen werden, welche die pädagogische Arbeit gegen Antisemitismus neu bestimmen: das Generationenverhältnis und die Wirklichkeit der Migrationsgesellschaft. Hierfür bedarf es Zugänge, die auf die Heterogenität der Beteiligten mit ihren vielfältigen Generationsbeziehungen, Gedächtnissen und Hintergründen ausgerichtet sind und antisemitismuskritische Perspektiven behutsam einführen.[28]

---

27 Vgl. Marina Chernivsky / Jana Scheuring (Hrsg.): *Gefühlserbschaften im Umbruch. Perspektiven, Kontroversen, Gegenwartsfragen*. Frankfurt am Main: Zentralwohlfahrtsstelle der Juden in Deutschland e. V. 2016.

28 Vgl. Chernivsky: Biografische Perspektiven auf Antisemitismus.

(UN)GELIEBTE ERBSCHAFTEN

Gedenken im Kontext transgenerationaler Verstrickung

TOM DAVID UHLIG

Der August 2017 meinte es gut mit der Stadt Freiburg, als zur Eröffnung der neuen Gedenkstätte zur Erinnerung an die 1938 während der Reichspogromnacht niedergebrannten ‚alten Synagoge' strahlender Sonnenschein die Feierlichkeiten begleitete. Ausgelassen tummelten sich Schaulustige um den ‚Wassertisch', eine Art Planschbecken, das in den Maßen der Synagoge auf einem öffentlichen Platz für knappe 10 Millionen Euro angelegt worden war. Es dauerte nicht lange und die ersten nutzten das Becken für eine Abkühlung, ließen ihre Hunde darin toben und stellten in den Abendstunden ihr Bier kalt. „Dieser neue Platz wird leben"[1], verkündete der Oberbürgermeister der Stadt und charakterisierte die Stimmung damit treffend. Der vermeintliche Erfolg der ‚Gedenkstätte' wird jedoch irritiert vom Einspruch der Jüdischen Gemeinde Freiburgs:[2] Die Umrisse würden nicht denen der alten Synagoge entsprechen, sondern diese verkleinern. Zudem waren während den Bauarbeiten Bestandteile der historischen Synagogenmauern zutage getreten und gegen den Wunsch der Gemeinde entsorgt worden. Eine bronzene Gedenktafel wurde liegend unter Wasser angebracht, so dass sie selbst bei unbewegter Oberfläche kaum les- oder auffindbar ist. Gelingt es dennoch den Text zu entziffern, so wird hier weder auf die zerstörte Synagoge noch auf die Shoah angesprochen, geschweige denn das Kollektiv der Täter und Täterinnen aus der Stadt Freiburg und ihre Opfer benannt, sondern lediglich die „Herrschaft von Gewalt und Unrecht" beklagt. Damit ist die Erinnerung entkonkretisiert:[3]

1 Vgl. Joachim Röderer: Freiburgs neue Mitte: Der Platz der Alten Synagoge ist freigegeben. In: *Badische Zeitung Online*, 02.08.2017. http://www.badische-zeitung.de/freiburg/freiburgs-neue-mitte-der-platz-der-alten-synagoge-ist-freigegeben--140155800.html (11.06.2018).

2 Vgl. Philip Kuhn: Bierflaschen kühlen, wo die Synagoge brannte. In: *Die Welt Online*, 10.08.2017. https://www.welt.de/politik/deutschland/article167568694/Bierflaschen-kuehlen-wo-die-Synagoge-brannte.html (11.06.2018).

3 Vgl. Marc Schwietring: Konkretionen des Erinnerns. Der Wandel des Gedenkens an historischen Stätten der NS-Verbrechen. In: Ders. / Michael Klundt / Samuel

Die Rede ist nicht von realen geschichtlichen Personen, sondern von abstrakt bleibender Herrschaft, welche scheinbar ohne Akteur*innen Gewalt und Unrecht ausgeübt hätte. Wer diese erlitt, bleibt ebenfalls unbenannt, so dass es den Leser*innen freisteht, auch Angehörige der Täter*innengesellschaft zu den Opfern zu zählen. Ähnlich dem Berliner Stelenfeld sollte hier offenkundig ein Ort geschaffen werden, „an den man gerne geht" (Gerhard Schröder), an welchem Freizeit sich verbringen lässt, ohne allzu aufdringlich an die deutschen Verbrechen erinnert zu werden.[4] Das Paradigma der Beiläufigkeit, welches darum bemüht ist, Gedenken in den städtischen Alltag zu integrieren, schießt offenkundig regelmäßig über das Ziel hinaus, wenn daraus Indifferenz und Kälte wird. Spaß im Planschbecken soll die Deutschen mit ihrer Geschichte versöhnen: Die Shoah wird nicht geleugnet, sondern durch Entkonkretion und Trivialisierung in ein positives Selbstbild integriert. Derlei Pietätlosigkeit ist also kein Problem des rechten, geschichtsrevisionistischen Rands, wie das Getöse um den Thüringer AfD-Vorsitzenden Björn Höcke jüngst glauben machen konnte,[5] sondern ein alltägliches, tief in der Mehrheitsgesellschaft verankertes Phänomen deutscher ‚Erinnerungskultur', die ohne die Stimmen von Betroffenen auskommen will und schlimmstenfalls – wie in Freiburg – die Machtasymmetrie nutzt, um ihr Programm auch gegen die expliziten Forderungen von Jüdinnen und Juden durchzusetzen.[6]

Um den Umgang der Deutschen mit der Geschichte ihrer Verbrechen zu verstehen, ist es unabdingbar, die transgenerationalen Gefühlserbschaften, die tradierten Ressentiments und Affektangebote, nachzuvollziehen. Es gilt, was Theodor W. Adorno bereits früh im Angesicht der Schuldabwehr konstatierte: „Die Idiotie alles dessen ist wirklich Zeichen eines psychisch Nichtbewältigten, einer Wunde, obwohl der Gedanken an Wunden eher den Opfern gelten sollte."[7] Insbesondere auf den letzten Teil sollte auch heute insistiert werden: Das beständige Scheitern sogenannter Erinnerungspolitik erzeugt – auch nach der Wende von der Leugnung zur selbstsicheren Anerkennung – in den Worten Ralph Giordanos eine zweite Schuld.[8] Während allerorts Mahnmale von Deutschen für Deutsche eröffnet werden, harren überlebenden Jüdinnen und Juden immer noch der Zahlungen für Verschleppung, Zwangsarbeit und den Mord an Familienangehörigen.[9] Dennoch möchte

Salzborn / Gerd Wiegel (Hrsg.): *Erinnern, verdrängen, vergessen. Geschichtspolitische Wege ins 21. Jahrhundert.* Gießen: NBKK 2003, S. 137–174.

4 Vgl. Zur Chronik der Ereignisse rund um das Berliner Denkmal für die ermordeten Juden Europas Claus Leggewie / Erik Meyer: *„Ein Ort, an den man gerne geht". Das Holocaust-Mahnmal und die deutsche Geschichtspolitik nach 1989.* München: Hanser 2005.

5 Jan Lohl: „Ein total besiegtes Volk". Tiefenhermeneutische Überlegungen zum Komplex „Geschichte, völkischer Nationalismus und Antisemitismus" im Rechtspopulismus. In: Meron Mendel / Astrid Messerschmidt (Hrsg.): *Fragiler Konsens. Antisemitismuskritische Bildung in der Migrationsgesellschaft.* Frankfurt / New York: Campus 2017, S. 281–303.

6 Im Falle des Denkmals für die ermordeten Juden Europas in Berlin etwa konnte eine der maßgeblichen Initiator*innen des Stelenfelds, Lea Rosh, nur im letzten Moment von der Jüdischen Gemeinde davon abgehalten werden, einen Backenzahn, den sie in der KZ-Gedenkstätte Belzec gefunden hatte, in eine der Stelen einzulassen und damit den Ort für gläubige Jüdinnen und Juden unbegehbar zu machen.

7 Theodor W. Adorno: Was bedeutet: Aufarbeitung der Vergangenheit. In: Ders.: *Gesammelte Schriften*, Bd. 10.2. Frankfurt am Main: Suhrkamp 1959, S. 555–572, hier S. 557.

8 Vgl. Ralph Giordano: *Die Zweite Schuld. Von der Last Deutscher zu sein.* Köln: Kiepenheuer & Witsch, 2000

9 Auch muss die Ernsthaftigkeit des Gedenkens an eine niedergebrannte Synagoge in Frage gestellt werden, wenn aktuelle Brandanschläge auf Synagogen gerichtlich als „Israelkritik" legitimiert werden. Vgl. Yitzchok Adlerstein: Wie kann ein Anschlag auf eine

ich im Folgenden das Nichtbewältigte der Nachkommen der Tätergesellschaft in den Blick nehmen, denn ohne dieses ins Bewusstsein zu heben, ist zu befürchten, dass die abgewehrte Schuld umschlägt in sekundären Antisemitismus, den Antisemitismus nicht trotz, sondern wegen Auschwitz.

KRYPTA Die Distanzierungsgesten der Deutschen vom Nationalsozialismus setzten unmittelbar danach ein, also noch vor den Bemühungen zur Reeducation durch die Alliierten.[10] Daraus lässt sich schließen, dass zumindest ein kognitives Schuld*verständnis* vorherrschte, eine begründete Ahnung, sich außerhalb eines zivilisatorischen Konsens gestellt zu haben. Dieses Wissen um die eigene Schuldhaftigkeit war allerdings selten mit einem Schuld*gefühl* verbunden. So zeichnete etwa das sogenannte Gruppenexperiment des Instituts für Sozialforschung Anfang der 1950er Jahre – zur Zeit einer bundesweiten Welle antisemitischer Graffitis und Friedhofsschändungen – ein erschreckendes Bild der Gefühlskälte gegenüber den Opfern der Shoah. Die Diskussionsteilnehmer*innen zeigten eine deutliche Tendenz zur Täter-Opfer-Umkehr:[11] Das projektive Lamento, angeblich von den Juden selbst verfolgt zu werden, wurde zur Legitimierung und Deckerinnerung, welche die eigens verübte Verfolgung verschleierte. Dem Bedürfnis, sich selbst zu exkulpieren in der Stilisierung als Opfer der Amerikaner, der Roten Armee, der eigenen Regierung, des Führers und der Juden korrespondierte eine Anteilnahmslosigkeit gegenüber den realen Verbrechen. Es ist diese apathische Stimmung, welche Margarete und Alexander Mitscherlich mit der *Unfähigkeit zu trauern*[12] zu erklären versuchten. In ihrer vielrezipierten psychoanalytisch-sozialpsychologischen Studie stellen die Autor*innen die These auf, dass die Identifizierung mit den Opfern und die subjektiven Schuldgefühle ausblieben, da der Verlust der Größenphantasien nicht betrauert wurde. Das Versprechen der ‚Volksgemeinschaft', im Kollektiv seine Wünsche ausleben zu können, wurde enttäuscht. Dieser psychische Verlust wurde, so die These der Mitscherlichs, nicht betrauert, also nicht verarbeitet, sondern verdrängt mittels dreier psychischer Mechanismen: Die Vergangenheit wurde derealisiert, durch den manischen Wiederaufbau ungeschehen gemacht und nachträglich negiert durch eine Identifikation mit den alliierten Siegern, welchen man nun im Kampf gegen den Kommunismus beizustehen gedachte.

Trauerarbeit nach Sigmund Freud bedeutet eine progressive Ablösung der Libido vom Objekt. Fällt dieser Prozess aus, steht zu befürchten, dass das Objekt in der melancholischen Identifizierung erhalten bleibt. Nach Freud gründet der Unterschied zwischen Trauer und Melancholie in der Beschaffenheit der Bindung ans Objekt, die im Fall der Melancholie durch zweierlei verkompliziert wird. Zum einen ist die Objektbeziehung ambivalent geprägt, d. h. dass sich widerstreitende Impulse an dem Objekt festmachen: Es wird einerseits

Synagoge nicht judenfeindlich sein? In: *Der Tagesspiegel*, 27.03.2017. http://www.tagesspiegel.de/politik/antisemitismus-in-deutschland-wie-kann-ein-anschlag-auf-eine-synagoge-nicht-judenfeindlich-sein/19572812.html (Zugriff am 25.08.2017).

10 Vgl. Saul K. Padover: *Lügendetektor. Vernehmungen im besiegten Deutschland 1944/45* [1946]. Berlin: Die Andere Bibliothek 2016.

11 Vgl. Jan Lohl: „Deutsche fordern: Juden raus!" Antisemitismus im Alltagsdiskurs der 1950er Jahre. In: Charlotte Busch / Martin Gehrlein / Tom Uhlig (Hrsg.): *Schiefheilungen. Zeitgenössische Betrachtungen über Antisemitismus*. Wiesbaden: VS 2016, S. 131–153.

12 Alexander Mitscherlich / Margarete Mitscherlich: *Die Unfähigkeit zu trauern. Grundlagen kollektiven Verhaltens* [1967]. München: Piper 2007.

geliebt und andererseits gehasst. Zum anderen wird das Objekt hier nicht um seiner selbst willen geliebt, sondern weil es die Selbstliebe des Ichs nährt. Eben diese narzisstische Funktion lässt den Objektverlust zu einem Ichverlust werden: „Bei der Trauer ist die Welt arm und leer geworden, bei der Melancholie ist es das Ich selbst".[13] Um das Ich zu schützen vor der narzisstischen Kränkung, welche der Verlust des Objekts bedeutet, bewahrt sich das Ich das Objekt, indem es sich narzisstisch mit ihm identifiziert, es sich gewissermaßen einverleibt, introjiziert. Allerdings nimmt das Ich damit auch die Ambivalenz der Objektbindung in sich auf und beginnt die Anklagen und Vorwürfe an das Objekt nun gegen sich selbst zu richten.

An dieser Stelle wird deutlich, dass der von Freud beschrittene Weg zu einer Psychopathologie der Melancholie verlassen werden muss, denn die Selbstanklagen blieben in Deutschland nach 1945 aus, obgleich sie real gerechtfertigt gewesen wären. Der Sozialpsychologe Markus Brunner[14] merkt an, dass das Objekt der Volksgemeinschaft weniger introjiziert, d. h. mit seinen negativen wie attraktiven Aspekten ins Ich aufgenommen, sondern vielmehr *inkorporiert* wurde. Im Anschluss an Maria Torok und Nicolas Abraham charakterisiert Brunner den Umgang mit dem Objekt der Volksgemeinschaft als eine Art Einschluss in eine innere Krypta:

> *Der noch nicht assimilierte Anteil der Triebregungen verfestigt sich in der Gestalt einer „Imago" als im Inneren verkörpertes, „inkorporiertes" Objekt, das als idealisierte „Hüterin einer Hoffnung fungiert, dass die Wunschregungen [...] sich eines Tages realisieren werden."*[15]

Die Hoffnungen und Wünsche, welche auf das in der Krypta begrabene Objekt gerichtet waren, können hier konserviert werden. Als „Denkmal und Grabmal des Geheimnisses" bewahrt die Krypta das, was nicht nach außen dringen darf. Brunner führt drei Gründe an, warum das narzisstisch besetzte Objekt der Volksgemeinschaft nicht introjiziert wurde, die damit verbundenen Wünsche aber auch nicht aufgegeben werden konnten: Erstens waren die Wünsche, welche der NS zu erfüllen versprach, immer schon an das Kollektiv gebunden. Konstitutiv waren sie auf die Entfesselung der Masse von ihren zivilisatorischen Schranken angewiesen, dem einzelnen Ich blieben sie unzugänglich. Zweitens hat das Objekt ‚Hitler' bzw. die Volksgemeinschaft versagt, weshalb, um der Selbstentwertung zu entgehen, die Bindung an seine Macht und sein Versprechen geleugnet werden muss. Drittens ist das Objekt schuldbefleckt, ihm bewusst nachzuhängen ist gesellschaftlich nicht länger sanktioniert. Die Volksgemeinschaft will einerseits nicht betrauert werden, weil das Ich von der narzisstischen Befriedigung, welche sie verspricht, abhängig ist, und andererseits darf sie auch kein Teil des Ichs werden,

13 Sigmund Freud: Trauer und Melancholie. In: Ders.: *Psychologie des Unbewußten* [1917], *Studienausgabe*, Bd. 3. Frankfurt am Main: Fischer 1989, S. 193–212, hier S. 200.

14 Markus Brunner: Die Kryptisierung des Nationalsozialismus. Wie die „Volksgemeinschaft" ihre Niederlage überlebte. In: Ders. / Jan Lohl / Rolf Pohl / Sebastian Winter (Hrsg.): *Volksgemeinschaft, Täterschaft und Antisemitismus. Beiträge zur psychoanalytischen Sozialpsychologie des Nationalsozialismus und seiner Nachwirkungen.* Gießen: Psychosozial 2011, S. 169–194. http://www.agpolpsy.de/wp-content/uploads/2013/11/brunner-2011-die-kryptisierung-des-nationalsozialismus-text.pdf (11.06.2018).

15 Maria Torok zit. n. ebd., S. 11 (online).

da sie sich Verbrechen zuschulden hat kommen lassen und nicht mehr gesellschaftsfähig ist. Adorno resümierte 1959:

> *Auch jene Panik blieb aus, die nach Freuds Theorie aus „Massenpsychologie und Ich-Analyse" dort sich einstellt, wo kollektive Identifikationen zerbrechen. Schlägt man nicht die Weisung des großen Psychologen in den Wind, so läßt das nur eine Folgerung offen: daß insgeheim, unbewusst schwelend und darum besonders mächtig, jene Identifikationen und der kollektive Narzißmus gar nicht zerstört wurden, sondern fortbestehen.* [...] *Sozialpsychologisch wäre daran die Erwartung anzuschließen, daß der beschädigte kollektive Narzißmus darauf lauert, repariert zu werden.*[16]

Zu eben dieser Reparatur mussten die Kinder der Täter*innen als psychodynamisches Ersatzteillager herhalten. Sie traten ihren Eltern als unheimliche Widergänger der eigenen Geschichte auf, es wurde an ihnen gehasst und verfolgt, was man sich selbst nicht länger einzugestehen wagte, und gleichzeitig produzierte die Familiendynamik auch Gefühlserbschaften antisemitischer Ressentiments.

GESPENSTER Es hat sich über die sogenannte 68er-Bewegung ein wirkmächtiges Narrativ gebildet, welches verkürzt gesprochen davon ausgeht, diese Generation habe im Mief des Adenauer-Deutschlands ihrer Kindheit den Abgrund gewittert, welchen das Schweigen ihrer Eltern verbirgt und diese über ihre Verbrechen zur Rede gestellt. Dass nun die Selbsterlösung der Deutschen einsetzte mit der 68er-Generation und der Konfrontation ihrer Eltern, lässt sich empirisch kaum belegen: Vielmehr ist bekannt, dass das Schweigen, die Dethematisierung, in den Familien vorherrschte. Dies bedeutet jedoch nicht, dass nationalsozialistische und antisemitische Ressentimentstrukturen mit dieser hartnäckig schweigenden Generation vergraben worden wären. Für die transgenerationelle Weitergabe von Gefühlen ist vielmals wichtiger, was nicht zur Sprache kommt. Durch non-verbale Kommunikation, durch Gesten, Blicke, Aussparungen, wird dem Kind vermittelt, dass es hier eine wichtige Geschichte gibt, von der es nichts wissen darf. Mit der Entdeckung dieser Geschichte durch die spätere Aneignung historischen Wissens fällt der Schatten des Verdachts auf das elterliche Objekt. Die Ambivalenz der Beziehung des Kindes bzw. des jungen Erwachsenen zu seinen Eltern verstärkt sich: Einerseits wird das Elternobjekt geliebt, andererseits hat es diese Liebe aber nicht verdient. Um das Ich zu schützen, welches vom starken, autoritären Elternimago abhängig ist, verschiebt sich die Wut auf das enttäuschende Liebesobjekt auf jenes, welches die Enttäuschung aufdrängt: Auf die noch lebenden Jüdinnen und Juden, die als Verkörperung des Vorwurfs die eigene Integrität gefährden.

Diesen psychischen Mechanismus nennt man gemeinhin *sekundären Antisemitismus*. Die Jüdinnen und Juden werden hier nicht *trotz*, sondern *wegen* Auschwitz gehasst. Derart lässt sich erklären, dass sich selbst in den Protesten wie bei der sogenannten 68er- oder nachfolgenden Friedensbewegungen, die angetreten sind, um eine kritische Distanz zum Nationalsozialismus einzunehmen, Motive aus dem NS wiederholen. In der Perspektive psychodynamischer Gefühlserbschaften lässt sich der Umschlag eines vormals positiven Israelbezugs in Hass auch verstehen als die versuchte Konservierung eines unbeschädigten

16 Adorno: Was bedeutet, S. 563–564.

Elternobjekts, etwa indem dem jüdischen Staat eben jene Verbrechen zugeschrieben werden, welche die eigene Familie begangen hatte. Ähnlich ambivalent verhält sich die Beziehung der Eltern zu ihren Kindern. Unfähig das Introjekt der eigenen Größenphantasie, die Volksgemeinschaft, zu betrauern, projizierten die Eltern Selbstanteile, welche sie sich nicht eingestehen konnten, auf die Generation ihrer Kinder. Der Vorwurf der Elterngeneration an die revoltierende Jugend, eine ‚rote SA' zu bilden, lässt sich als Projektion regressiver Triebwünsche lesen: Die Entsublimierung, welche sich die Eltern versagen mussten, glaubten – oder wünschten – sie nun, bei ihren Kindern wiederzuerkennen.

Insbesondere das Feld der Sexualität macht deutlich, wie wenig diese Generationendynamik durchschaut wurde: Dagmar Herzog[17] beschreibt, dass in der sogenannten Sexuellen Revolution das Bild eines besonders prüden nationalsozialistischen Deutschlands vorherrschte. Die lustfeindliche Sexualmoral der 1950er Jahre wurde als dessen vermeintliche Fortsetzung kritisiert und dabei übersehen, dass sie bereits eine Reaktionsbildung darstellte. Tatsächlich wurde im Nationalsozialismus eine Sexualität propagiert, die ganz und gar nicht lustfeindlich war, sondern darauf abzielte, die Lust für die Reproduktion der Volksgemeinschaft zu nutzen. Im Deutschland Adenauers wurde diese Enthemmung wie überhaupt jedes exzessive Verhalten verpönt. Ohne Kenntnis dieses historischen Bruches schlichen sich in den Kampf der sexuellen Befreiung nach Sebastian Winter[18] Momente ein wie der männliche Leistungsgedanke und das Natürlichkeitsideal, die der Elterngeneration unheimlich bekannt vorkommen mussten.

EXORZISMUS Der Holocaust ist nach einem Wort Raul Hilbergs in Deutschland „Familiengeschichte". Die gefühlsmäßigen Verstrickungen werden durch ritualisierte Formen des Gedenkens gebannt, worin die ‚68er' mittlerweile ihren festen Platz zugewiesen bekommen haben. Bei aller berechtigten Kritik der sogenannten zivilgesellschaftlichen Erinnerungskultur und der darin eingewobenen Momente der Selbstentschuldigung sollte allerdings nicht aus den Augen verloren werden, dass derzeit die Stimmen immer lauter werden, noch diese ‚hohlen' Formen des Gedenkens abzuschaffen. Um nicht hinter das einmal Erreichte zurückzufallen, genügt es allerdings nicht, sich darauf auszuruhen, sondern die ‚Erinnerungspolitik' immer wieder herauszufordern, etwa indem der Historisierung des Antisemitismus seine *Gegenwärtigkeit* in der Gesamtgesellschaft vorgehalten wird. Wenn etwa lautstark seitens der völkischen Rechten die Täter-Opfer-Umkehr bedient wird, die Deutschen würden jetzt unter dem Vorwurf einer kollektiven Schuld leiden, dann ist damit die Schuld projektiv antizipiert, die man *jetzt* auf sich lädt: Ihre Schuld besteht eben nicht darin, dass ihre Eltern oder Großeltern Nazis waren, sondern in ihrer Verstrickung in das völkische Denken, das von der Abwehr vergangener deutscher Schuld getragen ist. Die Ideologie der Volksgemeinschaft jetzt zu kritisieren, bedarf der

17 Dagmar Herzog: Hubris and Hypocrisy, Incitment and Disavowal. Sexuality and German Facism. In: Dies. (Hrsg.): *Sexuality and German Fascism*. New York/Oxford: Berghahn 2005, S. 1–21.

18 Sebastian Winter: ‚Verjudete Nazis', ‚Deutsches Heil'. Sexualitätsentwürfe der westdeutschen ‚68er'-Bewegung vor dem Hintergrund von NS-Vergangenheit und ‚Adenauer-Zeit'. In: *Psychosozial* 34,2 (2011): Unheimliche Wiedergänger? Zur Politischen Psychologie des NS-Erbes in der 68er-Generation, S. 61–76.

Analyse *nachträglicher* Gefühlserbschaften. Dass deren Bedeutung mit der Zeit schwindet, ist unwahrscheinlich: In der vielrezipierten Studie „*Opa war kein Nazi*" zeichnen Harald Welzer und Kolleg*innen ein gegenteiliges Bild.[19] Diese Studie zeigt, dass über drei Generationen hinweg die apologetischen Argumentationsstrukturen nicht etwa ab-, sondern zunahmen. War die Elterngeneration schon nicht im Bild über die Beteiligung der Großeltern im Nationalsozialismus, wurde die Erzählung der Familiengeschichte in der Enkelgeneration zusätzlich verzerrt. Typische Landsergeschichten etwa, welche im Familienkreis als Deckerinnerung dienten, wurden nun von den Enkeln etwa umgedeutet als Widerstandserzählungen.[20] Anstatt dass also der zunehmende zeitliche Abstand eine weniger befangene Auseinandersetzung mit familien- und psychodynamischen Verstrickungen ermöglicht, scheint das Exkulpationsbedürfnis weiter zuzunehmen, oder jedenfalls die Notwendigkeit einer realitätsgerechten Konfrontation in den Hintergrund zu rücken. Das Narrativ einer moralisch geläuterten Bundesrepublik – dem ‚Erinnerungsweltmeister' Deutschland – kommt diesem Bedürfnis entgegen. Statt ritualisierter Formen des Gedenkens, die vielmals von nicht-jüdisch Deutschen für nicht-jüdisch Deutsche veranstaltet werden, gilt es, ein kritisches Verhältnis zur eigenen Geschichte und ihrer nachträglichen Wirkung in der Gegenwart zu entwickeln, das nicht vom identitären Motiv der „Wiedergutwerdung"[21], sondern von Solidarität gegenüber den Verfolgten und ihren Nachkommen getragen ist.

19 Harald Welzer / Sabine Moller / Karoline Tschuggnall: *„Opa war kein Nazi". Nationalsozialismus und Holocaust im Familiengedächtnis.* Frankfurt am Main: Fischer 2002.

20 Ähnliche Ergebnisse scheint die quantitative MEMO-Studie zu geben: 69 % der über 1.000 Befragten gaben an, dass keine ihrer Vorfahren TäterInnen gewesen sei, und 12 % sind sich darüber unsicher. Vgl. Pressemitteilung: Trügerische Erinnerungen – wie sich Deutschland an die Zeit des Nationalsozialismus erinnert. In: *EVZ Online*, 13.02.2018. https://www.stiftung-evz.de/service/pressebereich/pressemitteilungen-2018/pm-studie-erinnerungskultur.html (Zugriff am 29.05.2018).

21 Eike Geisel: *Die Wiedergutwerdung der Deutschen. Essays & Polemiken.* Berlin: Tiamat 2015.

3 — ג

JUDEN* UND …

JUDEN UND REISENDE PUPPEN

Quer durch die Bundesrepublik

SHLOMIT TULGAN

Vor ungefähr sechs Jahren gründete ich das Jüdische Puppentheater Bubales. Ich wollte damit den Horizont der Berliner Kulturlandschaft in Sachen jüdischer Kultur erweitern. Zu diesem Zeitpunkt ahnte ich noch nicht, wie groß die Nachfrage nach ‚jüdischen Puppen' über die Berliner Grenzen hinaus war.

Mittlerweile toure ich regelmäßig mit den Bubales quer durch die gesamte BRD. Zu den Reisezielen gelangen ich und die selbstgenähten Puppen mit Kombi-Taxis, der Deutschen Bahn, und einmal wurde ich sogar mit einer Pferdekutsche von einem Provinzbahnhof abgeholt.

Ich stamme aus einer sephardischen Familie aus Istanbul. Vielleicht fühle ich mich deshalb in Berlin-Kreuzberg am besten aufgehoben. Die meiste Zeit, die ich in Deutschland lebe, habe ich hier verbracht. Bis vor sechs Jahren verließ ich Berlin bevorzugt mit dem Flugzeug, und mein Wunsch-Reiseziel befand sich außerhalb von Deutschland. Erst seit ich mit meinen Bubales so viel unterwegs bin, habe ich Deutschland von ganz neuen Seiten kennengelernt.

Eigentlich bin ich ein sehr offener Mensch. Jedenfalls muss ich etwas an mir haben, das die Menschen dazu einlädt, mir in kürzester Zeit tiefe Einblicke in ihre Lebens- und Vorstellungswelten zu gewähren. Ich drang auf meinen Reisen in ‚deutsche Räume' vor, die nie ein ‚Mentsch' mit Migrationshintergrund zuvor gesehen hat.

Es waren Begegnungen, die mir vor Lachen Tränen in die Augen trieben, aber manchmal wollte ich auch vor Wut nur schreien. Ich verarbeitete diese Erlebnisse, indem ich alles direkt im Zug schriftlich dokumentierte. Entstanden ist daraus ein Potpourri aus skurrilen Kurzgeschichten. Mittlerweile haben meine Kurzgeschichten schon über 1.000 Follower auf Facebook, und ich werde ständig gefragt, wann ein Buch herauskommt. Zwei meiner Lieblingsgeschichten erlebte ich ausgerechnet in Berlin und die möchte ich hier erzählen.

Die erste Geschichte schildert den Verlauf einer Taxifahrt vom Hauptbahnhof zum Jüdischen Museum. Als der weiß-deutsche Taxifahrer mittleren Alters hörte, dass ich zum Jüdischen Museum will, war sein erster Kommentar: „Oh Scheiße!" Es folgten Erläuterungen wie „Israelisch, jüdisch - alles der gleiche Ärger!" und Worte wie „Kriegervolk". Dann blickte mich der Taxifahrer durch den Rückspiegel an und sagte: „Sie sind doch auch so eine Isra-äl-itin, wa? Ach, ick will's lieber nicht wissen!"

Jetzt fing der Spaß für mich an. „Was sind eigentlich Sie für einer? Sie sehen auch nicht deutsch aus!" Der Taxifahrer versicherte hartnäckig, dass er „durch und durch Deutscha" sei.

Ich erwiderte: „Sicher? Also für einen Deutschen haben Sie eine ganz schön große Nase! Ich finde, dass Sie ganz schön jüdisch aussehen!" Nach einem fassungslosen Schweigen stammelte der Taxifahrer: „Ick dachte, so was darf man nicht sajen?"

Ich beruhigte ihn grinsend: „Ja schon, aber wir, unter uns Juden, dürfen das schon!" „Ick bin aber kein Jude!" „Na, ich weiß nicht ...", antwortete ich ihm, „wenn ich Sie mir so vom Profil anschaue ...".

Er schien nachzudenken. Dann schoss er raus „Mein Opa kam aus Polen!" Ich klatschte in die Hände: „Aha! Da haben wir's!" Er konterte schnell: „Ja, aber deutscha Pole!"

Ich schaute ihn skeptisch durch den Spiegel an: „Glaub ich nicht! Da haben sich doch alle durchmischt. Wissen Sie, wie viele Juden dort vor dem Krieg lebten?"

Den Rest der Fahrt überließ ich den Taxifahrer seinem stummen Grübeln.

Die zweite Geschichte ereignete sich im U-Bahnhof Friedrichstraße. Verzweifelt versuchte ich, meine Bubales-Kisten in die U-Bahn zu heben, als hinter mir jemand erst auf Arabisch und dann auf Deutsch schimpfte: „Los Du Missgeburt! Hilf der Lady!"

Ich drehte mich um und sah zwei junge Männer: Trainingsanzug, Goldkette, schwarze Locken, die geölt nach hinten gekämmt waren. Sie hoben die Bubales-Kisten mit einem Ruck in den Zug. In der U-Bahn starrten beide neugierig auf die Kisten.

„Was ist denn da drin, Schwesta?", fragte der kleine Dünne. Er war offensichtlich der Boss von den beiden. Ich lächelte. „Etwas, das Spaß macht!" Der große Dicke fing an zu raten: „Gras?" Ich schüttelte den Kopf. Der kleine Dünne: „Koks?"

Der Dicke kicherte. Nicht wenige Passagiere warfen uns böse Blicke zu. Ein wohlbeleibter, blonder Mittvierziger schaute die Jungs besonders verachtungsvoll an.

Plötzlich fauchte der kleine Dünne den Mittvierziger an: „Ej guck nisch so Alta! Isch bin BRUST-GRABSCH-ALI! Isch grabsch' alle! Disch auch, wenn's sein muss!"

Geräusche des Entsetzens und Kicherns durchstreiften den Wagen. Der Mittvierziger tätschelte verunsichert seine Brust.

Der kleine Dünne, also Brustgrabsch-Ali: „Okay, hast Du Waffen drin, Schwesta?"

Jetzt musste auch ich anfangen zu lachen. Die Blicke um uns wurden immer finsterer.

Brustgrabsch-Ali: „Na sag schon, Lady! Was ist drin!"

Ich sagte zögernd: „Wenn ich es sage, dürft ihr nicht lachen! Versprochen?"

Brustgrabsch-Ali legte die Hand auf die Brust „Ick schwöre, Sista!" Der Dicke hob ehrfürchtig seine rechte Hand hoch. „Isch auch!"

Ich holte tief Luft und stieß es wie ein Husten heraus „Es ist ein jüdisches Puppen-Theater".

Ein Moment des Schweigens folgte. Beide kauten nachdenklich auf ihren Kaugummis. Dann brachen sie in schallendes Lachen aus. Ich lachte mit (mit Schweiß auf der Stirn).

Brustgrabsch-Ali: „Das toppt alles, was wir geraten haben!"

Ich sah die beiden fragend an: „Wieso? Habt ihr was gegen Juden?"

Der dicke: „Nö, aber gegen Puppen!" Beide klopften sich lachend auf die Schenkel.

Ich suchte weiter nach dem Gespräch. „Ihr hattet versprochen, nicht zu lachen."

Brustgrabsch-Ali keuchte: „Ej sorry, Lady! Aber das ist für uns zu hoch!"

Ich zuckte zusammen. „Mist! Wie komme ich hier raus? Der Wagen ist zu voll."

Brustgrabsch-Ali raunte mir mit angehobenen Augenbraue zu: „Kein Problem Lady! Du fährst mit Brustgrabsch-Ali!" Er drehte sich zur Menschenmenge und brüllte plötzlich so laut, dass ich fast umfiel: „OKAY IHR SÜß-KARTOFFELN! ALLE AUS DEM WEG! HIER KOMMT EINE JÜDISCHE PUPPENSPIELERIN, DIE AUSSTEIGEN WILL!" Er wedelte mit seiner Hand vor den Leuten „JALLAH! JALLAH! ALLE ZUR SEITE! Bzzzzz!!!"

Die Leute schoben sich zögernd zur Seite und schauten sich irritiert an. Der Zug fuhr in der Kochstraße ein, Brustgrabsch-Ali und sein dicker Freund schleppten die Bubales-Kisten raus und sprangen wieder auf den Zug. Ich drehte mich um, die Tür des überfüllten Zuges schloss sich, die Menschen verteilten

sich wieder im Waggon, Brustgrabsch-Ali und sein dicker Freund wurden an die Tür gequetscht und grinsten frech durch das Fenster. Das Letzte, was ich sah, war Brustgrabsch-Alis angehobene Augenbraue.

Ursprünglich wollte ich mit meinen Bubales-Touren Deutschland ein kleines Stückchen ‚Jiddischkeit' zurückgeben, was es vor über 70 Jahren verloren hat. Dafür bekam ich einen tiefen Einblick in das Land, das ich noch immer nicht meine Heimat nennen kann oder will. Aber ich weiß jetzt zumindest, dass es kein langweiliges Land ist. Das ist doch schon mal ein Anfang.

JUDEN UND SEX

BARBARA STEINER

Ein älteres Paar wendet sich an den Rabbiner, da es der Frau nicht mehr gelingt, einen Orgasmus zu erreichen. Dieser empfiehlt, einen jungen Talmudschüler zu bitten, während des nächsten Beischlafs mit einem Handtuch über dem Paar zu wedeln. Das Paar befolgt den Rat des Rabbiners, der erwünschte Erfolg stellt sich aber nicht ein. Zurück beim Rabbiner schlägt dieser einen Rollentausch vor. Am nächsten Abend liegt der Talmudschüler mit der Ehefrau im Bett und der Ehemann wedelt mit dem Handtuch. Die Frau erreicht den besten Höhepunkt, den sie je hatte. Stolz überreicht der Ehemann das Handtuch an den Talmudschüler: „Siehst du, so musst du wedeln!"

Dieser prosexuelle Witz ist nicht nur lustig, sondern – wie viele jüdische Witze – weise und schlau. Er thematisiert ein zentrales Problem und die sich daraus ergebenden Sehnsüchte in sexuellen Biographien. Die Vermutung liegt nahe, dass die Langeweile im Bett des älteren Paares sich in dem sexuellen Symptom der Orgasmusstörung gezeigt hat, das erst durch eine Veränderung der eingefahrenen Paarsexualität beseitigt werden konnte. Dabei hatte das Paar in diesem Witz großes Glück, einen besonders aufgeschlossenen Rabbiner um Rat gefragt zu haben, der den unausgesprochenen Wunsch nach sexueller Abwechslung verstanden und im Widerspruch zu den Vorgaben des jüdischen Religionsgesetzes, der Halacha, sogar sehr großzügig interpretiert hat. Denn eigentlich passiert in diesem Witz ein Ehebruch, züchtig im jüdischen Sinne ist er schon gar nicht, dafür aber mit Absegnung des Rabbiners. Die Zuspitzung zeigt aber auch, dass mit der Betonung der Lust die Bedeutung der Sexualität im Judentum über die Beziehungs- und Fortpflanzungsdimension hinausreicht. Inwieweit ungeschulte Rabbiner*innen in der Funktion als Sexualtherapeut*innen kompetente Hilfe anbieten können, sei allerdings dahingestellt.

Es gibt unzählige jüdische Witze, die sich vom „Loch im Bettlaken" bis „zur körperlichen Verpflichtung am Schabbat" über jüdische Sexualität amüsieren. Nicht selten loten und testen sie die Grenzen der jüdischen Gesetze zur Sexualität aus oder machen sich gar über diese lustig. Säkulare Jüdinnen und Juden haben wenig Hemmung, sich über jüdische Sexualität auch drastisch zu erheitern.[1] Für orthodoxe Juden und Jüdinnen, die ihr sexuelles Glück innerhalb dieser Regeln finden müssen, ist die Sache vielleicht schon nicht mehr ganz so lustig. Sie sind an Werte, Normen und Regeln gebunden, die für Sexualität bedeutsam sein können. Die Verpflichtung dazu kann aber auch gegenteilig erlebt werden. Die Regeln können durchaus ein Spannungsfeld erzeugen, das die Entstehung sexueller Probleme und Funktionsstörungen eher begünstigt. Wie viele göttliche Regeln sind im Schlafzimmer also zuträglich?

Das Judentum gefällt sich darin – im Gegensatz zur christlichen Sexualmoral, die meist ausschließlich mit Schuld und Sünde in Verbindung gebracht wird –, eher prosexuell eingestellt zu sein. Das Zölibat ist dem Judentum ebenso fremd wie die Vorstellung, dass Sexualität kein menschliches Grundbedürfnis ist. Dennoch versucht das Judentum – wie andere religiöse Sinnsysteme auch – Sexualität durch die Zuschreibung einer spirituellen Bedeutung als heiliger Akt (Keduscha), der innerhalb einer Ehe vollzogen wird, einzugrenzen. Bevorzugter Tag für Sex ist daher auch der Schabbat.[2]

Die Nidah[3]-Gesetze, die Vorschriften zur Reinheit der jüdischen Familie, gehören zu den Fundamenten des Judentums. Die Reinheitsgesetze regeln, dass sich eine Frau je nach Zykluslänge etwa 12 Tage des Monats im Status einer Nidah befindet. Während dieser Zeit darf das Paar nicht nur keinen Sex haben. Die körperliche Trennung wird von gläubigen Juden und Jüdinnen auch im Alltag beachtet. Nach Ablauf dieser Zeit, den die Frau durch das Untertauchen in der Mikwe, dem rituellen Tauchbad, markiert, beginnt wieder der Monatsabschnitt, in dem sich das Paar sexuell begegnen darf.[4] Idealerweise fällt dieser Zeitpunkt meist mit dem Eisprung zusammen. Auch der sorgsame Umgang mit Sperma, das nicht verschwendet werden darf, ist biblisch gefordert.[5] Um den Erhalt des Judentums zu sichern, fokussierten die Rabbiner durch diese Vorgaben besonders auf die Fortpflanzungsdimension von Sexualität. Darüber hinaus ist die Betonung des Lustaspekts durchaus fortschrittlich. Ehelicher Sex soll nicht in betrunkenem oder traurigem Zustand, nicht im Streit, sondern einvernehmlich und mit Lust erlebt werden. Das Recht auf die Befriedigung sexueller Grundbedürfnisse wird Mann und Frau nicht nur gleichermaßen eingeräumt. Im Judentum geht dies so weit, dass eine Frau von ihrem Mann die Scheidung verlangen kann, sollte dieser ihr die sexuelle Zuwendung verweigern – eine durchaus revolutionäre Regelung.[6] Ziel der Gesetze ist nicht zuletzt auch, die rituelle Reinheit des jüdischen Volkes zu bewahren. Übertretungen haben ernsthafte

---

1 Siehe beispielsweise die Karikaturen von Gideon Kendall, die ursprünglich 2005 in einer Sexausgabe des jüdischen Magazins *Heeb* veröffentlicht wurden: Friendly Reminder. The Bible Is Extremely NSFW. In: *Heeb*, 26.06.2017. http://heebmagazine.com/friendly-reminder-the-bible-is-extremely-nsfw/57774 (Zugriff am 06.05.2018).

2 Ruth K. Westheimer/Jonathan Mark: *Heavenly Sex. Sexuality in the Jewish Tradition*. New York: Continuum 1995, S. 8.

3 Nidah: entfernt, abgesondert vom Mann.

4 Evyatar Marienberg: Traditional Jewish Sexual Practices and Their Possible Impact on Jewish Fertility and Demography. In: *Harvard Theological Review* 106,3 (2013), S. 243–286.

5 Sehenswert dazu ist die Dokumentation *Sacred Sperm* (IL 2014, R: Ori Gruber).

6 Yitzhak Ahren: „Arbeiter zweimal, Eseltreiber einmal die Woche". In: *Jüdische Allgemeine Zeitung*, 30.03.2017. https://www.juedische-allgemeine.de/article/view/id/28158 (Zugriff am 06.05.2018).

Konsequenzen und können selbst den religiösen Status eines möglichen Kindes beeinträchtigen.[7]

Die jüdischen Sexualgesetze sind für säkulare und die Mehrheit der liberalen Jüdinnen und Juden überholt oder werden zumindest lebensnaher ausgelegt.[8] Für die Orthodoxie sind sie eine unumstößliche Verpflichtung und Herausforderung. Bis heute sind sie Gegenstand von halachischen Debatten. Angesichts des Angebotes an sexuellen Möglichkeiten ist es für orthodoxe Jüdinnen und Juden nicht mehr so einfach, Glück und sexuelle Befriedigung in der Ehe zu finden. Was bedeutet gewaltfrei und einvernehmlich? Schließt dies Praktiken des BDSM, die von einem Machtgefälle leben und auf die sich Partner*innen geeinigt haben, aus? Warum scheint Masturbation verboten, wenn Oralverkehr erlaubt ist?[9] Analverkehr in einer heterosexuellen Ehe kann unter Umständen erlaubt sein, unter homosexuellen jüdischen Männern aber nicht?[10] Wie kann man herausfinden, was einem sexuell entspricht, wenn sexuelle Gedanken und sexuelle Handlungen an sich selbst unerwünscht sind? Warum ist es verboten, bereits vor der Ehe herauszufinden, ob der*die Partner*in sexuell kompatibel ist? Die Regeln sind streng und laden zu kritischer Diskussion und Aufbegehren ein.

Erlaubt ist also nicht unbedingt, was der sexuellen Präferenz, den Vorlieben, Neigungen, Fantasien und Wünschen und der sexuellen Orientierung entspricht. Endgültig in Konflikt geraten orthodoxe Jüdinnen und Juden dann, wenn ihre sexuelle Präferenz, die nicht veränderbar ist, nicht mit den religiösen jüdischen Vorstellungen übereintrifft. Offenheit gegenüber Varianten des Sexuellen ist schlichtweg keine Stärke des Judentums. Am deutlichsten zeigt sich dies an dem langen Ringen des liberalen, konservativen und orthodoxen Judentums um den Umgang mit Homosexualität und homosexuellen Handlungen von Juden und Jüdinnen. Bis heute hadert die Orthodoxie mit dem Verhältnis zu homosexuellen Gemeindemitgliedern. Regelmäßig werden im Umfeld der israelischen Gay-Pride-Feiern homosexuelle Juden und Jüdinnen von orthodoxen Juden bedroht und angegriffen.[11] Orthodoxe jüdische, homosexuelle Männer nehmen noch immer die Dienste von Surrogatpartnerinnen im Rahmen einer Sexualtherapie in Anspruch, um den Beischlaf mit einer Frau ‚zu lernen'. Skandalös ist dabei nicht nur, dass Sexualtherapeut*innen diese Aufträge annehmen. Meist werden die Männer von ihren Rabbinern geschickt, die damit nicht nur die Männer, sondern auch die (zwangs)verheirateten Frauen ins Unglück stürzen. Hauptsache, die Surrogatpartnerin hat zuvor eine Mikwe

7 Wird ein Kind von Eltern gezeugt, die nicht die sexuellen Reinheitsgebote beachten, hat dieses Kind aus religiöser Sicht einen Makel. Dies kann dann bedeutsam werden, wenn das Kind einen streng religiösen Partner wählen möchte. Vgl. Barbara Steiner: *Die Inszenierung des Jüdischen*. Göttingen: Wallstein 2015, S. 239.

8 Siehe beispielsweise Lisa J. Grushcow (Hrsg.): *The Sacred Encounter. Jewish Perpectives on Sexuality*. New York: CCAR 2014.

9 Shmuley Boteach: *Kosher Sex. A Recipe for Passion and Intimicay*. New York: Broadway 2001, S. 69–90.

10 Simcha Even-Shoshan: *Rabbi, My Husband Wants Anal Sex. An Halachik Analysis of Anal Sex Within the Bounds of Jewish Marital Intimacy*. O. O.: Marital Halachic Research Selbstverlag 2016.

11 Walter Homolka: Jüdische Perspektiven zur Homosexualität. In: Ders. / Thomas Bauer / Bertold Höcker / Klaus Mertens (Hrsg.): *Religion und Homosexualität. Aktuelle Positionen*. Göttingen: Wallstein 2013, S. 36–59.

besucht.[12] Das Festhalten an dem Irrglauben, dass homosexuelle Jüdinnen und Juden in einer heterosexuellen Ehe glücklich werden müssen, macht diese Rabbiner verantwortlich für Depressionen, Drogensucht und Suizide orthodoxer jüdischer Schwuler und Lesben.[13] Auch das wichtige Thema der sexuellen Gewalt gegen Kinder und Erwachsene wird fast vollkommen tabuisiert und weitgehend unter den Teppich gekehrt.[14]

Das jüdische Religionsgesetz interessiert sich also wenig dafür, was dem individuellen sexuellen Profil seiner Mitglieder entspricht, sondern fordert letztlich Sittsamkeit und Bescheidenheit (Zniut). Das Judentum vergibt das Gütesiegel *Koscher* nur für eine Auswahl sexueller Praktiken, die in einer religiös geschlossenen Ehe zwischen Mann und Frau praktiziert werden dürfen. Im Kern sind die religiösen Vorschriften also ein Leitfaden für achtsame Sexualität in einer jüdisch geschlossenen heterosexuellen Ehe. Das Werbeversprechen lautet: anhaltendes Begehren, Sexualität ohne Druck und tiefe emotionale Verbundenheit. Tatsächlich berichten Paare, die die jüdischen Reinheitsgebote befolgen oder wieder befolgen, davon, dass sich das Begehren des*der Partners*in erhält.[15] Andere wiederum empfinden diese Verpflichtung als belastend und als die Sexualität verkomplizierend. In der Folge können sich Paare voneinander entfernen.

Dass das Befolgen der jüdischen Reinheitsgesetze der Sexualität keineswegs vor sexuellen Funktionsstörungen bewahrt oder sexuelle Gewalt verhindert, hat zuletzt Deborah Feldman in ihrer Autobiographie *Unorthodox* ungeschminkt beschrieben.[16] So hat sie nicht nur der Gemeinschaft der ultrafrommen Satmarer Chassiden, sondern den verklemmt orthodoxen Gemeinschaften insgesamt den Spiegel vorgehalten und klar gemacht, dass Züchtigkeit nicht dadurch erreicht wird, dass Sexualität tabuisiert wird.

Wiederholte Missbrauchsskandale und die Notwendigkeit, sich aus jüdischer Sicht zu dem immer größer werdenden sexpositiven Raum und den dortigen Angeboten zu positionieren, hat die Diskussion über Sexualität selbst unter ultraorthodoxen Juden und Jüdinnen in Gang gebracht. Dass auch Anhänger*innen dieser Gruppe sexuelle Wünsche und Bedürfnisse, die sie in einer Ehe offenbar nicht besprechen können, nebenbei ausleben, ist im Internet für jeden sichtbar. So suchen fromme Männer und Frauen nicht nur nach ebenfalls frommen Sexualpartner*innen. Folgt man den Schlagwörtern *frum porn*, *frum sex* oder *frum fetish* bei Google, bekommt man Einiges zu sehen. Langsam wächst die Einsicht, dass die Kontrolle der Gemeinschaft über die Sittsamkeit und ein Verbot des Internets nicht ausreichen, um zu verhindern, dass sexuelle Sehnsüchte und Wünsche anderweitig umgesetzt werden.

Krisen ermöglichen aber immer auch Erneuerung. Es ist durchaus von Vorteil, dass heute selbst orthodoxe Rabbiner für die Werte,

12 Andrew Tobin: Tel Aviv Therapist Sells the Healing Power of Sex with a Stranger. In: *Times of Israel*, 17.05.2017, https://www.timesofisrael.com/tel-aviv-therapist-sells-the-healing-power-of-sex-with-a-stranger/ (Zugriff am 06.05.2018).

13 Jeremy Sharon: Suicide Rates High for Orthodox Homosexual Youth. In: *Jerusalem Post*, 09.08.2012. https://www.jpost.com/Jewish-World/Jewish-News/Suicide-rates-high-for-Orthodox-homosexual-youths (Zugriff am 06.05.2018).

14 David Katzenstein / Lisa Aronson Fontes: Twice Silenced. The Underreporting of Child Sexual Abuse in Orthodox Jewish Communities. In: *Journal of Child Sexual Abuse* 26,6 (2017), S. 752–767.

15 Paare zu ermutigen, sich für Sexualität zu einem bestimmten Zeitpunkt zu verabreden, ist auch eine nützliche Intervention in Sexualtherapien.

16 Deborah Feldman: *Unorthodox*. Zürich: Seccession 2016.

die sie in der Sexualität fordern, trommeln müssen. Das Sprechen über Sex hat Rabbiner Shmuley Boteach mit seinem Bestseller *Kosher Sex* erstmals für orthodoxe Juden und Jüdinnen aus der Schmuddelecke geholt.[17] Die Veröffentlichung schlug 1998 nicht zuletzt deshalb hohe Wellen, weil sich hier ein orthodoxer Rabbiner erlaubte, Sexualität von Juden und Jüdinnen für Juden und Jüdinnen öffentlich zu verhandeln. Bis heute ist er nicht müde geworden, die Vorzüge und Werte der jüdischen Sexualgesetze als Ausweg aus dem vermeintlichen Sodom und Gomorra der Postmoderne zu propagieren. Seither ist einiges in Bewegung gekommen. Die Ratgeberliteratur, die sich mittlerweile auch an streng religiöse Juden und Jüdinnen wendet, ist gewachsen. Zwar sind diese Bücher mitunter mit Warnhinweisen versehen oder nur für Paare, die die Familienplanung lange abgeschlossen haben, erlaubt. Aber Oral- und Analverkehr werden nun selbst dort als eine Variante, Sexualität zu erleben, besprochen.[18] An junge ultraorthodoxe Ehepaare wendet sich das Handbuch von David Ribner und Jenny Rosenfeld, das gleichermaßen Aufklärungsschrift und sexualtherapeutische Selbsthilfe ist. David Ribner, orthodoxer Rabbiner und Sozialarbeiter, unterhält eine Praxis für Sexualtherapie in Jerusalem und berät vorrangig Mitglieder der streng religiösen Gemeinschaft.[19] Mit seinem Plädoyer für kultursensibles Vorgehen hat er diese religiöse Gruppe erreicht.[20] Selbst unter den Anhänger*innen der Ultraorthodoxie wächst zunehmend die Einsicht, dass sich sexuelle Probleme nicht mehr immer mit einem Rat des Gemeinderabbiners lösen lassen.

Auch wenn sich das Judentum gern als sexfreundliche Religion präsentiert: Sexuelles Glück lässt sich kaum durch Regeln erzwingen. Strömungsunabhängig wird also innerjüdisch weiter über Sexualität verhandelt werden. Dies gilt ganz besonders für die unbequeme Frage, wie offen über sexuellen Missbrauch durch Täter*innen in den Gemeinden gesprochen werden kann.[21] Es betrifft aber ebenso die Frage, wie jüdische Lesben und Schwule auch in traditionell ausgerichteten Gemeinden willkommen geheißen werden.

---

17 Boteach: *Kosher Sex*.

18 Simcha Even-Shoshan / Sarah Solan: *Rabbi, My Husband Want's a Blow Job. A Halachic Analysis of Fellatio in Jewish Marital Intimacy*. O. O.: Marital Halachic Research 2015; Even-Shoshan: *Rabbi, My Husband Wants Anal Sex*.

19 Jennie Rosenfeld / David S. Ribner: *The Newlywed's Guide to Physical Intimacy*. Jerusalem / Lynbrook: Gefen 2011.

20 David S. Ribner: Cultural Diversity and Sensitivity in Sex Therapy. In: Peggy J. Kleinplatz (Hrsg.): *New Directions in Sex Therapy. Innovations and Alternatives*. New York / London: Routledge 2012, S. 161–174.

21 Anm. d. Red.: Jonas Fegert regt in seinem Beitrag „Bei uns doch nicht" in der fünften Rubrik dieser Ausgabe dazu an, Missbrauchsfälle in den jüdischen Gemeinden zu thematisieren.

JUDEN* UND WITZE MIT BART

DARJA KLINGENBERG

Ich spreche von Bärten, wie sie in der umgangssprachlichen Bezeichnung Witzen wachsen, die tausendmal erzählt wurden, nicht von Bärten, die antisemitische Karikaturen illustrieren. Ich stelle dies richtig, denn ich weiß nicht, ob Sie die Redewendung kennen. Es macht schließlich einen Unterschied, wer wem und vor allem wie einen Witz erzählt oder ihn niederschreibt . Die Frage des Bartes stellt sich bei jüdischen Witzen unter Jüd*innen zudem auf besondere Weise: Der*Die Andere kennt ihn ohnehin, tut zumindest so und wird unterbrechen, um ihn besser zu erzählen. Ein Bart vermittelt jüdischen Witzen Authentizität. Umso interessanter die Auseinandersetzung mit angeklebten oder gestutzten Bärten, die für falsche, getarnte oder neue jüdische Witze stehen könnten. Aus feministischer und rassismuskritischer Perspektive lässt sich zudem nach vernachlässigten Barttraditionen fragen, nach dem Verbleib sephardischer Scherzkulturen oder – denken Sie von mir aus an Damenbärte – an unter Jüd*innen erzählte queere Witze.

Diese – an den Barthaaren herbeigezogenen – Fragen beschäftigen mich im Folgenden vor dem Hintergrund des Wanderns und Sammelns jüdischer Witze in der Moderne. Mich interessiert nicht so sehr, was den jüdischen Humor an unterschiedlichen Orten und zu verschiedenen Zeiten von anderen Scherzkulturen unterscheidet. Dazu gibt es eine große Menge wissenschaftlicher Abhandlungen, gar nicht zu reden von Feuilletonartikeln und hitzigen Küchentischdiskussionen. Ich verfolge vielmehr, welche Bedeutung diese Aushandlungen für jüdische Selbstverständnisse haben und untersuche den Witz als Migrationsobjekt, als umkämpftes identitäts- wie differenzstiftendes Gut der Diaspora. Warum erzählen, warum sammeln und diskutieren Jüd*innen und Nicht-Jüd*innen jüdische Witze? Wer lacht oder lacht nicht über sie? Diese Fragen verhandele ich ausgehend von den (Rezeptions-)Geschichten dreier Sammlungen jüdischer Witze. Durch das Prisma des Witzes, seine gelungene Übersetzung, den in schlechter Transkription vollzogenen Pointenmord oder die (un)freundliche Aneignung werden die widersprüchlichen Positionen jüdischer Minderheiten in unterschiedlichen Gesellschaften beleuchtet. Vor allem können bis heute relevante Fragen, nach der Reproduktion und Kritik von Antisemitismus oder Rassismus im Scherz, entlang der historischen Beispiele besser verstanden werden.

Die erste Frage – warum werden Witze erzählt – ist schnell beantwortet: Sie unterhalten. Darüber hinaus erfüllen Witze – wie andere Genres des Komischen – gemeinschaftsstiftende, sozialisierende, therapeutische, hierarchisierende, poetische oder reflexive Funktionen. Diese widersprüchlichen Wirkweisen des Komischen faszinierten über die Jahrhunderte Theoretiker*innen, die jedoch uneins blieben, ob der Witz der überheblichen Herabsetzung des Anderen dient (Team Plato und Hobbes), dem Abbau sozialer und innerpsychischer Spannungen (Team Bergson und Freud) oder der intellektuellen Spielerei (Team Aristoteles und Kant). Die Beschäftigung Intellektueller mit der Herausgabe von Witzesammlungen und dem Verfassen von Feuilletonartikeln zum Wesen des Komischen oder der Tiefe des jüdischen Witzes könnte in der Moderne als weitere Funktion des Komischen bestimmt werden. Galt dieses bis ins späte Mittelalter als mindere, volkstümliche Ausdrucksform, wurde es seit der Aufklärung zu einer intellektuellen Kür und im 20. Jahrhundert immer wieder zum Ausdruck von (Widerstands-)Geist. Denn der Witz kann auf kleinstem Raum gesellschaftliche und philosophische Widersprüche und Wahrheiten artikulieren, für die wir in ernster Rede ewige Abhandlungen brauchen.[1]

WARUM SIGMUND FREUD WITZE SAMMELTE Der Wiener Arzt Sigmund Freud pflegte eine „Sammlung tiefsinniger jüdischer Geschichten“[2], darunter viele Witze. Freud selbst war zwei Generationen entfernt von der Welt der Schnorrer, Schlamassel und rabbinischen Spitzfindigkeiten.[3] Er pflegte bekanntermaßen ein säkulares und religionskritisches Verhältnis zum Jüdischen, was seiner Liebe zu jüdischen Witzen jedoch keinen Abbruch tat: Er gab sie beim Gespräch im Salon zum Besten, band sie in seine Texte ein und dachte über ihre tiefere Bedeutung nach.

Sammlungen insbesondere jiddischer Witze und Erzählungen entstanden, als ein bestimmter Kanon nicht mehr selbstverständlich weitergegeben wurde. Zugleich fanden die Witze über veränderte Kommunikationsmedien und Unterhaltungskulturen ein neues Publikum. Die komischen Erzähltraditionen ließen sich gut überführen in die bürgerlichen Salons und satirischen Spalten von Zeitschriften. Die von Freud erzählten Witze vermittelten somit Kontinuität zu den Scherzkulturen des galizischen Shtetls und waren zugleich schon von anderem Charakter. Die veränderte Resonanz verdeutlicht sich an einem Beispiel,

1 Für einen Überblick der Diskussion verschiedener Humortheorien siehe Darja Klingenberg: Konversationelle Grenzüberschreitungen. Humoristische Narrative in der Migration. In: Dies./Helga Kotthoff/Shpresa Jashari (Hrsg.): *Komik (in) der Migrationsgesellschaft*. Konstanz: UVK 2013, S. 213–268, hier S. 232–244.

2 Editorische Vorbemerkungen in Sigmund Freud. Der Witz und seine Beziehung zum Unbewußten. In: Ders.: *Psychologische Schriften. Studienausgabe*, Bd. 4, hrsg. Alexander Mitscherlich/Angela Richards/James Strachey. Frankfurt am Main: Fischer 2012, S. 9–220, hier S. 10.

3 Zur osteuropäisch jüdischen Scherzkultur vgl. Barbara Kirshenblatt-Gimblett: The Concept and Varieties of Narrative Performance in East European Jewish Culture. In Richard Bauman/Joel Sherzer (Hrsg.): *Explorations in Ethnography of Speaking*. Cambridge/New York: Cambridge UP 1974, S. 283–311.

das Freund in seiner Studie zum *Witz und seiner Beziehung zum Unbewussten* mehrfach diskutiert:

> *Zwei Juden treffen in der Nähe des Badehauses zusammen. „Hast du genommen ein Bad?", fragt der eine. – „Wieso", fragt der andere dagegen, „fehlt eins?"*[4]

Freud sieht hier ein komisches Missverständnis wirken, man lache über die durch den Sprachwitz bildlich hervorgerufene Vorstellung eines gestohlenen Bades. Zugleich lässt sich fragen, ob die beiläufige Reproduktion der Stereotype ungewaschener und krimineller ‚Ostjuden' so harmlos ist? Offenbart sich in Freuds Achtlosigkeit gegenüber dem Vorurteil vielleicht ein heimliches Vergnügen daran? Artikuliert sich hier die Überheblichkeit assimilierter deutschsprachiger Jüd*innen gegenüber den Jüd*innen Galiziens oder Polens? Lachen Jüd*innen über Jüd*innen, aber eben über andere Jüd*innen? Oder zeigt sich hier die jüdische Selbstironie, die sich über Ressentiments erhebt? Spielt der Witz dem Antisemitismus der Zeit achtlos zu? Wäre das noch ein jüdischer Witz, wenn ein*e Antisemit*in über ihn lachen oder ihn erzählen würde?

Die Fragen umreißen die Deutungsmöglichkeit der scherzhaften Beziehungen innerhalb von Minderheiten. Ähnlich komplexe Beziehungen zeigen sich in der Debatte um Schwarze US-amerikanische Scherzkulturen. Freud erlaubte das Erzählen jüdischer Witze, an bestimmte Aspekte seiner Herkunft anzuknüpfen, sie stolz und liebevoll fortzusetzen und zugleich Distanz und sicherlich auch Ressentiments gegenüber Jüd*innen aus Osteuropa aufrechtzuerhalten. Für die weitere Diskussion lässt sich festhalten, dass eine politische oder ästhetische Bewertung von Witzen die widersprüchlichen Anerkennungsbeziehungen des komischen Diskurses berücksichtigen muss. Ob ich mit oder über jemanden lache und sie dadurch anerkenne oder abwerte, ist oft nicht eindeutig und lässt sich – wenn überhaupt – nur aus spezifischen Situationen und Beziehungen heraus erschließen.

WELCHE WITZE FREUD AUSLIESS Freud nutzte seine Sammlung jüdischer Witze als Anschauungsmaterial für die Schrift *Der Witz und seine Beziehung zum Unbewussten*, die er 1905 veröffentlichte. Die jüdischen Witze werden dort eingereiht in den Kanon des Bildungsbürgertums, sie stehen neben höfischen Bonmots und Spitzfindigkeiten von Rousseau bis Heine. Im Buch selbst geht es weniger um die Analyse des Komischen, erst recht nicht um etwas so Partikulares wie den jüdischen Witz. Am Beispiel der Witze sucht Freud vielmehr nachzuweisen, dass es ein Unbewusstes, genauer gesagt: die Psychodynamik, gibt. Diese artikuliere sich in Versprechern, in Träumen und in der Reaktion auf Witze.

Im Verlauf des Buches analysiert Freud eine ganze Reihe jüdischer Witze und ordnet sie den harmlosen, zynischen oder skeptischen Witzen zu. Über den jüdischen Witz selbst spricht er in zweierlei Hinsicht: Ganz beiläufig führt er wieder und wieder das tiefe Wahrheits-, Reflexions- und Widerstandspotential des jüdischen Humors vor:

4 Freud: Der Witz und seine Beziehung zum Unbewußten, S. 49.

> *Es läßt sich laut sagen, was diese Witze flüstern, daß die Wünschen und Begierden des Menschen ein Recht haben sich vernehmbar zu machen neben der anspruchsvollen und rücksichtslosen Moral.*[5]

Einen zweiten Punkt macht er in einem kurzen Absatz, in dem er jüdische Witze von ‚Judenwitzen' abgrenzt. Diese sind „zu allermeist brutale Schwänke, in denen der Witz durch die Tatsache erspart wird, daß der Jude den Fremden als komische Figur gilt."[6] Antisemitische Witze sind somit genau genommen keine Witze.

Den psychoanalytisch geschulten Kommentator*innen der Nachwelt blieb nicht verborgen, was Freud in diesen Überlegungen auslässt: In der Diskussion des aggressiven Witzes diskutierte er sexistische, tatsächlich aber recht harmlose Witze, die unterdrückte sexuelle Bedürfnisse artikulieren. Feindselige Witze ersetzten in der Moderne die gewaltsame Auseinandersetzung, so Freud weiter, vor allem aber äußern sie in ungleichen Machtverhältnissen Kritik. Auf antisemitische oder rassistische Witze seiner Zeit, Witze jenseits brutaler Schwänke, auf ihre psychische und soziale Bedeutung, geht er bemerkenswerter Weise nicht ein.[7]

Nun gibt es keine Notwendigkeit, sich neben jüdischem auch mit antisemitischem Humor zu beschäftigen, doch sprechen für Freuds Auslassung spezifische zeithistorische und theoriepolitische Gründe. Die gewaltvollen Dimensionen des Komischen fügen sich nicht ganz in Freuds psychodynamisches Schema des Lustgewinns durch Gefühlsersparnis ein. Darüber hinaus stellt subtiler antisemitischer Humor die klare und insbesondere für bürgerliche Selbstverständnisse opportune Unterscheidung eines aufgeklärten Humors und dummer ‚Judenwitze' in Frage. Weitergehend verweist diese humortheoretische Leerstelle auf die schwierige konzeptionelle Einordung von menschenverachtendem Humor. So klar an vielen Stellen die Unterscheidung geistreicher, selbstreflexiver jüdischer Witze und aggressivem antisemitischen Humor ist, so stellen sich gerade mit der wachsenden Verbreitung marginalisierter Witzkulturen unbehagliche Fragen nach Aneignungen und ambivalenten Deutungen: Neben antisemitischen Äußerungen, die sich der Witzform nur bedienen, gibt es eine ganze Reihe von Scherzen, die antisemitisch und lustig sind, die komisch sind, sich kritisch verstehen und dennoch Antisemitismus Vorschub leisten. Die vermeintlich klare theoretische Unterscheidung sucht hier ein Unbehagen einzudämmen, dem gerade marginalisierte Gruppen immer wieder ausgesetzt sind – mit wem lache ich hier, über wen oder was lachen wir gerade vermeintlich gemeinsam?

KOMIK, ANTISEMITISMUS UND RASSISMUS Die Bedeutung von Scherzkulturen für die Reproduktion von Machtverhältnissen sollte jedoch nicht unterschätzt werden: Eine ganze Reihe rassistischer wie antisemitischer Bilder entstanden und verbreiteten sich im Medium des Komischen, in Minstrel Shows, *Stürmer*-Karikaturen oder eben in ‚Judenwitzen' in den Zeitungen und Kaffeehäusern der zwanziger Jahre. Das Komische erlaubt es, Widersprüche (schmächtige Würstchen und überpotente Weltherrscher) zu vereinigen. Witze und andere

5 Freud: Der Witz und seine Beziehung zum Unbewußten, S. 104.

6 Ebd., S. 106.

7 Michael Billig: Freud and the Language of Humour. In: *The Psychologist* 15,9 (2002), S. 452–455; Michael Turnheim: *Das Andere im Gleichen. Über Trauer, Witz und Politik*. Stuttgart: Klett-Cotta 1999.

Formen des Komischen entstehen entlang gesellschaftlicher Macht- und Ungleichheitsverhältnisse, dort wo Dinge widersprüchlich und hässlich sind. Sie formieren einen konversationellen Rahmen, der einen Sprechakt als Nicht-Ernst-Zu-Nehmen markiert. Darin lassen sich mühelos widersprüchliche, beleidigende oder größenwahnsinnige Dinge aussprechen, denn es bleibt offen, ob etwas scherzhaft fabuliert ist oder die Wahrheit abbildet, ob eine Beleidigung liebevoll oder höhnisch erfolgt. Zugleich ist der*die Zuhörer*in konversationell gezwungen, so sie nicht als humorlos gelten will, den Witz mit Lachen zu goutieren.

So schwer die Unterscheidung von rassistischen und migrantischen, antisemitischen und jüdischen Witzen abstrakt zu bestimmen, ist, aus Perspektive der Akteur*innen lässt sie sich situativ meist klar benennen. Die meisten Menschen spüren (zumindest retrospektiv) den Unterschied zwischen einem wunderbar grenzüberschreitenden Witz und einem antisemitischen, situativ unangemessenen oder schlecht erzählten. Doch finden Jüd*innen, Migrant*innen oder Schwarze Deutsche in den öffentlichen Humordiskursen selten Gehör. Sie gelten vielmehr schnell als voreingenommene oder überempfindliche Spielverderber*innen – die keinen Spaß verstehen. Die Perspektive der von Antisemitismus und Rassismus Betroffenen bleibt insbesondere in der gegenwärtigen deutschen Debatte vernachlässigt. Diese ist vielmehr auf der einen Seite von einer moralistischen Verdammung bestimmter Scherzkulturen und auf der anderen von einer abstrakten Verteidigung der Narren- und Kunstfreiheit geprägt, wobei beide Ansätze Antisemitismus und Rassismus im Modus des Komischen verharmlosen. Einer gelungenen Humorkritik, die sich nicht in Bagatellisierung oder moralistischer Empörung verlieren will, gilt es daher, gesellschaftliche Bedingungen der Wirkung und Rezeption zu analysieren und die unterschiedlichen Verletzlichkeiten im Scherz ernst zu nehmen.

SALCIA LANDMANN UND DER ERMORDETE JÜDISCHE WITZ Als seltsames Artefakt deutsch-jüdischer Nachkriegsgeschichte steht der 500 Seiten dicke orangefarbene Leinenband *Der jüdische Witz. Soziologie und Sammlung*, herausgegeben von Salcia Landmann, bis heute in vielen bundesdeutschen Bücherregalen. Wohlwollend gelesen ist die Arbeit ein ausufernder und missglückter Akt der Trauer, ein Versuch, die durch die Shoah vernichteten galizischen Lebenswelten und ihre Scherzkulturen für eine Nachwelt zu bewahren. War Freuds Strategie das Einreihen jüdischer Witztraditionen in den bürgerlichen Kanon, geht es Landmann ein halbes Jahrhundert später darum, eine Sammlung guter, spezifischer und verbürgt jüdischer Witze anzulegen, „denn von den kläglichen Überresten aus den Hitlermassakern ist eine Neubelebung des jüdischen Witzes nicht zur erwarten."[8] Man könne den Witz nur noch „sammeln, analysieren und ihn, solange uns seine Voraussetzungen noch nicht zu fremd geworden sind, verstehen und genießen."[9] Landmann verschriftlicht die Witze in ein mit jiddischen Einfärbungen versetztes Hochdeutsch und versieht sie mit Kommentaren. Beim Lesen wird schnell deutlich, dass sich die Sammlung vor allem an eine nicht-jüdische oder von dem Jüdischen gänzlich abgeschnittene Leser*innenschaft richtet. Kultur- und Religionsgeschichte werden dieser beständig erklärt und im schlimmsten Fall über

8 Salcia Landmann (Hrsg.): *Der jüdische Witz. Soziologie und Sammlung*. 7., überarb., erw. Aufl. Frankfurt am Main/Wien/Zürich: Walter 1972, S. 47.

9 Ebd., S. 51.

Vergleiche nähergebracht: der Jeshiwe-Bocher wird mit dem mittelalterlichen Theologiestudenten verglichen, die Stadt Chelm wird zum jüdischen Schilda. Landmanns soziologische Einleitung mäandert zwischen einer Kulturgeschichte aschkenasischen Humors und jüdischer Geschichte seit dem Auszug aus Ägypten. Sie verläuft sich in unsystematischen Erzähleinschüben, rechtfertigenden Erklärungen und ständigen Abgrenzungen von möglichen antisemitischen Interpretationen. Nur wenige Jahre nach der Shoah zeugt Landmanns Arbeit vor allem von Verlust und den fehlenden Adressat*innen ihrer Sammlung.

Aus heutiger Sicht fallen zugleich Landmanns verkürzende und bornierte historische Ausführungen auf. Diese sind Ausdruck kulturalistischer Wissenschaften der fünfziger Jahre wie der eurozentrischen, rassistischen und klassistischen Ressentiments gebildeter deutscher Jüd*innen[10]: Den Chassidim* und sephardischen Jüd*innen sowie den vom Studium ausgeschlossenen Frauen* spricht Landmann ob mangelnder Bildung eigene Scherzkulturen ab. Der amerikanischen Diasporakultur und dem Staat Israel prophezeit sie aufgrund fehlender intellektueller Betätigung wie der Abwesenheit von Not und Unterdrückung das baldige Ende echter jüdischer Witzkulturen. So hat Landmanns Sammlung neben dem tieftraurigen auch einen peinlich selbstgerechten Charakter.

Trotz und sicherlich auch aufgrund dieser Mängel blieb das Buch jahrelanger ein Bestseller und war auch in der jüdischen Welt beliebt. Als 1971 die 7. Auflage erschien, hatte Landmann dank Zusendungen von Witzen aus Österreich, Deutschland und Israel 200 Seiten Material ergänzt. Derweilen fanden jüdische Intellektuelle für Landmanns mit „stilistischer Holprigkeit" und in „barbarischer Gefühllosigkeit" vollzogene „Pointenmassaker" nur Hohn und Sorge; „Salcia Landmann ermordet den jüdischen Witz", titelt der Essayist Friedrich Torberg in seinem 1961 erschienenen, wunderbar gnadenlosen Verriss:

> *[Landmanns Juden sprechen] ein Hochdeutsch, das zur Diktion eines Juden – noch dazu eines Juden in der Anekdote – ungefähr so gut paßt wie die Faust aufs Auge oder die Salcia Landmann zum jüdischen Witz. Aber sie läßt ihre Juden ja auch im Imperfektum reden und läßt sie Ausdrücke gebrauchen wie „jeweils", „allerdings" und andere, die einem Juden – noch dazu einem Juden in der Anekdote – niemals über die Lippen kämen. Sie hat überhaupt kein Ohr für den Unterschied zwischen indirektem Bericht und direkter Rede [...] kein Ohr für Tonfälle und Akzente (geschweige denn für den Humor, der ihnen innewohnen kann) und wenn sie sich gelegentlich einer Sprachfärbung unterfängt, wird die Farbe gleich so dick aufgetragen, daß statt des nuancenreichen Jargons, der die Atmosphäre beleben würde, ein plumpes Gejüdel zustande kommt, das die Atmosphäre erschlägt (und meist die Pointe dazu).*

In ihren schlimmsten Passagen sei die Sammlung Beweis,

> *daß die Juden [...] nur mit den Händen reden und nicht einmal anständig reden können, sondern mauscheln; daß sie Vogeldreck und Wassergeruch heißen; Moische Blitzableiter*

10 Landmanns Text trägt deutliche Spuren der Völkerkunde. Sie kritisiert zwar die NS-Rassenlehre, spricht aber im selben Moment von den Juden als „Mischvolk" und unterscheidet zwischen harten Südjuden und weichen Ostjuden. Auch ein ausgeprägter Klassismus prägt Landmanns Text, der armen jüdischen Communities ob mangelnder Gelehrsamkeit kritikunfähige Frömmigkeit und fehlende Geistesgewandtheit unterstellt.

und Joine Treppengeländer und sich in Ausrufen ergehen wie „Wai Geschrien!", „Gewalt geschrien!", „Wie haißt" und „Gott über die Welt". [11]

Man könne schließen, das Buch sei so populär, „weil es den Vorstellungen entgegenkommt, die sich ein deutscher Durchschnittsbürger von den Juden macht"[12]. Noch unbehaglicher ist jedoch der Gedanke, das Buch ermögliche Verständigung oder gar eine Entkrampfung. „Gott erhalte den Deutschen ihre Verkrampfung, eh daß sie sich mit Hilfe dieses Buches löse."[13] Der wohlwollende Deutsche verstehe schließlich nicht, dass das, was ihm Landmann vorgelegt, weder jüdisch noch witzig sei. Mit diesem Unwissen könne er sich befriedigt dem prickelnden Gefühl der Wiedergutmachung widmen – so Torberg.

Die unheimliche Popularität wie das Scheitern der Sammlung Salcia Landmanns zeugt von dem tiefen Bedürfnis, das jüdische Lachen gerade nach der Shoah zu bewahren, und verdeutlicht, was verloren geht, wenn man das lebendige und sozial tief verankerte kommunikative Genre archiviert – noch dazu im antisemitischen Kontext der deutschen Nachkriegszeit. Zugleich ist es allem intellektuellen Hohn zum Trotz eben diese folkloristisch verkürzte, im Witz kanonisierte Form jüdischen Humors, die nichtjüdischen Deutschen einen Zugang und auch neue Anknüpfungspunkte zu jüdischem Leben öffnete. Entgegen einer selbstethnisierenden Verklärung jüdischen Humors zeigt die Sammlung zuletzt, dass es unter den jüdischen Witzen neben den tiefsinnigen auch platte und schlecht erzählte Witze gibt – wieso auch nicht? Es gibt dumme jüdische Witze, aber die lassen wir nach der Geburt gleich taufen, mögen hier die Verteidiger*innen des jüdischen Witzes einwenden. Mir liegt jedoch weitergehend an der Überlegung, dass es bei der Archivierung auf die soziale Einbindung des Archivs, auf die Auswahl und das richtige Erzählen ankommt.[14] Und dass die Mythologisierung jüdischer Witze bei allem guten Willen oft die Pointe verhaut.

DER ZERSTREUTE WITZ

Seinfeld: "I wanted to talk to you about Dr. Wadley. I have a suspicion that he converted to Judaism purely for the jokes."– Priest: "And this offends you as a Jewish person?"– Seinfeld: "No it offends me as a comedian."[15]

Es brauchen nur zwei Russen oder drei Juden oder einfach Bürger irgendeiner Nationalität, obgleich einer sowjetischen, aus einer russischen oder einer tschechischen, polnischen – kurzum aus sozialistischer Schule – zusammenkommen und wir beginnen uns gegenseitig mit Witzen zu infizieren: Völlig egal von welcher Art sie sind. Es ist schön zu fragen: „Können Sie sich noch an den Witz erinnern: Wie Wasilij Iwanowich Tschapaew ... ?" Und als Antwort zu hören: „Aber wie denn! Natürlich erinnere ich mich. Und ich kann Ihnen erzählen ..." Es ist schön

11 Friedrich Torberg: In Sachen jüdischer Witz: Wai geschrien! Oder Salcia Landmann ermordet den jüdischen Witz. In: Ders.: *PPP: Pamphlete, Parodien, Post Scripta. Gesammelte Werke in Einzelbänden*. München/Wien: Langen & Müller 1964, S. 183–211, hier S. 207.

12 Ebd.

13 Ebd., S. 206.

14 Dies verdeutlichen andere Archive wie das Videoprojekt *Old Jews Telling Jokes*, siehe https://www.youtube.com/channel/UCl86U7mrN6LElGurtVxvS1A (Zugriff am 11.06.2018).

15 *Seinfeld* (US 1989–1998, NBC), S08/E19.

> *jemanden zu kennen, jemanden zu sehen, der von Witzen eingenommen ist. Einer der Unseren, wir verstehen uns mit einem Wort, einer Anspielung. Wir haben zusammengefunden.*[16]

Mit diesen Worten beginnt Abram Terz 1978 in der ersten Ausgabe der in Paris publizierten Literaturzeitschrift *Syntaxis* einen Essay über den „Witz im Witz“. Terz ist das Pseudonym des Schriftstellers und Philologen Andrej Sinjawskij,[17] der nach einem Schauprozess gegen ihn und seinen Kollegen Juli Daniel in den Siebzigern die Sowjetunion verlassen konnte (und musste). Sinjawskij geht es darum, den Witz als Miniaturform des großen Witzes als kulturwissenschaftlichen Forschungsgegenstand zu etablieren. Sein Beitrag steht beispielhaft für Publikationen sowjetischer Emigrant*innen zum Komischen und dem sowjetischen Witz im Besonderen. Seit den frühen fünfziger Jahren entstanden im Exil eine Reihe Anthologien sowjetischer und sowjetisch-jüdischer Witze und wissenschaftlicher Abhandlungen über sie.[18] In den Debatten des ‚Kalten Kriegs‘ wurden die Witze auch ausgehend von den Diskursen der Emigrant*innen zum vermeintlich unmittelbaren Ausdruck des sowjetischen Widerstands. Als Barometer der Unzufriedenheit mit dem sowjetischen System druckte sie die *New York Times* eine Weile wöchentlich ab. Auf den Höhen des ‚Kalten Kriegs‘ baute der sowjetische Komiker Jaakow Smirnoff fast ausschließlich über das Genre der *in-Soviet-Russia*-Witze eine Karriere auf. Und auch ein Ronald Reagan schmückte seine Reden mit gut platzierten sowjetischen Witzen.[19]

Der Erfolg sowjetischer Witze in einer von jüdischem Humor geprägten USA erzählt auch eine Geschichte des Aufstiegs jüdischer Comedians auf beiden Seiten des ‚Eisernen Vorhangs‘. Jüdische Autor*innen brachten Stimmungen und Stile ein, etablierten jüdische Figuren und Redensarten im kollektiven amerikanischen wie sowjetischen Gedächtnis, nicht ohne zugleich neue Klischees zu produzieren. Namen wie Lenny Bruce, Tom Lehrer, Joan Rivers, Woody Allen, Jerry Seinfeld und Sarah Silverman auf der einen Seite und Ilja Ilf, Faina Ranewskaja, Arkadi Raikin, Michail Schwanezki, Igor Gubermann oder Wiktor Schenderowitsch auf der anderen erzählen Geschichten des sozialen Aufstiegs – trotz des Antisemitismus und sozialer Exklusion in beiden Kontexten. Ihre Arbeiten machen die Unterscheidung von jüdischem und sowjetischem bzw. jüdischem und US-amerikanischem Humor oft hinfällig. Sie zeigen, wie Erfolge in der Unterhaltungsindustrie Räume erweitern, Antisemitismus oder Rassismus stellenweise überwinden, aber nicht auflösen, sondern verändern und oft doch wieder fortschreiben. Das im Komischen verhandelte Verhältnis von Mehr- und Minderheiten bleibt ein widersprüchliches.

---

16 Abram Terz: Анекдот в анекдоте [Witz im Witz]. In: *Syntaxis* 1 (1978), S. 77–95, hier S. 77 (Übers. D. K.).

17 Sinjawski veröffentlichte als ethnischer Russe im Westen unter dem jüdischen Pseudonym Abram Terz, während sein jüdischer Freund und Kollege Juli Daniel unter dem russisch klingenden Namen Nikolai Arschak publizierte.

18 Ewgenii Andreevich: *Кремль и народ. политические анекдоты* [*Kreml und Volk. Politische Witze*]. München: Golos naroda 1951; Emil Draitser: *Forbidden Laughter. Soviet Underground Jokes*. Los Angeles: Almanac 1978; David A. Harris / Izrail Rabinovich: *The Jokes of Oppression. The Humor of Soviet Jews*. Northvale: Aronson 1995; György Dalos: *Proletarier aller Länder, entschuldigt mich. Das Ende des Ostblockwitzes*. Bremen: Temmen 1993.

19 Ben Lewis: *Hammer & Tickle. The History of Communism Told Through Communist Jokes*. London: Phoenix 2009.

Terz' Text beschwört zuletzt die soziale Bindungs- und Erinnerungskraft des Komischen. Dieses prägte die Emigration der siebziger Jahre wie die heutigen (russischsprachigen) jüdischen Diasporas. Das Weitererzählen von Witzen verbindet jüdische Menschen unterschiedlicher Generationen an verschiedenen Orten mit eigenen und anderen Geschichten. Mein eigenes Verständnis der Erfahrungen sowjetischer Jüd*innen entwickelte ich auch über die Witze, die mir darüber erzählt wurden. Diese waren nicht einmal unbedingt komisch, sie zum hundertsten Mal erzählt und erklärt zu bekommen, machte es oft nicht besser – wobei dies wiederum eine eigene subtile Komik entwickeln kann. Witze funktionieren jedoch vor allem als intergenerationale und transnationale Träger gelebter Erfahrungen, die ganze Lebenswelten komprimieren und tiefe atmosphärische und gesellschaftsanalytische Einblicke geben.[20]

WÜRDE UND WITZ. DIE ZUKUNFT DES JÜDISCHEN WITZES „Eine Jüdin, eine Kurdin und eine Ossi kommen in eine queere Bar ..." Ach, Sie verstehen den eh nicht oder kennen ihn schon lange! Wenn nicht, ist es nicht schlimm, denn Witze, auch jüdische, verlieren an Bedeutung. Witzsammlungen sind durch das Internet demokratisiert, der komische Diskurs wird von Memes und YouTube-Clips bestimmt und die jüdischen Comedians der Bundesrepublik richten sich mit ihren Scherzen, vielleicht unwillkürlich weiter auf Salcias Landmanns Spuren wandelnd, vor allem an ein mehrheitsgesellschaftliches Publikum. Der spannende migrantische, jüdische oder queere Humor findet abseits der mehrheitsgesellschaftlichen Öffentlichkeit statt, in den Küchen und Büros unter Freund*innen und Kolleg*innen, auf der Straße zwischen Fremden. Hier sind ironische Kommentare, Neckereien und Beleidigungen von zentraler Bedeutung für die Aushandlungen der Widersprüche einer postmigrantischen Gesellschaft. Der komische Diskurs ist Austragungsort des postmigrantischen Zusammenlebens, hier werden innerhalb und zwischen verschiedenen Communities Erfahrungen ausgetauscht, streitbare Positionen und Grenzen abgesteckt. Witze werden in neuen Kontexten weitergegeben, jüdische Witze von Nicht-Jüd*innen erzählt, antisemitische Kommentare können zur Vorlage für geniale Stand-Up-Nummern werden, rassistische Witze werden umgewandelt in widerständige migrantische Alltagskultur. Witzstrukturen werden gesampelt und umgedeutet. Fragen danach, wer, welche Witze machen kann, lassen sich im Feld des Komischen nicht nur mit Verweis auf Zugehörigkeit beantworten. Vielmehr stellen sie sich als Fragen der Haltung, der Ausführung und Situierung. Die Grenzen des Komischen und die Bestimmung von rassistischem, antimuslimischem oder antisemitischem Humor sind gerade Gegenstand der Verhandlung von intersektionalen Ungleichheiten einer postmigrantischen Gesellschaft.[21] Denn in einer Bundesrepublik, die sich mehrheitsgesellschaftlich über liberale Werte definiert, werden diskriminierende Äußerungen und herabwürdigende Repräsentationen oft scherzhaft artikuliert. So sehr in den liberalen Teilen der Gesellschaft niemand ernsthaft Rassist*in oder Antisemit*in sein möchte, so leichtfertig fallen scherzhafte Bemerkungen über Haare und Herkunftsland und werden Versatzstücke historischer Antisemitismen und Rassismen ironisch zitiert. Gleichzeitig findet ein extrem

20 Klingenberg: Konversationelle Grenzüberschreitungen.

21 Simon Weaver: *The Rhetoric of Racist Humour. US, UK and Global Race Joking*. Farnham/Burlington: Ashgate 2011.

menschenverachtender und gewaltvoller Humor über die medialen Kanäle der alten und Neuen Rechten eine beunruhigend normalisierte Verbreitung. Dies betrifft im Internet kursierende Sammlungen antisemitischer und rassistischer Witze. Vor allem aber werden im Modus des Ironischen, der Satire oder Groteske die vermeintlichen Grenzen der ungeliebten politischen Korrektheit angegriffen und Errungenschaften sozialer Kämpfe marginalisierter Gruppen lustvoll unterlaufen.[22] Hier ist die Diskussion, welche Witze rassistisch und antisemitisch sind, wie ihnen zu begegnen ist, Teil der dringend zu führenden Auseinandersetzung über alltäglichen und strukturellen Rassismus und Antisemitismus: Eine emanzipatorische Diskussion muss lernen, ernsthaft über Scherzkulturen der Migrationsgesellschaft zu streiten. Eine solche Diskussion komischer Tradition und Gegenwart kann sich nicht auf moralische oder identitätspolitische Standpunkte verlassen. Vielmehr gilt es, ästhetische und politische Kriterien weiterzuentwickeln, die dem komplexen und dynamischen Ineinandergreifen von Machtstrukturen und internen Widersprüchen vermeintlich homogener Communities gerecht werden; sie müssen eine Kritik des Komischen ausgehend von den Verletzlichkeiten und den Schlagfertigkeiten sozialer Akteur*innen entwerfen.

22 Emily Nussbaum: How Jokes Won the Election. In: *The New Yorker*, 23.01.2017. https://www.newyorker.com/magazine/2017/01/23/how-jokes-won-the-election (Zugriff am 22.06.2018).

4 — ד

VERGESSEN, ÜBERSEHEN, VERDRÄNGT

JA, EIN VORBILD: JEANETTE WOLFF!

MICHA BRUMLIK

Am 22. Juni dieses Jahres war ein hundertdreißigster Geburtstag zu begehen. Zu gedenken war an diesem Tag einer mutigen Frau, die als Jüdin und Sozialdemokratin nicht bereit war, sich von Antisemiten, von Nationalsozialisten vorschreiben zu lassen, ob sie zu Deutschland gehört oder nicht. 1888 in Bocholt geboren, legte die gelernte Kindergärtnerin 1909 das Abitur in den Niederlanden an einem Abendgymnasium ab und zog noch im selben Jahr – nach dem frühen Tod ihres ersten Mannes – wieder nach Bocholt, wo sie Hermann Wolff kennenlernte, den sie 1910 heiratete. In Bocholt kaufte das junge Ehepaar eine Textilfabrik, in der sie schon 1912 den acht Stunden Tag einführten. 1933 wurde Jeanette Wolff als aktive Sozialdemokratin von den Nationalsozialisten zunächst für zwei Jahre in ‚Schutzhaft' genommen, um nach ihrer Entlassung 1935 in Dortmund eine Pension für Jüdinnen und Juden zu eröffnen. Ihr Mann Hermann Wolff wurde in das KZ Sachsenhausen deportiert, ihre Tochter Käthe 1944 im KZ Ravensbrück erschossen. Jeanette Wolff selbst wurde 1942 nach Riga deportiert und leistete als Zwangsarbeiterin im KZ Riga-Kaiserwald Frondienste, um schließlich ins KZ Stutthoff deportiert zu werden, wo sie endlich von der Roten Armee befreit wurde.

Aktive Bürgerin durch und durch war sie von 1946 bis 1951 Stadtverordnete der SPD in Berlin, um 1952 als Nachrückerin Bundestagsabgeordnete zu werden. Sie gehörte dem Parlament bis 1961 an und hielt dort bereits 1955 eine Aufsehenerregende Rede gegen den Neonazismus. Als Mitbegründerin der Gesellschaft für Christlich-Jüdische Zusammenarbeit war sie zudem von 1965 bis 1975 stellvertretende Vorsitzende des Zentralrats der Juden in Deutschland. Jeanette Wolff starb hochbetagt, nach einem ebenso leidgeprägten wie dann doch erfüllten Leben im Jahr 1976.

FRAGMENTS OF MEMORY

A Multimedia Project in Response to Debora Vogel and Her Hometown of Lviv, a Microcosm of Europe's Turbulent 20th Century

ASYA GEFTER

I was born in Moscow in 1980. Growing up, I recall not understanding what it was to be Jewish, why my surname was different from many others, why some kids called me derogatory names. Despite occasionally celebrating Jewish holidays at my great-aunt's flat, my environment didn't quite connect with the traditions of my grandparents, who never talked about their childhoods in the Ukraine and Belorussia. Besides, unlike anyone else in my family circle, I did lots of sport, which added to my lack of understanding of who I was and the world around me.

I was 19 when I went to Israel. I had been independent since an early age, but this first solo trip opened a door: I felt free for the first time. So, when one of my father's friends asked me what my plans were, I surprised myself by saying I wanted to go to Europe. "But there is nobody waiting for *us* in Europe?!" His words hung in the air. On my return to Moscow, I was now driven like never before – I had to get to Europe. A Dutch scholarship, student visas, odd jobs, and in 2003, I found the place I fell in love with – London. London shaped me. Local and global stories, people from all walks of life. The outsider in me was accepted here and yet I kept looking for something – I wanted to belong but to not get lost. By doing London-based and overseas projects about other communities, I was searching for my own identity.

My grandfather was a historian who said that genocide is never against someone, genocide is always against everyone. He never talked about growing up without a father, about losing his mother and cousin in the Holocaust and his uncle in Stalin's purges. For him, as for many people of his generation, there was a life before WWII and a life after. But I knew none of it when, in Spring 2015, from out of the blue, an email from my uncle popped up. Attached were scans

of four postcards sent by my great-grandmother shortly before she was killed in the mass-murder of the Jewish population of Crimea in 1941. It was the first time I heard about her. She had a name. She was a piano teacher.

A few months later, my new musician friend from the Ukraine, Olesya Zdorovetska, invited me to come with her to Lviv, to the annual Book Forum. I agreed without hesitating even slightly. Those postcards were on my mind, even though Lviv and Crimea are 1,000 km apart. I also felt the urge to revisit the places of my childhood in the Carpathian Mountains, near Lviv. But most importantly, after years of wandering, I felt like I was getting closer to finding the right doors.

Both with Olesya and on my own, I explored the cobbled streets, peeped into Lviv's courtyards, climbed onto the roofs, wandered in the cemeteries. At the Book Forum, Olesya bought a collection of poetry by Debora Vogel, a female writer, art critic and intellectual, who perished in the Lwów Ghetto in 1942 and remained in obscurity for a long time. Dr. Karolina Szymaniak from Poland has been introducing her work to the world over the course of the last decade. We learned that, between the two wars, Lviv was this inspiring metropolis of modernist thought in philosophy, mathematics, literary theory and the arts, as well as a place of social and ethnic conflicts. It was among Lviv intellectuals and artists during the period of rising chauvinism and anti-Semitism that the idea of an inclusive and open culture was formed. Vogel wrote in Polish, Hebrew, German and Yiddish, the latter which she learned as an adult. She moved between different languages, cultures, groups and places. For me, Vogel became a figure who epitomized both Lviv as a microcosm of Europe's 20th century and my own concept of European identity – a melting pot of different mentalities, cultures and ethnicities, in which I was looking for myself.

Over the next two years, we walked the places Vogel inhabited and wrote about, met people who survived the war or who were born long after, and reconnected with a world that had disappeared. We encountered the story of the former Jewish museum. Without the open-minded, warm and knowledgeable people of Lviv, we would not have had the freedom, the doubts and the confidence to explore. A forceful change of borders, and Holocaust and Soviet deportations have transformed the population of the city. It felt like Vogel herself had taken us on a journey around Lviv and introduced us to people interested in its past and present: people who know instinctively the meaning of the term 'displaced persons', of whom they are all descendants.

What is remembered and what is forgotten? How do you talk about what you can't know? The work that resulted from our journey deals with the fragmented nature of memory, with the presence and absence of people, with personal stories pointing to Leopolis/Lemberg/Lwów/Lviv.

VON EINER FAST VERGESSENEN RETTUNG UND ZWEI WIEDERGEFUNDENEN STÜHLEN

Zu Igal Avidans Mod Helmy

SHARON ADLER

Dass es einige – wenn auch zu wenige – nichtjüdische Deutsche gab, die Jüdinnen und Juden vor den Nazis gerettet haben, ist bekannt. Weniger oft wird erzählt, dass auch Menschen anderer Nationalitäten Jüdinnen und Juden vor den Deportationen bewahrten. Igal Avidan erzählt eine solche Geschichte in seinem 2017 erschienen Buch *Mod Helmy. Wie ein arabischer Arzt in Berlin Juden vor der Gestapo rettete*. Dr. Mohamed „Mod" Helmy, geboren 1901 in Khartoum, 1922 als Medizinstudent nach Berlin gekommen, arbeitet ab 1931 als Assistenzarzt und Urologe am Städtischen Krankenhaus Moabit und promoviert 1937 mit seiner Arbeit *Über das Vorkommen sterilen Eiters in der Harnblase bei echter (renaler) Anurie*. Zunächst profitiert Helmy von der ‚Personalbereinigung' – dem Rausschmiss, der Verschleppung und Ermordung jüdischer Ärzt*innen –, doch schon bald wollen die Kolleg*innen den einzigen verbleibenden ‚Nichtarier', den „Hamit", loswerden. Das Gerücht, er habe Reichsminister Rudolf Heß beleidigt, sorgt nicht nur für seine Kündigung, sondern später auch für eine monatelang andauernde Inhaftierung Helmys in den Jahren 1939 und 1940. Neben Helmy werden weitere 124 Araber*innen, Iraker*innen, ein Palästinenser*innen und zehn Ägypter*innen von der Gestapo verhaftet.

Doch nochmal zurück. Bereits 1938 eröffnet Helmy in der Krefelder Straße 7 (Berlin-Moabit) in einer 4-Zimmer-Wohnung eine Praxis. Zu seinen Patient*innen gehört auch die jüdische Familie Rudnik/Boros: Cecilie Rudnik, Geschäftsführerin eines gutgehenden Obstgeschäfts, ihre zwei Kinder und die elfjährige Enkelin Anna Boros. Die 1925 in Arad (Rumänien) geborene Anna sollte sich

1942 an Mod Helmy wenden, um der drohenden Deportation durch die Nazis zu entkommen – und Helmy hilft: Sie kann in seiner Praxis eine Ausbildung machen, und Mod gibt sie als seine Assistentin aus. Dabei unterstützen ihn seine Freundin Emmy Ernst und seine Patientin Frieda Szturmann. Um Anna dauerhaft schützen zu können, muss jedoch dringend eine andere Lösung gefunden werden.

Mod arrangiert über seine Kontakte zur muslimischen Gemeinde eine offizielle Konversion zum Islam. So wird Anna im Juni 1943 zu „Nadja" und zur Nichte Mods. Sie trägt ein Kopftuch und ist damit auf der Straße für ehemalige Bekannte weniger leicht erkennbar. Der nächste Schritt soll die Rettung für Anna bringen: Eine Heirat mit einem engen Vertrauten Mods, dem Musiker Hammad. Durch die Heirat würde sie einen ägyptischen Pass erhalten, mit dem sie ausreisen könnte. Denn zu diesem Zeitpunkt kursieren in Berlin Informationen von einem Krankenhaus in Alexandria, das jüdischen Flüchtlingen hilft. Das Unterfangen ist äußerst gefährlich: Während einerseits ein ganzes arabisches Netzwerk Annas Konversion und Heirat ermöglicht, gibt es andererseits empfindlich nahe Verbindungen zum Großmufti von Jerusalem, Mohammed Amin al-Husseini, einem engen Freund Hitlers. Denn dessen rechte Hand, Kamal el-Din Galal, ist Generalsekretär des Islamischen Zentralinstituts in Berlin, das Annas Übertrittsurkunde ausstellt.

ÜBERLEBEN IN DER ILLEGALITÄT Im Winter 1943 muss Anna schließlich doch untertauchen, erhält keine Lebensmittelkarten mehr und ist somit komplett von der Hilfe anderer abhängig. Mod überlässt ihr seine Gartenlaube in Berlin-Buch, wo sie sich über ein Jahr lang versteckt hält, meist in einem winzigen Erdloch zum Schutz gegen die Bomben und aus Angst, entdeckt zu werden. Anna Boros überlebt. Noch in Berlin lernt sie ihren Mann Chaim Gutman kennen und wandert in die USA aus.

DIE RECHERCHE Die von Igal Avidan 2017 erschienene Publikation macht auf diese – trotz einer Ehrung Dr. Mod Helmys im Erinnerungsprogramm „Unbesungene Helden" aus dem Jahr 1966 – weitestgehend unbekannte Geschichte einer Rettung aufmerksam. Der in Berlin lebende, israelische Journalist erfuhr am 30. September 2013 durch einen Zeitungsartikel in der israelischen Zeitung *Haaretz* von Helmy und dessen riskanter Rettung der jüdischen Familie Boros. Als Avidan die Meldung las, dass mit Helmy zum ersten Mal ein Araber von der Holocaust-Gedenkstätte als „Gerechter unter den Völkern" geehrt werden sollte, war sein Interesse geweckt: „Ich begriff auf Anhieb die politische Bedeutung dieses offensichtlichen Einzelgängers. Ein Ägypter wie Mod Helmy könnte eine neue Identifikationsfigur für Araber werden und zur jüdisch-arabischen Annäherung beitragen." (S. 13) Avidan, den die Geschichte nicht mehr losließ, entschied sich, ein Buch zu schreiben. Es basiert auf akribischen Recherchen in Archiven, in Adressbüchern und Nachlässen in Berlin, Bukarest und Jerusalem sowie auf zahlreichen intensiven Gesprächen mit Zeitzeug*innen. So rekonstruiert er die Geschichte vor dem Hintergrund der Zeit in imaginierten Dialogen und überlieferten Erinnerungen.

Die zahlreichen Facetten und Perspektiven dieser Abläufe und Schicksale in dieser Rezension *en detail* abzubilden ist eine Herausforderung, denn: Wo soll der Fokus meines Texts liegen? Auf der Geschichte der Rettung der rumänischen Jüdin Anna Boros, ihrer Flucht in die Illegalität und dem Kampf um das Überleben? Oder auf den politischen Verflechtungen zwischen Nazideutschland und Ägypten? Oder wiederum auf der Tatsache, dass der Retter ein Ägypter war? Auch die zahlreichen weiteren involvierten Menschen in Berlin und Buch, die sich auf Avidans Aufruf hin gemeldet haben und ihre Erinnerungen nun erstmals teilen, sind wichtig. Jede einzelne Biographie ist eine Geschichte für sich.

Erzählt werden soll an dieser Stelle eine persönliche Erinnerung der Rezensentin selbst, die sich Ende der 1980er Jahre in West-Berlin zugetragen hat und eine weitere Komponente in die ohnehin schon abenteuerliche Chronik bringt: Berlin-Savignyplatz, ein Trödel- oder Antiquitätenladen reiht sich an den anderen, dazwischen vereinzelt Cafés, von denen einige wenige heute noch existieren. Aus den Augenwinkeln sehe ich im Vorbeifahren zwischen sehr viel Gerümpel zwei Stühle auf der Straße stehen, dahinter ein Schild mit der Aufschrift „Ausverkauf" auf der Fensterscheibe eines heruntergekommenen Geschäfts.

„Halt an", rufe ich meiner am Steuer des klapprigen VW-Golfs sitzenden Freundin zu. Ich springe aus dem Auto. Der Preis haut mich fast um: 120 Mark pro Stuhl. Für mich als Fotografin im zweiten Ausbildungsjahr unerschwinglich. Und doch. Ich muss sie haben. Beide. Ich borge mir das Geld zusammen und hole die Stühle am nächsten Tag ab. Jahrelang schleppe ich sie mit mir herum, lasse sie neu aufpolstern, tackere den Stoff der Sitzfläche im Laufe der Zeit immer mal wieder neu. Ja, ich hänge an diesen beiden Stühlen. Viel später, bei meiner Recherche zu dieser Rezension, sehe ich sie auf einem Foto, das die Familie Rudnik/Boros in ihrem Salon zeigt, abgebildet auf den Internetseiten von Yad Vashem. Ich greife mir die Lupe, gehe mit dem Buch in der Hand und mit wackligen Knien in die Küche. Kein Zweifel möglich, ihre Stühle sind nun meine, sie stehen heute wieder in einer jüdischen Familie.

LEBEN NACH DEM ÜBERLEBEN Dr. Mod Helmy kämpft nach dem Krieg lange Jahre vergeblich um Anerkennung als Verfolgter des NS-Regimes und um Entschädigungsleistungen, die ihm nach zahllosen Klagen schließlich zuteil werden: Erst 20 Jahre nach seinem Erstantrag werden ihm 3.500 DM als Entschädigung für „Schäden an seinem beruflichen Fortkommen" sowie 750 DM für Freiheitsentzug zugesprochen. Mohamed Helmy und Frieda Szturmann werden am 12. März 2013 posthum von der Gedenkstätte Yad Vashem als „Gerechte unter den Völkern“ geehrt. Lange weigert sich Helmys Familie in Ägypten den Preis anzunehmen, bis sein Neffe Nasser Kotby Ende Oktober 2017 die Medaille und Urkunde bei einer Zeremonie in der Israelischen Botschaft in Berlin entgegennimmt.

Anna und Mod halten nach dem Krieg den Kontakt zueinander aufrecht und sehen sich 1969 in Berlin wieder – zwei Jahre nach dem Sechstagekrieg zwischen Israel und Ägypten. Annas Retter Mod Helmy heiratet seine Freundin Emmy, das Paar bleibt kinderlos. Mod stirbt im Alter von 80 Jahren 1982 in Berlin, sein Grab befindet sich auf dem Städtischen Friedhof Heerstraße. Emmy stirbt 1998, sie wird offiziell nicht als „Gerechte unter den Völkern“ ausgezeichnet. Anna stirbt am 16. November 1986 in Atlanta. Anna Boros Gutman hat drei Kinder und sieben Enkelkinder. Dank der mehrjährigen intensiven Spurensuche von Igal Avidan hat diese Geschichte einen würdigen Rahmen gefunden.

Igal Avidan: *Mod Helmy. Wie ein arabischer Arzt in Berlin Juden vor der Gestapo rettete*. München: dtv 2017, 248 Seiten.

Mehr Informationen zu Dr. Mohamed Helmy und Anna Boros Gutman auf *Yad Vashem – The World Holocaust Remembrance Center*:
http://www.yadvashem.org/righteous/stories/helmy-szturmann.html

5 — ה

STREITBARES

„BEI UNS DOCH NICHT“

Abschottung und Abhängigkeitsstrukturen als begünstigende Faktoren für sexuelle Ausbeutung und sexuellen Missbrauch in jüdischen Gemeinschaften

JONAS FEGERT

Aus Angst vor Antisemitismus und der Einmischung der Mehrheitsgesellschaft in innerjüdische Diskurse schotten sich viele jüdische Gemeinden nach außen ab. Vor allem schambesetzte Konflikte und Fehlverhalten in den eigenen Reihen werden vom öffentlichen Diskurs ferngehalten. Wer zum Beispiel in Deutschland Machtmissbrauch wie die Manipulation von Gemeindewahlen in den Medien thematisiert, gilt als Unruhestifter*in, der*die ‚schmutzige Wäsche‘ in der Öffentlichkeit wäscht. Die Angst vor Kritik aus der nichtjüdischen Mehrheitsgesellschaft ist verständlich, genauso sind es die Gefühle der Scham. Sie rechtfertigen aber Intransparenz oder Wegschauen nicht. Schon gar nicht, wenn bei einem Missbrauch von Macht nicht nur materieller Schaden entsteht, sondern auch menschliche Beziehungen belastet werden und Menschen einen erheblichen seelischen Schaden erleiden.

Unbestreitbar ist die Tatsache, dass sexueller Missbrauch weltweit häufig und relativ unabhängig von der jeweiligen Kultur vorkommt.[1] Die aktuellen Angaben zum Dunkelfeld in Deutschland stimmen in der Größenordnung mit den Werten der Weltgesundheitsorganisation für die europäische Region überein. Diese zeigen in einer repräsentativen Befragung mit dem *Childhood Trauma Questionnaire* folgende Ergebnisse: 2,3 % der gesamten deutschen Bevölkerung berichten von schweren bis extremen sexuellen Missbrauchserlebnissen, 5,3 % von mäßigen bis schweren Missbrauchserlebnissen. In der Literatur werden häufig diese 7,6 % als Anhaltspunkt angegeben. Nimmt man weiter gefasste Definitionen waren 13,9 % aller Personen in Deutschland in ihrer Kindheit und Jugend sexuellen Übergriffen ausgesetzt.[2] Am

1 Andreas Jud / Miriam Rassenhofer / Andreas Witt / Annika Münzer / Jörg M. Fegert: *Häufigkeitsangaben zum sexuellen Missbrauch. Internationale Einordnung, Bewertung der Kenntnislage in Deutschland, Beschreibung des Entwicklungsbedarfs.* Berlin: Unabhängiger Beauftragter für Fragen sexuellen Kindesmissbrauchs 2016, S. 42–43.

2 Vgl. Andreas Witt / Rebecca Brown / Paul Plener / Elmar Brähler / Jörg M. Fegert: Child Maltreatment in Germany. Prevalence Rates in the General Population. In: *Child*

häufigsten kommt sexueller Missbrauch in der Familie vor, dennoch darf Missbrauch in institutionellen Kontexten nicht ignoriert werden. Institutionen können Schutzorte für Kinder, Jugendliche und Betroffene darstellen, an denen sie Unterstützung erfahren, es können jedoch auch gefahrvolle Situationen durch Abhängigkeitsverhältnisse in Institutionen entstehen. Obwohl diese Tatsachen unbestreitbar sind, erscheint dieser Beitrag im Kapitel „Streitbares“. Im Folgenden geht es um ein Tabuthema: um sexuellen Missbrauch, sexualisierte Gewalt und Abhängigkeitsstrukturen in jüdischen Gemeinschaften.

Dass eine Debatte hierüber nicht bereits im Gange und zu der Thematik vergleichsweise wenig Literatur zu finden ist, erscheint bemerkenswert. Andere Religionsgemeinschaften und Institutionen mussten sich in den vergangenen Jahren der Auseinandersetzung mit sexuellem Missbrauch und strukturellen Problemen, die diesen begünstigt haben, stellen. Neben der katholischen Kirche sei die evangelische Kirche mit ihren sozialen und kirchlichen Einrichtungen genannt, in denen sich zahlreiche Betroffene im Rahmen eines Aufarbeitungsprozesses geäußert haben.[3] Aber auch exponierte Institutionen der Reformpädagogik wie die Odenwaldschule oder die Kinder- und Jugendheime der DDR sind in den letzten Jahren im Rahmen einer Aufarbeitung des institutionellen Missbrauchs in den Blickpunkt gerückt.

Die Analyse der Ermöglichungsstrukturen sexueller Gewalt in solchen Einrichtungen macht deutlich, dass ein Geheimhaltungsdruck entstand, weil man den Ruf der Institution nicht gefährden wollte. Im Rahmen des sogenannten Missbrauchsskandals 2010 kamen zahlreiche Fälle zur Sprache, die Bundesregierung richtete eine Anlaufstelle für Betroffene ein und ernannte mit der ehemaligen Bundesfamilienministerin, Christine Bergmann, erstmals eine Unabhängige Beauftragte für Fragen des sexuellen Kindesmissbrauchs. Neben der Aufarbeitung vergangener Fälle kümmert sich diese Stelle um Präventionsarbeit wie die Entwicklung von Schutzkonzepten. Die Zentralwohlfahrtsstelle der Juden in Deutschland (ZWST) und der Unabhängige Beauftragte, seit Dezember 2011 ist das Johannes-Wilhelm Rörig, haben im Juni 2016 eine Vereinbarung geschlossen, um den Schutz vor sexualisierter Gewalt in den kommenden Jahren in die Fortbildung von Jugendleiter*innen der Jugendzentren der jüdischen Gemeinden zu integrieren.[4] Diese Vereinbarung müsste mit einer neuen Amtszeit eines Unabhängigen Beauftragten im März 2019 erneuert werden. In der jüdischen und nichtjüdischen Öffentlichkeit ist das Engagement der Gemeinden und Einrichtungen in diesem Bereich bislang jedoch kaum wahrnehmbar.

---

and Adolescent Psychiatry and Mental Health 11,47 (2017). http://capmh.biomedcentral.com/articles/10.1186/s13034-017-0185-0 (Zugriff am 15.05.2018); Dinesh Sethi / Mark Bellis / Karen Hughes: *European Report on Preventing Child Maltreatment*. Kopenhagen: WHO 2013.

3 Vgl. Nina Spröber / Thekla Schneider / Miriam Rassenhofer / Alexander Seitz / Hubert Liebhardt / Lilith König / Jörg M. Fegert: Child Sexual Abuse in Religiously Affiliated and Secular Institutions. A Retrospective Descriptive Analysis of Data Provided by Victims in a Government-Sponsored Reappraisal Program in Germany. In: *BMC Public Health* 14,1 (2014), S. 1–12.

4 Vgl. Frederike Beck: Jüdische Gemeinden engagieren sich für den Schutz vor sexueller Gewalt. In: *Unabhängiger Beauftragter für Fragen des sexuellen Kindesmissbrauchs Online*, 15.06.2016. https://beauftragter-missbrauch.de/presse-service/meldungen/detail/news/juedische-gemeinden-engagieren-sich-fuer-den-schutz-vor-sexueller-gewalt (Zugriff am 15.05.2018).

Ab Oktober 2017 thematisierten weltweit Betroffene unter dem Hashtag *#MeToo* sexualisierte Gewalt, sexuelle Ausbeutung in Abhängigkeitsverhältnissen und Sexismus. Auslöser war das vom Filmproduzenten Harvey Weinstein geschaffene System von Abhängigkeiten, mit dem er Schauspielerinnen jahrelang erpresste, sie zu sexuellen Kontakten zwang, sie nötigte und vergewaltigte. Ein Stab von Mitarbeiter*innen und anderen Akteur*innen deckte über Jahrzehnte Weinsteins Verhalten und half mit, diese Übergriffe zu organisieren.[5]

Eine Beschäftigung mit Fällen sexualisierter Gewalt in Deutschland und weltweit hat in den vergangenen Jahren begonnen – jedoch, wie dieser Beitrag aufzeigen soll, bisher nicht ausreichend in der jüdischen Gemeinschaft. Drei Beispiele sollen für die Thematik sensibilisieren und eine innerjüdische Auseinandersetzung anregen.

SEXUELLER MISSBRAUCH IN DER ULTRAORTHODOXIE Die Bücher der in Berlin lebenden US-amerikanischen Autorin Deborah Feldman haben hierzulande auf den repressiven Charakter chassidischer Gemeinschaften (hebr. *Haredim*) aufmerksam gemacht.[6] Auch in der von Netflix produzierten Dokumentation *One of Us* werden Abhängigkeitsverhältnisse und sexueller Missbrauch in chassidischen Gemeinschaften der USA thematisiert.[7] So wird immer wieder von Übergriffen religiöser Autoritäten auf Kinder berichtet – insbesondere in Jeshiwot und Mikwaot, an Religionsschulen und in rituellen Tauchbädern.[8] In Berichten von Aussteiger*innen geht es aber auch immer wieder um sexualisierte Gewalt in der Ehe.

In vielen chassidischen Gemeinschaften wird ausschließlich Jiddisch gesprochen, die Mitglieder wachsen ohne weltliche Bildung auf und bis auf den familiären Raum herrscht eine strikte Segregation der Geschlechter. Diese Umstände führen für die chassidischen Jüd*innen auch zu Abhängigkeiten und berechtigten Ängsten vor den Konsequenzen die sektenartigen Gemeinschaften zu verlassen. Religiöse Gesetze und autoritäre Gemeinschaftsstrukturen diktieren das Leben. Es gibt religiöse Gesetze, die, fundamentalistisch ausgelegt, das Aufdecken von sexuellem Missbrauch, Nötigung und häuslicher Gewalt zusätzlich erschweren.[9] Ein Beispiel ist das Verbot der *Mesirah* (Aushändigung), das aus dem Babylonischen Talmud abgeleitet wird und in bestimmten Fällen das Informieren von nicht-jüdischen Autoritäten, beispielsweise Gerichten, untersagt. Auch das Brandmarken von Aussagen über sexuellen Missbrauch als *Lashon Hara* (üble Nachrede) und *Chillul Hashem* (Entwürdigung des Gottesnamens) kann bei Opfern die Angst erwecken, dem Ruf der Gemeinschaft zu schaden. Hella Winston macht drauf aufmerksam, dass die Fälle von sexuellem Missbrauch von weiblichen

5 Vgl. Megan Twohey / Jodi Kantor / Susan Dominus: Weinstein's Complicity Machine. In: *New York Times Online*, 05.12.2017 https://www.nytimes.com/interactive/2017/12/05/us/harvey-weinstein-complicity.html (Zugriff am 27.04.2018).

6 Vgl. Deborah Feldman: *Unorthodox. The Scandalous Rejection of My Hasidic Roots*. New York: Simon & Schuster 2012.

7 Vgl. *One of Us* (US 2017, R: Heidi Ewing / Rachel Grady).

8 Siehe u. a. Sharon Otterman / Ray Rivera: Ultra-Orthodox Jews Shun Their Own for Reporting Child Sexual Abuse. In: *New York Times Online*, 09.05.2012. https://www.nytimes.com/2012/05/10/nyregion/ultra-orthodox-jews-shun-their-own-for-reporting-child-sexual-abuse.html (Zugriff am 28.04.2018).

9 Vgl. Hella Winston: So Many Rules, So Little Protection: Sex & Suppression Among Ultra-Orthodox Jews. In: *Lilith Magazine* 31 (2006), S. 10–14; Amy Neusteiner / Michael Lesher: A Single-Case Study of Rabbinic Sexual Abuse in the Orthodox Jewish Community. In: *Journal of Child Sexual Abuse* 17 (2009), S. 270–289, hier S. 270.

Jugendlichen in der Ultraorthodoxie nicht höher sind als die der US-amerikanischen Gesamtgesellschaft, jedoch das autoritär gegliederte System das Anzeigen von Missbrauchsfällen erschwert und Täter*innen seltener mit Konsequenzen zu rechnen haben.[10]

Chassidische Gemeinschaften gibt es vor allem in den USA, Großbritannien und Israel. Es könnte also die Frage gestellt werden, inwiefern die deutsche, nicht ultra-orthodoxe, jüdische Gemeinschaft dieses Problem betrifft. Die Shtetl-Ästhetik der Haredim wird hierzulande oftmals romantisiert: In jüdischen Gemeinden und den Wohnzimmern ihrer Mitglieder hängen die ‚Chagall-Juden' an den Wänden und beim Israel-Urlaub beeindruckt die Religiosität und das traditionelle Leben der Frummen (jidd. für Frommen). Wird Geschlechtersegregation in Saudi-Arabien zu Recht oftmals kritisiert und Muslim*as vorgeworfen, sich nicht ausreichend von dieser zu distanzieren, sind ‚*wir*' bei den eigenen Fundamentalist*innen zu still. Hier sollte genauer hingeschaut und nicht geschwiegen werden.

PERSONENKULT UND (MACHT-)MISSBRAUCH

Shlomo Carlebachs Einfluss auf das moderne Judentum ist unumstritten. Die von ihm komponierten Lieder haben Eingang in Gottesdienste aller Denominationen des Judentums gefunden. Zugleich gilt Carlebach als wichtiger Vorkämpfer für die Emanzipation von Frauen im synagogalen Kontext. Er ordinierte als einer der ersten Personen Frauen zu Rabbinerinnen, setzte sich für die Partizipation von Frauen in Gottesdiensten ein und unterstützte die Women of the Wall.[11]

Carlebach stammte aus einer Rabbiner-Dynastie, wurde in Berlin geboren und floh über Umwege Ende der 1930er Jahre nach New York. Er übernahm nach seiner orthodoxen Ordination die Gemeinde seines Vaters und wurde vom lubawitscher Rabbiner Menachem Mendel Schneerson ermuntert, Universitäten aufzusuchen, um dort Jüd*innen mit religiösen Traditionen in Verbindung zu bringen. In den 1960er Jahren gelangte er mithilfe bekannter Folk-Musiker*innen an der US-Westküste zu Berühmtheit. Zurück in New York wirkte er in den darauffolgenden Jahrzenten vor allem an der Carlebach Shul, die zu einem Anlaufpunkt u. a. für jüdische Hippies wurde; er tourte weltweit zu Gemeinden. Carlebach galt als außerordentlich charismatisch.

1998, vier Jahre nach Carlebachs Tod, veröffentlichte das jüdisch-feministische Magazin *Lilith* einen ausführlichen Artikel, in dem Frauen von sexueller Belästigung und Missbrauch durch den Rabbiner berichten.[12] Ihnen zufolge hätten die Übergriffe an unterschiedlichen Orten und in alltäglichen Situationen stattgefunden und sowohl junge Frauen als auch Minderjährige betroffen. Beispielsweise hat eine ehemalige College-Studentin von einem Übergriff Ende der 1960er Jahre berichtet:

Im Kontext eines Auftritts bei einem jüdischen Ferienlager habe Carlebach eine junge Studentin gebeten, ihm die Umgebung zu zeigen, und nach einem Spaziergang von der Studentin eine Umarmung verlangt. Daraufhin habe er die Frau nicht losgelassen und sich an ihr gerieben, bis er ejakuliert habe. Die Frau schilderte, dass sie den Rabbiner bewundert und die Geschehnisse anfänglich für ein Gebet gehalten habe, bis sie realisiert habe, was ihr widerfuhr. Erfolglos habe sie versucht, sich

10 Winston: So Many Rules, So Little Protection.

11 Sarah Blustain: Rabbi Shlomo Carlebach's Shadow Side. In: *Lilith Magazine* 23,1 (1998). https://www.lilith.org/articles/rabbi-shlomo-carlebachs-shadow-side (Zugriff am 29.04.2018).

12 Ebd.

aus der Position zu befreien, Carlebach habe sich anschließend bei ihr bedankt und sie am darauffolgenden Tag ignoriert. Sie habe sich mit dem Geschehenen alleingelassen gefühlt und erst Jahrzehnte später ihr Schweigen über den Vorfall brechen können.[13]

Die Autorinnen der Berichte wurden nach dem Erscheinen des Artikels von Carlebachs Anhänger*innen diskreditiert. Den Frauen, die den Missbrauch erfahren hatten, wurde der Vorwurf gemacht, sich nicht zu Carlebachs Lebzeiten dazu geäußert zu haben. Zwanzig Jahre nach dem Erscheinen des *Lilith*-Artikels sprach Neshama Carlebach im Zuge der *#MeToo*-Debatte erstmals in einem Blog-Post mit dem Titel „My Sisters, I Hear You“ zu den Vorwürfen gegen ihren Vater. Darin erkennt sie das Leid, das ihr Vater anderen Frauen angetan haben soll, an und schreibt, wie sie selbst als Neunjährige von einem Freund ihres Vaters, einem Rabbiner, missbraucht worden sei. Über ihren Vater führt sie aus:

> *My father, a soul who saw sisters and brothers cut down by the Nazis, who jumped straight from the insular Yeshiva world of his childhood into the boundaryless free-love world of Berkeley in the late 60s, who revolutionized Jewish music forever and embraced every human being, was complicated too.*[14]

Das Zitat erfasst treffend die Ambivalenz des Falls. Die Glorifizierung und der Personenkult schafften es von Carlebachs Missbrauch abzulenken. Wenn Missbrauch in institutionellen Kontexten stattfindet, kann die Aufarbeitung von der jeweiligen Institution gefordert werden. Wie sieht es jedoch aus, wenn sexualisierte Gewalt von jüdischen Individuen verübt wird? Kommt hier anderen Jüd*innen eine besondere Aufgabe zu? Den sexuellen Missbrauch einer 13-jährigen hat Roman Polański zugegeben, über die Missbrauchsfälle um Woody Allen wird schon länger gesprochen und im Zuge der *#MeToo*-Debatte wurde Elie Wiesel sexuelle Belästigung vorgeworfen.[15] Es ist wichtig, dass ‚*wir*‘ nicht wegschauen, wenn jüdische Idole anderen Menschen Leid antun. Glorifizierungen und die Angst vor antisemitischen Pauschalisierungen dürfen nicht dazu führen, dass die Augen dort verschlossen werden, wo ein Hinsehen unbequem ist.

MACHTMISSBRAUCH BEI KONVERSIONSPROZESSEN Rabbiner Barry Freundel aus Washington D.C. galt in den USA als einer der prominentesten Vertreter der modernen Orthodoxie. Er war langjähriger Rabbiner der Synagoge Kesher Israel, unterrichtete als Professor an der Towson und Georgetown University und war als Vize-Präsident des Rabbincal Council of America (RCA) für Konversionsprozesse der Orthodox Union zuständig. 2014 wurde er zu einer Gefängnisstrafe verurteilt, weil er jahrelang Frauen beim Nutzen einer Mikweh, die er mitgegründet hatte, filmte. An die 200 Personen sollen von Freundels Voyeurismus betroffen gewesen sein, vor allem Giur-Kandidatinnen gehörten zu den Opfern, jedoch auch Mitglieder

13 Blustain: Rabbi Shlomo Carlebach's Shadow Side.

14 Neshama Carlebach: My Sisters, I Hear You. In: *Times of Israel Blogs*, 02.01.2018. http://blogs.timesofisrael.com/my-sisters-i-hear-you (Zugriff am 29.04.2018).

15 Vgl. dpa: Polizei ermittelt gegen Roman Polanski wegen sexuellen Missbrauchs. In: *Frankfurter Allgemeine Zeitung Online*, 12.12.2017. http://www.faz.net/aktuell/gesellschaft/kriminalitaet/roman-polanski-us-polizei-ermittelt-wegen-sexuellen-missbrauchs-15338411.html (Zugriff am 29.05.2018); Jenny Listman: When I Was Nineteen Years Old, Elie Wiesel Grabbed My Ass. In: *Medium*, 19.10.2017 https://medium.com/@jblistman/when-i-was-nineteen-years-old-elie-wiesel-grabbed-my-ass-10370829c4bd (Zugriff am 05.05.2018).

seiner Gemeinde und Studentinnen. Nach dem Bekanntwerden der Fälle wurde dem RCA vorgeworfen, zu spät Hinweisen nachgegangen zu sein und so den Machtmissbrauch gedeckt zu haben.[16] Bethany Mandel, die zu den Opfern von Freundel gehörte, verfasste eine „Bill of Rights for Jewish Converts“, in der sie die Abhängigkeitsstrukturen, denen Konversionskandidat*innen ausgesetzt sind, offenlegte und transparentere Prozesse sowie mehr Rechte und Selbstorganisation wie beispielsweise Vernetzungtreffen für Personen im Giur-Prozess einforderte.[17]

Im Gespräch mit Gemeindeinsider*innen aus Deutschland wird klar, dass auch hierzulande die Informalität von Konversionsprozessen ein Problem darstellt – und dies nicht nur in der Orthodoxie. Wer sich auf dem Weg macht, zum Judentum überzutreten, ist auf die Anleitung eine*r Rabbiner*in angewiesen. Diese lassen oftmals ihre Kandidat*innen über die Länge des Prozesses im Ungewissen, was eine psychische Belastung darstellen kann und Abhängigkeiten steigert. Die Konvertierenden betreten eine Gemeinschaft, deren Spielregeln ihnen oftmals nicht bekannt sind; Grenzüberschreitungen sind deshalb schwer einschätzbar. Von Gemeindeautoritäten werden ihnen Aufgaben angetragen, die oftmals nichts mit dem Konversionsprozess zu tun haben. Es ist in deutschen Gemeinden beispielsweise gang und gäbe, dass Giur-Kandidat*innen durch Küchendienste und andere niedere Gemeindetätigkeiten über Jahre ihre Loyalität ‚beweisen' müssen. Weil Gemeinden und ihre Mitglieder davon profitieren, werden Giur-Kandidat*innen oftmals bewusst in dieser vulnerablen Situation gelassen. Ein Abhängigkeitsverhältnis zwischen Giur-Kandidat*in und Rabbiner*in besteht in jedem Fall, wenn dieses Verhältnis jedoch missbraucht wird, Gefälligkeiten verlangt oder Grenzen der Nähe überschritten werden, darf nicht weggeschaut werden.

SCHMUTZIGE WÄSCHE Die aufgezeigten Formen des Missbrauchs und der sexualisierten Gewalt unterscheiden sich stark voneinander, auch die Qualität des Machtmissbrauchs. Jedoch zeigen die Beispiele, dass ein „Bei uns doch nicht“ nicht aufrechterhalten werden kann – auch Jüd*innen, natürlich nicht, weil sie Jüd*innen sind, nutzen Abhängigkeiten aus und auch in deutschen jüdischen Gemeinden wird hinter vorgehaltener Hand von Fällen sexualisierter Gewalt berichtet. Darüber hinaus stellen sich für Deutschland unter anderem folgende Fragen: Welche Formen der finanziellen und persönlichen Abhängigkeiten hat die Integration von Migrant*innen aus den Staaten der ehemaligen Sowjetunion in die deutschen jüdischen Gemeinden und Institutionen produziert? Sind bei den Ferienfreizeiten der ZWST, Zionistischen Jugend in Deutschland (ZJD) und bei Netzer, der Union progressiver Juden, die teilnehmenden Kinder und Jugendlichen ausreichend vor Missbrauch geschützt? Wie sieht es bei anderen Organisationen aus? Wäre es notwendig, sich die Giur-Verfahren der beiden Rabbinerkonferenzen genauer anzuschauen?

Einige Maßnahmen könnten ergriffen werden, um Hilfestellungen bei Fällen von sexualisierter Gewalt zu leisten: Es müssen konsequent Schutzkonzepte entwickelt, umgesetzt und gelebt werden. Eine Anlaufstelle, die die

---

16 Vgl. Josh Nathan-Kazis: Rabbinic Group Knew of Rabbi Barry Freundel Conversion "Violations" in 2012. In: *Forward*, 20.10.2014. https://forward.com/news/breaking-news/207633/rabbinic-group-knew-of-rabbi-barry-freundel-conver (Zugriff am 05.05.2018).

17 Bethany S. Mandel: A Bill of Rights for Jewish Converts. In: *Times of Israel Blogs*, 20.10.2014. http://blogs.timesofisrael.com/the-convert-bill-of-rights (Zugriff am 05.05.2018).

Eigenheiten der Gemeinschaft kennt, bei der anonymisiert berichtet werden und die beratend wirken kann, ist notwendig. So könnte, wenn etwas vorfällt, die Gemeindehierarchie umgangen werden. Vor allem muss die Problematik enttabuisiert werden. Dabei kommt Rabbiner*innen eine wichtige Rolle zu: An Jom Kippur kann sich beispielsweise – im Rahmen der kollektiven Bitte um Vergebung – explizit schambesetzten Dingen wie dem Missbrauch in der eigenen Gemeinschaft angenommen werden. Für solche Gottesdienste lassen sich in den USA Beispiele finden.[18] Neben dem Bereitstellen von Redemöglichkeiten müssen Trainings für Betreuer*innen der jüdischen Kinder-, Jugend- und Erwachsenenarbeit Eingang in die Weiterbildung finden. Betreuer*innen müssen lernen, Grenzüberschreitungen zu erkennen und einzuschreiten. Wenn in ‚unseren' jüdischen Gemeinschaften mit Argumenten, die sich aus einer fundamentalistischen Auslegungstradition der religiösen Schriften ergeben, sexueller Missbrauch in der Ultraorthodoxie gedeckt oder dessen Vertuschung legitimiert wird und bei jüdischen Idolen über Missbrauchsfälle hinweggesehen wird, sind dies Alarmsignale. Die Angst vor antisemitischen Reflexen und die Scham wegen der von anderen Jüd*innen ausgehenden Gewalt dürfen kein Grund sein wegzuschauen. Nicht vor die jeweilige Gemeinschaft und ihre Institutionen sollte sich schützend gestellt werden, sondern vor die Opfer von sexualisierter Gewalt und sexuellem Missbrauch. Es ist an der Zeit, Abhängigkeitsverhältnisse in jüdischen Gemeinschaften zu beleuchten und für echte Schutzräume zu sorgen.

18 Siehe Ariana Katz: Yom Kippur Yizkor Service for Victims and Survivors of Sexual Assault. In: *ritualwell*. https://www.ritualwell.org/ritual/yom-kippur-yizkor-service-victims-and-survivors-sexual-assault (Zugriff am 07.05.2018).

„WIR MÜSSEN DAS GANZE IN DEN BLICK NEHMEN“

Interview mit Michal Schwartze zum Thema Antisemitismus und Schule

HANNAH PEACEMAN

Michal Schwartze ist Gymnasiallehrerin für Politik und Geschichte in Frankfurt. Sie ist in der Lehrerbildung tätig. Ihre Forschungsschwerpunkte sind Herrschaftsverhältnisse in der Unterrichtsvermittlung. Sie ist Expertin für (außerschulische) antisemitismus- und rassismuskritische sowie genderreflexive Bildungsarbeit.

HANNAH PEACEMAN: Michal, du stehst täglich vor Schulklassen und bist zugleich aufmerksame Beobachterin des Diskurses um Antisemitismus und Schule. Das ist, seit der Vorfall in der Schule in Berlin-Friedenau bekannt wurde, ein Thema in der Öffentlichkeit. Wenn du die Zeitungsartikel oder Stellungnahmen von Politiker*innen und Funktionär*innen großer Organisationen liest, was macht dich wütend?

MICHAL SCHWARTZE: Ganz viele Sachen machen mich wütend. Was mich aktuell super wütend macht, ist, dass Antisemitismus *jetzt* ein Thema ist. Das ist einerseits gut, andererseits fragt man sich natürlich: Warum ist es jetzt plötzlich Thema? Warum wird sich jetzt in der Öffentlichkeit auch da positioniert? Warum sind Politiker*innen jetzt besonders aufmerksam und was hat das für eine Funktion? Um wen geht es?

Und ich habe so das Gefühl, es ist deswegen auch jetzt populär, sich gegen Antisemitismus öffentlich zu äußern, zu positionieren, sich zu solidarisieren, weil die antisemitischen Übergriffe, die medial verarbeitet werden, eben nicht von weißen Mehrheitsdeutschen ausgehen, sondern von Menschen, die als ‚Araber*innen' oder ‚Muslim*innen' identifiziert werden. Und das heißt nicht, dass man sich nicht damit befassen soll. Aber die Problematik mit Antisemitismus gibt es ja schon viel länger. Doch jetzt fällt das zusammen mit anderen Diskussionen, und das hat eine Wirkung und macht wieder neue Problemfelder auf, die sich gerade im Erziehungs- und Bildungskontext noch mal anders zeigen.

Was mich auch wütend macht, ist, dass zu wenig strukturelle Präventionsarbeit, vor allem im Bildungskontext, finanziert wird. Es gibt einerseits diese Hysterisierung, ohne tatsächliche Gewalt irgendwie relativieren zu wollen, und gleichzeitig – wenn man sich aber in außerschulischen, schulischen oder vorschulischen Bildungskontexten bewegt – ist einfach institutionell und strukturell viel zu wenig verankert, da gibt es viel zu wenig Finanzierungssicherheiten.

HP: Welche Auseinandersetzungen und Debatten bräuchten wir stattdessen? Wo brauchen wir Streit?

MS: Ich glaube, wir brauchen Streit über die Frage, wie nachhaltig präventive Arbeit gemacht werden kann, und dazu gehört eben noch mehr, als nur Antisemitismus zu fokussieren. Wir brauchen eine antisemitismuskritische Bildungsarbeit, die auch antirassistisch ist und die andere Herrschaftsverhältnisse im Blick hat. Haben die aktuellen gewaltförmigen Übergriffe auf Juden nicht auch was mit bestimmten Männlichkeiten zu tun? In dieser ganzen Diskussion um Bildung und Erziehung und Schule wird diese strukturelle Komponente zu wenig in den Blick genommen – immer auch mit dem Hinweis, das ist zu kompliziert, da können wir jetzt nichts machen. Und klar, die Einzelnen, auch die einzelnen Institutionen, die sich in dem Zusammenhang engagieren, die können auch an dem Strukturellen erst mal nicht so viel ändern. Darum geht es aber gar nicht, sondern es geht mir eher darum, dass man überhaupt erst mal gesellschaftliche Verhältnisse als Ganzes in den Blick nehmen muss, um zu verstehen, welche Bedingungen Antisemitismus, Rassismus und andere Formen von menschenverachtenden Ideologien und Ausgrenzung ermöglichen. Das ist ein alter Hut. Adorno und Horkheimer haben darüber viel geschrieben.

HP: Um welche Fragen geht es dir genau, wenn du sagst, wir müssten „das Ganze in den Blick nehmen"?

MS: Womit ich mich in letzter Zeit befasst habe, ist, warum sich zu wenige Leute offensiv gegen Rassist*innen und Antisemit*innen und Sexist*innen einsetzen. Warum akzeptieren oder tolerieren so viele Menschen diese Phänomene? Einerseits geht es darum, konkrete Rassismen, Antitsemitismen etc. in den Blick zu nehmen: Was hat das für eine Funktion, was hat das für Ursachen? Wie kann ich gerade im Bildungsbereich Schüler*innen oder Studierende sensibilisieren, sodass sie ihre eigenen Vorurteile oder ihre eigene Stereotype reflektieren?

Aber andererseits gilt eben: Wie stärkt man Leute, nicht zu akzeptieren, dass es Antisemitismus, Rassismus, Homophobie, Transphobie, verschiedenste menschenverachtende Ideologien gibt, die auch öffentlich vertreten werden? Auch in der Schule und in der Lehrer*innen-Ausbildung ist es interessant, auf das Strukturelle im Bildungswesen zu blicken: Inwiefern reproduziert eigentlich unser Bildungssystem Ungleichheiten, gegen die wir dann auf einer Interaktionsebene versuchen vorzugehen?

HP: Wo wären Räume, in denen man sich mit solchen Fragen auseinandersetzen könnte?

MS: Also, es ist zunächst mal der Raum, in dem Lehrer*innen ausgebildet werden: im Studium und im Referendariat. Das sind die Orte, an denen ein grundlegendes Verständnis für gesellschaftliche Verhältnisse gelegt werden könnte. Das passiert viel zu wenig. Klar wird über Heterogenität und Inklusion geredet. Aber inwiefern Lehrkräfte gesellschaftliche Verhältnisse, Ungleichheitsverhältnisse reproduzieren, das ist fast überhaupt nicht Thema.

Ich glaube, es wäre total wichtig, innerhalb der Lehrer*innen-Ausbildung auch gesellschaftstheoretisches Wissen zu vermitteln und ein Verständnis für die eigene Positioniertheit zu schaffen. Und zwar unabhängig davon, welches Fach man unterrichtet. Das sehe ich aber nicht. Das ist strukturell nicht verankert, auch wenn es vielleicht Ansätze gibt.

HP: Welche Räume eignen sich aus deiner Sicht am besten dafür, solches Wissen auch an Schüler*innen zu vermitteln?

MS: Ich arbeite in Geschichte und in PoWi (Politik und Wirtschaft, Anm. d. Red.) zu Themen wie Antisemitismus, Rassismus, Kolonialismus oder Geschlechterverhältnissen. Ich mache das aber nicht punktuell als ein Thema, das ich dann abschließe. Sondern ich versuche die Kontinuität zu zeigen: Denn es ist ja nicht so, dass Antisemitismus nur mal bei den Hep-Hep-Krawallen 1819 kurz aufpoppt und dann vorbei ist, und dann in der NS-Zeit nochmal. Sondern Antijudaismus und Antisemitismus verändern sich fortwährend und damit auch ihre gesellschaftliche Funktion. Wenn man das kontinuierlich einbindet, verändert das die hegemonialen Narrative.

Die Position, aus der gesprochen wird, ist eine weiße, männliche, westliche, christlich, christlich-säkularisierte, heterosexuelle Position. Es geht eben auch darum, genau das sichtbar zu machen. Und bei aller Multiperspektivität, die versucht wird einzubauen in Curricula und Schulbücher, verändert es eben die hegemoniale Narrative nicht und auch nicht diese Perspektive, die ja auch so selten benannt wird. Es werden Frauen addiert und Jüd*innen und jetzt auch Kolonisierte. Ich versuche es in meinem Unterricht so zu machen, dass Schüler*innen lernen, stärker auf gesellschaftliche Verhältnisse zu gucken und Bezüge zu sich selber herstellen. Sie sollen sehen, wie sie selbst heute positioniert sind und welche Form von Diskriminierung sie vielleicht erfahren, aber auch an welchen Stellen sie von bestimmten Strukturen profitieren. All das gehört zu einem reflektierten Geschichtsbewusstsein, könnte aber auch in Fächern wie Deutsch und Ethik mehr gemacht werden.

HP: Ich würde gerne noch mal auf den medialen Diskurs zurückkommen. Mir fällt nämlich auf, dass es da eigentlich immer nur um Schüler*innen geht, die zu Täter*innen werden, aber dass Lehrer*innen keine Rolle spielen. Es wird überhaupt nicht thematisiert, welche Möglichkeiten der Reflexion und Intervention jene hätten. Und wenn ich mich an meine Schulzeit erinnere, dann hatten Lehrer*innen ganz schön viel Einfluss auf mein Leben.

MS: Im Zusammenhang mit den ‚Vorfällen' wird schon auf Lehrer*innen verwiesen. Aber da ist viel Hilflosigkeit. Gleichzeitig wird das so dargestellt, als resultierten die ‚Vorfälle' immer nur aus ethnischen, nationalistischen oder religiösen Problemen. Das wird dann so gelabelt. Aber dabei sind da auch oft soziale Probleme. Zur Hilflosigkeit: Das hat mit dem zu tun, was ich schon gesagt habe, nämlich, dass es eigentlich strukturell keine Verankerung gibt für Antidiskriminierungsarbeit.

HP: Wenn ich mir die Thematisierung von Antisemitismus in Deutschland anschaue, frage ich mich, inwiefern eine nicht aufgearbeitete Vergangenheit der Eltern-/Großelterngeneration und eine nicht geklärte Schuldfrage, die gegebenenfalls im Hintergrund mitschwingen, eine Rolle spielen. Könnte die Hilflosigkeit auch damit zu tun haben, dass die Auseinandersetzung mit der Shoah in deutschen Familien relativ wenig erfolgt ist,[1] sodass es dann eine Tradierung gegeben hat? Und kommt da die Auslagerung des Antisemitismus auf die ‚Anderen' ganz gelegen?

MS: Ich mache ja Unterrichtsbesuche an unterschiedlichen Schulen in Frankfurt und Umgebung, und ich finde, es gibt große Unterschiede, was die Klientel und die Lehrer*innenschaft betrifft – das sei hier nur vorangestellt.

---

1 Anm. d. Red.: Die Umstände und Konsequenzen dieser ‚Nichtaufarbeitung' thematisiert Tom David Uhlig in seinem Beitrag „Un)Geliebte Erbschaften".

Ich glaube, das hat etwas mit der Frage der Selbstpositionierung zu tun und damit zu gucken: Wo komme ich her? In welcher Familie bin ich aufgewachsen? Was ist da innerfamiliär verarbeitet und was nicht? Welche Geschichten gibt es über die Eltern oder Großeltern während der NS-Zeit? Die Mehrheit der Lehrer*innen steht nicht vor den Klassen und sagt: „Mein Großvater hat ..." Aber ich glaube, es ist in der Schule ganz wichtig, nicht von irgendwem zu reden, den Deutschen damals, sondern eben diese Linie zu ziehen und zu sagen: „Okay, ich bin die dritte Generation von Menschen, die entweder Täter waren oder Mitläufer oder profitiert haben."

Ich will bei meinen Schüler*innen Verantwortung erzeugen, unabhängig von ihrer Herkunft. Ich kann als Lehrkraft nur Verantwortung erzeugen, wenn ich als Lehrkraft Verantwortung übernehme, und das heißt, mich selbst befrage und mich nicht außerhalb des Kollektivs sehe. Und ich muss ja nicht zwingend Antworten darauf haben. Aber es überhaupt zu thematisieren, wäre schon ein großer Fortschritt.

Es gibt bei Lehrer*innen aber häufig Abwehrreflexe, was das Thema betrifft.

Ich bin mir sicher, wenn man das in der Lehrer*innen-Ausbildung relativ am Anfang einbauen würde, dann würde das natürlich auch Abwehrreflexe erzeugen, aber es gäbe eher einen Konsens darüber, dass es notwendig ist, sich damit auseinanderzusetzen, damit ich später verantwortungsvoll im Unterricht damit umgehen kann, mich auch selbst reflektieren kann, wenn ich Impulse verspüre – bspw. Antisemitismus bei den ‚Anderen' sehe oder unangenehme Gefühle habe mit Blick auf meine eigene Herkunft. Man muss sich klar machen: Das macht einen nicht kaputt, das zerstört nicht die Identität, nicht das Selbstverständnis, wenn man sich damit beschäftigt. Es kann einen erschüttern, ja! Man ist deswegen kein böser Mensch, wenn man herausfindet, dass die Großeltern Nazis waren. Aber erst dann habe ich die Möglichkeit, mich dazu zu verhalten, wie auch immer dies aussehen mag. Ich erinnere mich an die Arbeit des israelischen Psychologen Dan Bar On und sein Buch *Die Last des Schweigens*. Damit könnte man sich befassen.

HP: Offensichtlich ist so etwas in der ‚normalen' Lehrer*innen-Ausbildung nicht vorgesehen. Aber gibt es Supervisionen oder Fortbildungsangebote, die auf das hinarbeiten, was du jetzt angesprochen hast?

MS: Vereinzelt. Zum Beispiel gibt es hier in Frankfurt die Bildungsstätte Anne Frank und das Pädagogische Zentrum des Fritz Bauer Instituts und des Jüdischen Museums, die auch Sachen für Lehrkräfte anbieten. Und es gibt die Forschungsstelle NS-Pädagogik von Benjamin Ortmeyer. Da geht es auch um eine Auseinandersetzung mit den blinden Flecken v. a. im Kontext Pädagogik und NS-Kontinuitäten im Nachkriegsdeutschland.

Aber vor ein paar Jahren wurde beschlossen, dass Lehramtsstudierende für den Besuch der Vorlesung keine Creditpoints mehr bekommen können. Verantwortlich dafür war v. a. der FB 04 Erziehungswissenschaften und die Akademie für Bildungsforschung und Lehrerbildung. Das muss man sich mal vorstellen. Die Auseinandersetzung mit NS-Pädagogik wurde zu einem ‚Spezialthema' degradiert und das in dem selben Jahr, als die Uni Wege nach Adorno und Horkheimer benannt hat. Daran sieht man, dass es auch wichtig ist, sich anzugucken, was bürokratischen Akten zum Opfer fällt. Gerechtfertigt wurde das mit Verweis darauf, es gäbe sowas an anderen Unis auch nicht, und damit, dass man das Studium vereinfachen wollte.

HP: Inwiefern spielen postmigrantische Familienhintergründe in der Auseinandersetzung mit der Shoah, aber auch mit anderen Genoziden, Kriegen und historischen Brüchen eine Rolle für die Lehrer*innenausbildung und für den Unterricht in der Schule?

MS: Ich habe viele Schüler*innen in meinen Klassen, die sich biographisch nicht auf die deutsche Geschichte beziehen, in meiner Schule sind relativ viele Schüler*innen, deren Eltern aus dem ehemaligen Jugoslawien hergekommen sind und die Anfang der 1990er Jahre Kriegserfahrung gemacht haben. Da ist auch nicht klar, was die Eltern gemacht haben. Genau an solchen Stellen kann man wunderbar mit den Schüler*innen ins Gespräch gehen. Das kann ich aber nicht, wenn ich mich als Lehrerin außerhalb von Geschichte stelle und nicht auch thematisiere, wie das mit meiner Familie war oder inwiefern das ein Teil meiner Familie gewesen ist. Das ermöglicht ihnen erst, darüber zu reden, zu sagen: „Ja, bei der Geburtstagsfeier von meiner Oma werden antiserbische Lieder gesungen und ich fand das irgendwie ... wusste ich nicht so richtig."

Ich will das alles nicht mit der Shoah gleichsetzen. Der Gefahr der Relativierung muss man sich immer bewusst sein. Aber erst wenn Schüler*innen lernen, sich in der Geschichte zu verorten, können sie verantwortliche Positionen einnehmen, kann darüber gesprochen und gestritten werden, wie damit umzugehen ist.

HP: Du wirst ja derzeit als jüdische Lehrerin und als Expertin für antiantisemitische Bildungsarbeit viel angefragt, um in Interviews oder auf Podien über Antisemitismus und Schule zu sprechen. Gibt es ein Thema, über das du lieber diskutieren würdest oder das du auch für wichtig hältst? Ich will damit nicht Antisemitismus unwichtig machen, aber vielleicht gibt es auch einen Fokus in der Debatte, den man eigentlich verschieben müsste.

MS: Na ja, also klar, über Antisemitismus reden ist das Eine, aber was mir halt auffällt, ist, es wird eigentlich gar nicht viel über jüdische Perspektiven gesprochen. Wobei, über jüdische Perspektiven wird inzwischen schon stärker gesprochen, dank Juden und Jüdinnen, die in bestimmten Positionen sind und forschen können und da in den letzten Jahren sehr hartnäckig gewesen sind, damit jüdische Perspektiven sichtbarer werden. Aber ich würde viel lieber auch mal über das Judentum, über Jüdinnen und Juden und die Pluralität vom Judentum im europäischen oder im deutschsprachigen Raum sprechen, über die Geschichte, über die Differenzen zwischen unterschiedlichen Strömungen, über politisches Judentum und jüdische Philosophie. Hier kann man dann auch anknüpfen, wenn man Schüler*innen oder Studierenden oder wem auch immer klarmachen möchte, was die Shoah für das Judentum in Europa bedeutet, dass das (osteuropäische) Judentum ausgelöscht wurde, Millionen von Menschen und ein reichhaltiges kulturelles Erbe. Was es bedeutet hat, für die Überlebenden wieder anzufangen oder weiterzumachen ...

Ein Teil von antisemitismuskritischer Bildungsarbeit muss sein, auch jüdische Perspektiven in den Unterricht einzubringen. Z. B. in Deutsch: Wenn man Kafka liest, warum gibt es nicht mal die Perspektive auf Kafka als Jude? Und zwar nicht, weil der religiös war – das ist uninteressant –, sondern die Position als Jude in der Gesellschaft, in der Zeit, in der Stadt. Das wird oft überhaupt nicht verstanden. Judentum wird immer auf Religion reduziert, was ja auch ein Part ist. Aber das ist die Lesart aus einer christlich säkularisierten Mehrheitsgesellschaft heraus und hat mit Juden und Jüdinnen oft nicht so viel zu tun. Und das ist auch etwas, was in dieser Debatte Platz haben müsste: Was ist jüdisches Leben jenseits von der Synagoge? Wie verstehen Menschen ihr Judentum? Wer sind überhaupt die Juden in Deutschland? Wer weiß denn, dass neunzig Prozent immigriert sind oder deren Eltern? Weiß das jemand? Ja, diese Diversität.

Aber, nochmal zur Schule. Schule ist dagegen eine Homogenisierungsmaschine und auch das Lehramtsstudium ist eine Homogenisierungsmaschine, die die Diversität von Menschen verdeckt und gleichzeitig ‚Andere' konstruiert, um sie dann zu integrieren. Ich mache immer eine Übung mit meinen Praktikant*innen, bei der sie über ihre kulturelle Herkunft bzw. ihre Herkunftskultur Auskunft geben sollen. Und da ich ja viele Mehrheitsdeutsche da sitzen habe, sind die erst mal völlig überfordert: „Wie jetzt, kulturelle Herkunft?" In einem zweiten Schritt sollen sie versuchen, das mal wirklich kleinteilig aufzuschreiben. Ich stelle manchmal Fragen: Ja, wie äußert sich denn Ihr Christentum im Alltag? Wie war das in Ihrer frühen Kindheit? Was essen Sie denn zu Hause? Und am Ende von dieser Diskussion kommt heraus, dass selbst die

Leute, die sich als Deutsche, als Mehrheitsdeutsche, betrachten, untereinander unterschiedliche ‚Herkünfte' haben. Manchmal wird sichtbar, dass es auch jüdische Studierende gibt. Andere sagen: „Ja, meine Mutter kommt aus Russland und mein Vater ist Amerikaner und das prägt mich in vielen Hinsichten." Manchmal erwähne ich, dass ich in einem anderen Land geboren wurde und aufgewachsen bin. Dass ich auch nicht will, dass meine Erfahrungen dort (DDR) und der ganze Transformationsprozess in einem Einheits-Wir verschwinden.

Ziel ist, dass man im Bildungskontext diese Einheitsvorstellung, dieses ‚Wir' aufsprengt. Dafür braucht man nicht die *offensichtlich* Differenten, sondern eine Sensibilität für Diversität als Merkmal einer Gesellschaft, unserer Gesellschaft. Und ich glaube, das wäre wichtig, damit in der Schule nicht permanent *geothered* (verandert) wird und Rassismus und Antisemitismus reproduziert werden, indem bestimmten Menschen, die scheinbar sichtbar anders sind, eine bestimmte Identität zugeschrieben wird, die aus dem konstruierten einheitlichen ‚Wir' herausfällt.

Abbildungsverzeichnis

Impressum

Jalta. ***Positionen zur jüdischen Gegenwart***
AUSGABE N° 04, 2/2018 — 1/5779:
Gegenwartsbewältigung

HERAUSGEGEBEN VON
Micha Brumlik / Marina Chernivsky /
Max Czollek / Hannah Peaceman /
Anna Schapiro / Lea Wohl von Haselberg

BIBLIOGRAFISCHE INFORMATION DER DEUTSCHEN NATIONALBIBLIOTHEK
Die Deutsche Nationalbibliothek verzeichnet diese Publikation in der Deutschen Nationalbibliografie; detaillierte bibliografische Daten sind im Internet über http://dnb.d-nb.de abrufbar.

WEBSITE
www.neofelis-verlag.de

UMSCHLAGGESTALTUNG & LAYOUT
Hartmut Friedrich
kontakt@hartmutfriedrich.com

LEKTORAT & SATZ
Neofelis Verlag (fs / ae)

DRUCK
PRESSEL Digitaler Produktionsdruck, Remshalden
Gedruckt auf FSC-zertifiziertem Papier.

ISSN: 2510-3725
ISBN (Print): 978-3-95808-217-5
ISBN (PDF): 978-3-95808-268-7

ERSCHEINUNGSWEISE
zweimal jährlich

Jahresabonnement 28,– € (Förderabo: 42,– €)
Einzelheft 16,– €

Erhältlich in Ihrer Buchhandlung
oder direkt beim Neofelis Verlag unter:
vertrieb@neofelis-verlag.de

Ein Abonnement verlängert sich automatisch um ein Jahr, wenn die Kündigung nicht mindestens drei Monate vor Ende des Kalenderjahrs erfolgt ist.

Die aktuelle Ausgabe erscheint mit freundlicher Unterstützung des Kompetenzzentrums für Prävention und Empowerment der Zentralwohlfahrtsstelle der Juden in Deutschland (ZWST).

kompetenz
zentrum
PRÄVENTION UND EMPOWERMENT.